뜻밖의 재미난 이야기로
한국사를 만나는

특별한 역사책

뜻밖의 재미난 이야기로 한국사를 만나는
특별한 역사책

© 이기범, 지문, 책상자 2022

초판 1쇄 발행 2022년 4월 20일   **초판 2쇄 발행** 2023년 11월 10일

글 이기범 **그림** 지문
기획 및 편집 책상자 **디자인** 윤형선
펴낸곳 책상자 **펴낸이** 윤인숙 **출판등록** 2019년 6월 10일(제 2019-000105호)
주소 경기도 고양시 덕양구 세솔로 73, 2007-2202 **전화** 02-371-2234 **팩스** 0504-183-8848
블로그 http://blog.naver.com/thebookbox **이메일** thebookbox@naver.com

이 책의 저작권은 저자와 출판사에게 있습니다.
서면에 의한 저자와 출판사의 허락 없이 내용의 일부를 인용하거나 발췌하는 것을 금합니다.

ISBN 979-11-969722-4-0   73910

어린이제품안전특별법에 의한 표시
품명 어린이 도서 | **제조국** 대한민국 | **사용연령** 8세 이상 | **제조연월** 2023년 11월
주의사항 책 모서리에 다치지 않도록 주의하세요.

뜻밖의 재미난 이야기로
한국사를 만나는

특별한 역사책

글 이기범 그림 지문

 지은이의 말

희망의 눈으로 바라본 역사 이야기

'특별한 역사책'을 처음 시작한 때는 2019년이었습니다. 역사를 다루는 프로그램이 TV와 유튜브 채널마다 늘고 '콘텐츠'라는 이름으로 역사 속 수많은 이야기가 사람들 사이에 널리 퍼질 때였죠. 그때 저는 역사 속 300가지가 넘는 특별한 이야기를 준비하느라 참 바빴어요. 그런데 코로나19라는 위기가 찾아왔습니다.

여러분도 잘 알겠지만 모든 것이 멈추고 힘든 시간이 닥쳐왔습니다. '사스', '메르스', '신종플루'처럼 잠깐이면 끝나지 않을까 했던 이 질병은 순식간에 전 세계를 휩쓸어 버렸고 3년이 지난 지금도 인류는 분명한 해답을 찾지 못하고 있습니다. 시간이 더 필요할지 모르지만 분명 머지않아 끝은 찾아올 거라 확신합니다.

그런데 우린 이미 역사 속에 이와 같은 일을 겪은 적이 있어요. 흑사병, 콜레라, 스페인 독감 등 지금과 비교조차 되지 않을 만큼 많은 이들이 죽고 병들었지만 결국 이겨냈어요. 질병만 벗어난 것이 아니라 이를 계기로 사회와 국가도 한층 더 발전하고 더 나은 삶의 길을 찾아냈지요. 우리가 힘든 일을 겪을 때 특히 역사에 더 관심을 갖는 이유가 있어요. 우리보다 앞서 길을 찾아냈던 선조들을 통해 현재의 어려움을 반드시 이겨내리라는 믿음과 용기를 얻을 수 있기 때문이죠.

　'특별한 역사책'의 310가지 꼭지는 희망의 눈으로 바라본 역사의 이야기를 담고 있어요. 선사에서 삼국, 남북국, 고려와 조선, 근현대에 이르는 5,000년의 역사 속 특별한 순간들을 여러분과 함께 만나볼 거예요. 교과서나 다른 역사책에서는 볼 수 없었던 이야기도 가득합니다. 특히 역사 마니아를 꿈꾸는 친구들이라면 절대 놓쳐서는 안 될 역사의 명장면들로 역사 여행을 떠나게 될 것입니다. 역사는 '현재와 과거의 끊임없는 대화'라고 했어요. 여러분이 이 책을 읽으며 끊임없이 역사와 이야기하길 바랍니다. 그러면 앞으로 어떤 어려움이 우릴 위협해도 여러분이 틀림없이 앞장서서 새로운 역사를 만들어 낼 것입니다.

2022년 4월 이기범

차례

선사, 삼국, 남북국 10
1꼭지~60꼭지

고려 62 61꼭지~105꼭지

조선 전기 102 106꼭지~155꼭지

조선 후기 143 106꼭지~155꼭지

근대 190 211꼭지~265꼭지

현대 240 266꼭지~310꼭지

우리가 만나 볼 첫 번째 시대는 '선사, 삼국 그리고 남북국 시대'야.
기록이 없었던 수십만 년의 선사 시대와 고조선에서 통일신라, 발해까지를 말해.
기록이 남긴 3천200년의 역사 시대 중 가장 특별했던 순간과 놀라운 문화유산,
멋진 인물들의 이야기도 담겨 있어. 역사를 만나는 일은 언제나
감동적이면서도 흥미진진하고 가슴 뛰는 일이지.
자, 준비되었다면 출발해 볼까?

선사, 삼국, 남북국

1 인류가 하나가 아니었다고?

최초의 인류는 누구일까? 그리고 어떻게 발전해 온 걸까?

여전히 수수께끼 같은 이 질문의 답을 찾기 위해 학자들은 전 세계를 누비며 조사를 하고 있어. 500만~300만 년 전 아프리카 남쪽에 살았던 **오스트랄로피테쿠스**(남쪽의 원숭이)가 원숭이와 인간 사이를 이어 주는 첫 번째 연결고리였어. 그들은 인간과 같이 서서 걸었지.

200만~150만 년 전에는 도구를 사용한 **호모 하빌리스**, 그리고 불을 이용하며 처음으로 아프리카를 떠나 전 세계로 퍼진 **호모 에렉투스**가 나타났어. 특히 호모 에렉투스는 약 100만 년 동안 지구 곳곳에 정착했는데 그들이 인간의 진짜 조상인 호모 사피엔스의 조상일 것으로 생각해. 조상의 조상이라니 대단하지? 그럼 진짜 인간의 조상은 누굴까?

수십만 년 전에는 곳곳에 여러 인류가 나타나서 경쟁했어. **호모 하이델베르겐시스**는 70만 년 전에 나타났는데 평균 키가 180cm에, 2m가 넘는 경우도 있었어. 그들은 추위를 견디지 못하고 멸종하고 말았지. 반면, 키가 1미터인 **호모 플로레시엔시스**도 있었어. 그들은 약 10만 년 전에 나타났는데 인도네시아의 섬에서 살다가 화산 폭발로 멸종했지. 체구가 작은 그들은 유명한 소설과 영화에서 나오는 키 작은 종족인 '호빗'으로 불리기도 해. **파란트로푸스 보이세이**는 육식 대신 채식을 고집하다가 추위와 맹수의 공격을 이겨내지 못해 멸종했어.

한편 지금의 인류와 가장 오래 함께 지내고 경쟁한 이들은 **호모 네안데르탈렌시스**야. 그들은 지금의 인류보다도 뇌가 크고 똑똑했지만 서로 교류와 협동이 적어 결국 지금의 인류인 **호모 사피엔스**에게 지고 말았어.

마지막까지 생존에 성공한 인류, 호모 사피엔스. 그들이 지금 인류의 진짜 조상이지. 하지만 인류의 조상이 하나가 아니라는 사실이 속속 밝혀지고 있어. 어떤 이유인지는 몰라도 여러 인류가 서로 사랑하고 교류했기 때문이지. 우리의 유전자에는 여러 인류의 DNA가 함께 발견되기도 하거든.

2 인류의 조상 호모 사피엔스의 생존 비밀, 150명의 친구

호모 사피엔스는 우리말로 '슬기사람'이라고도 불러. 말 그대로 지혜로운 인간이란 뜻이지.

그들은 어떻게 살아남았을까? 덩치가 크거나 힘이 세지도 않고 네안데르탈인들에 비해서 뇌도 작았는데 말이야. 비밀은 언어와 협력에 있어. 그들은 언어를 발달시켰지. 옛날 일도 설명할 수 있고 미래에 함께 준비해야 할 일도 말로 표현하고 공유할 수 있었어. 단순히 사물을 말하거나 동작을 말하는 데 그친 것이 아니라 사물의 관계나 일에 대한 계획과 평가가 가능했던 거야. 이런 언어 능력이 집단의 힘을 키웠고 그들은 평생 150명 정도와 교류하면서 삶을 지켜냈어. 즉, 한 명이 아닌 150명이 하나가 되는 구조였지. 협력의 힘은 대단했어. 추위나 질병, 기근 등 어떤 어려움도 극복하고 인간보다 강한 어떤 동물도 겁내지 않게 되었지. 다른 인류가 망할 때도 호모 사피엔스는 살아남았지.

놀랍게도 문명이 발달한 뉴욕에 살든 아마존의 오지에 살든 인간은 누구나 150명 정도와 늘 교류한다는 사실이 연구로 밝혀졌어.

이 교류야말로 인간 집단을 오늘에 이르게 한 힘이라 볼 수 있어. 이 집단이 모여 도시를 이루고 국가를 이루어 왔지. 언어와 협력의 힘은 미래에도 인간을 지켜 줄 힘이 아닐까?

3 일본이 감추려 한 우리나라 최초의 구석기 유적

일본인들은 식민지 조선의 역사가 일본의 역사보다 훨씬 길다는 사실을 받아들이고 싶지 않았어.

우리나라에서 구석기 유적이 최초로 발견된 것은 일제 강점기였어. 조선 시대에도 석기 시대 유물이 곧잘 발견되곤 했지만 그 당시 사람들은 그것이 무엇인지 정확히 몰랐지. 석기 시대, 청동기 시대 이러한 표현들은 서양식 학문이 소개된 이후에 나온 말이니까.

1933년 철도 공사를 하던 도중 두만강 유역의 동관진에서 쥐 이빨이 발견되면서 일본 학자들의 관심을 끌었어. 마침 4년 전 중국에서 베이징원인 화석이 발견된 터라 중국과 가까운 동관진의 구석기 유적 발굴에 여러 일본 학자가 참여했어. 발굴 결과 포유류 동물과 석기 등이 발견되었지.

특별한 역사책 13

하지만 일본 학자들은 이 사실을 널리 알리지 않고, 한반도의 구석기가 아닌 중국에서 이동하던 중 거쳐 가면서 남긴 흔적이라고 얘기했어. 일본에서는 아직 구석기 유적이 발견되지 않았으니, 한반도에서 발견된 것을 인정할 수 없었거든.

그렇게 우리나라 최초의 구석기 유적은 흐지부지 잊혔어. 광복을 맞이한 후에나 우리 손으로 구석기 유적을 찾아낼 수 있었어. 북한에서는 1962년(웅기 굴포리), 남한에서는 1964년(공주 석장리)에 첫 발굴이 이루어졌어. 30년 간 우리의 구석기 시대는 강제로 깊은 잠에 빠져 있던 셈이었지.

4 한탄강의 주먹도끼! 세계 고고학 교과서를 바꾸다

연천 전곡리 유적은 세계 구석기 유적을 소개할 때 교과서에 반드시 이름을 올리는 곳이 되었어.

1978년, 두 남녀가 연천 전곡리 한탄강 가에서 데이트중이었어. 강바람을 즐기는 여자와 달리 남자는 강가에서 계속 뭔가를 찾고 있었어.

"이것 좀 봐. 믿을 수가 없어. 주먹도끼가 어떻게 여기에 있을 수 있지?"
"주먹도끼가 뭐예요? 중요한 것인가요?"

주한 미군이었던 그렉 보웬은 대학에서 고고학을 공부했기에 주먹도끼를 보고 흥분하지 않을 수 없었어. 돌 전체에 날이 있는 주먹도끼는 그때까지만 해도 유럽과 아프리카 북부, 아시아 일부에서만 발견되었으니까. 동아시아에서는 돌 한쪽 가장자리에만 날이 있는 찍개 같은 종류만 발견되었거든. 하버드 대학의 모비우스 교수는 이를 두고 마치 유럽 인종이 아시아 인종보다 뛰어난 것처럼 여겨지게

그렉 보웬이 발견한
전곡리 주먹도끼

만드는 연구 결과를 내놓기도 했어. 안타까운 일이었지. 구석기인들의 도구를 차별의 근거로 쓰다니 말이야.

그런데 이러한 연구를 완전히 뒤엎을 수 있는 유물을 우리나라에서 발견했으니 놀라운 일이 아닐 수 없었지. 그렉 보웬이 발견한 주먹도끼가 세상에 알려진 후 전곡리는 선사 유적의 중심지로 떠올랐어. 열 차례가 넘게 발굴 조사를 했고 어마어마한 양의 유물이 쏟아져 나왔어. 놀랍게도 전곡리 유적 발견 이후 전국 곳곳에서 기다렸다는 듯 주먹도끼가 발견되었고, 결국 모비우스 교수의 학설은 깨지고 말았지.

5 우리는 구석기인! 먹고살려면 목숨을 걸어야 해

금속을 발견하지 못해 칼도 없고 활을 만들 줄 아는 사람도 아주 드물 때 구석기인들은 어떻게 사냥했을까?

주먹도끼나 돌만 가지고는 큰 동물을 잡을 수 없지만 그들에게는 창이 있었어. 나무를 뾰족하게 깎거나 돌을 뾰족하게 만들어 나무에 매달아 창을 만들었지. 구석기 말이 되면 슴베찌르개 같은 단단한 창도 만들었어. 그럼 무기가 있으니 바로 사냥으로 나가도 될까? 아니야. 사냥이란 즐거운 게임이 아니라 목숨을 걸어야 하는 위험한 활동이었어. 사냥에 실패하면 사냥꾼이 죽을 수도 있었으니까. 토끼나 여우처럼 작은 짐승을 잡을 때도 있지만 무리가 배부르게 먹으려면 매머드 같은 커다란 동물이 제격이야. 물론 곰이나 호랑이 같은 맹수를 사냥할 때도 있었기에 사냥은 항상 위험한 일이었어.

그래서 그들은 사냥을 떠나기 전에 동굴이나 바위에 그림을 그리기도 했어. 아마 많은 동물을 잡고 무리가 안전하길 빌었을 거야. 사냥을 나가서는 창을 던지고 소리를 지르며 동물을 낭떠러지로 몰고 가거나 미리 파 둔 구덩이로 유인했지. 물론 이런 작전이 실패하면 창과 돌을 던지고 몽둥이로 때리는 등 난타전이 벌어지지만 이는 매우 위험한 일이야. 커다란 동물들은 힘도 무척 세고 사람보다 훨씬 빠르거든. 사냥이 성공한 후에는 다 같이 모여 춤추고 노래 부르며 성공을 축하했지. 물론 사냥 중 죽은 이를 위해서는 슬퍼하며 장례를 치러 주었을 거야. 죽은 이를 위해 꽃도 뿌려 주고 평소에 쓰던 물건과 장신구를 넣어 주기도 하고 말이야.

6 매머드야! 너희 한반도 어딘가에서 살기는 살았던 거니?

매머드는 4,000년 전까지 아시아나 유럽, 북아메리카 북부에 주로 살았던 거대한 동물이야. 코끼리의 사촌쯤 되지.

털로 감싼 몸, 긴 코에 4미터나 되는 엄니는 매머드의 상징과도 같아. 구석기 시대 매머드는 1호 사냥감이었어. 한 마리만도 구석기인들에게 더없이 소중한 식량이 되었거든.

하지만 매머드는 멸종하고 말았어. 인간의 사냥, 기후 변화, 번식 환경이 문제였다고 하는데 정확한 원인은 여전히 수수께끼야. 매머드 화석은 꽤 많이 발견돼. 수십에서 수백 마리의 매머드가 죽어 있는 매머드 무덤도 30개가 넘게 알려져 있지. 가끔 시베리아나 알래스카 같이 추운 곳에서 언 상태로 발견되기도 해. 그럴 경우 DNA를 추출해 낼 수 있지. 그래서 여러 나라에서 매머드를 복원하려고 노력하고 있어. 우리나라도 복원 연구에 참여하고 있으니 기대해도 좋을 거야.

지금껏 매머드 화석이나 실물은 주로 추운 북쪽 지방에서 발견되었어. 그런데 놀랍게도 1996년 우리나라에서 매머드 뼈가 발견되었어. 1935년 한반도 북쪽 끝 종성에서 매머드의 화석이 발견된 이후 두 번째였지. 발견된 장소는 놀랍게도 한반도 남쪽의 부안이야. 더 놀라운 사실은 육지가 아니라 육지에서 수십 킬로미터 떨어진 바다라는 거야. 상왕등도 앞바다 수십 미터 아래서 끌어올린 그물망에 길이 20센티미터의 매머드 엄니 화석이 들어 있었어.

어떻게 된 일일까? 수만 년 전 서해는 바다가 아니라 육지였어. 먹이를 찾아 매머드가 이곳까지 내려왔던 것 같아. 아직 이 두 곳 외에는 매머드 화석이 발견된 적은 없지만 학자들은 기대감이 높아졌어. 한반도 어디엔가 분명 매머드 화석이 더 있을 테니 말이야.

7 흥수아이! 정말 구석기인이 맞을까?

1982년 겨울, 광산을 운영하던 김흥수 씨는 고민에 빠졌어. 석회석 광산 주변의 땅을 고르다가 사람 뼈를 발견한 거야. 예전에 종종 동물 뼈를 발견한 적은 있지만 사람 뼈는 처음이었지.

그런데 왜 고민에 빠졌을까? 평소 알고 지내던 고고학자 이융조 교수가 늘 고고학에서 가장 중요한 것은 사람 뼈라고 말한 덕분이었어. 발견한 뼈가 정말 석기 시대의 사람 뼈라면 대단히 중요한 발견인 것은 맞지만 광산이 문화재로 지정되면 문을 닫을 수도 있거든. 김흥수 씨는 몇 날 며칠을 고민하다가 이융조 교수에게 전화를 걸었어.

"교수님, 저기……. 청원(지금의 청주) 두루봉 동굴 아시죠? 거기서 사람의 치아 같은 게 나왔어요."

이융조 교수는 곧바로 발굴을 시작했어. 두루봉 동굴 일대는 이미 6년 전부터 여러 차례 발굴을 통해 사슴 머리뼈, 코끼리 상아, 진달래꽃 가루, 큰쌍코뿔이 뼈 등을 발견한 곳이기도 해.

김흥수 씨의 신고로 시작된 10번째 발굴에서 5~6세의 아이 뼈가 발견되었지. 약 4만 년 전의 것으로 여겨지는 뼈는 두개골도 거의 완전한 모습이었어. 키는 110~120cm인데, 배와 손 부분에서 국화 꽃가루가 발견돼 장례식을 치렀음을 알 수 있었어. 정부에서는 김흥수 씨의 결심을 고마워하며 굴의 이름을 **흥수굴**, 발견된 뼈의 주인을 **흥수아이**라고 이름 붙였어. 우리나라에서 유적에 발견한 사람 이름을 붙인 첫 번째 사례였어.

그런데 흥수아이의 치아에서 구석기인 화석에서는 거의 발견되지 않는 충치가 나오고 나머지 뼈의 상태로 보아 구석기인이 아닐 수도 있다는 주장이 나왔어. 안타깝게도 여러 차례의 실험에서 정확한 연대가 나오지 않은 것도 의심할 만한 이유가 되었지. 물론 발굴에 참여한 학자들은 뼈 주변의 식물, 동물, 흙의 상태를 종합할 때 4만 년은 아닐지라도 분명 구석기 시대가 맞다고 주장하고 있어. 어떤 주장이 맞을까?

흥수아이

8 길고 긴 빙하기가 끝나고 새로운 시대가 열리다

지구상 마지막 빙하기의 끝은 지금으로부터 약 1만 년 전이야.

믿어지지 않겠지만 6억 년 전쯤의 지구는 전체가 빙하로 덮여 꽁꽁 얼어 있었어. 뜨거운 적도까지도 빙하로 덮여 있었다니 진정한 겨울왕국이었던 셈이야. 그 후 빙하는 녹았고 좀 덜 추웠어. 지구의 역사로 보자면 아주 추웠던 빙하기와 덜 추웠던 간빙기가 번갈아 찾아왔다고 할 수 있어.

그러다 약 300만 년 전부터는 4만 년 간격으로 빙하기가 찾아왔다고 해. 지구의 기후가 간빙기로 들어서자 기온이 올라갔고 남극과 북극의 두꺼운 얼음이 서서히 녹았지. 남극과 북극의 얼음이 녹자 그만큼 바닷물의 높이가 높아졌고 육지의 낮은 부분은 물에 잠기게 되었어. 한반도의 서해도 빙하기에는 육지였지만 이때 바다가 되었지.

서서히 높아진 기온에 꽁꽁 얼었던 땅이 녹고, 비가 자주 내리면서 풀과 나무가 자라는 땅이 되었어. 여기저기 물이 흘러 넘쳐 강도 생겼어. 물이 넘치자 식물은 무성해지고 물속 어류는 더욱 풍부해졌지. 추위를 이겨내며 사냥하고 온 산을 헤매며 채집했던 구석기인에게 기후 변화는 엄청난 기회였어. 먹을 것을 찾아 더 이상 산과 들판을 누빌 필요가 없어졌거든. 강이나 바닷가에는 먹을 것이 풍족했지. 언제든 조개를 잡고 그물을 던져 물고기를 잡을 수 있었어. 생활이 풍족해지자 더 이상 먹을거리를 찾아 이동할 필요도 없었어. 이제 구석기 시대와는 다른 새로운 시대가 열린 거지.

9 생활의 대변신! 신석기 시대

기후 변화로 새로운 삶을 누리기 시작한 1만 년 전부터 신석기 시대라고 불러.

이때에는 똑같이 돌을 이용한 삶이었지만 그 전에 썼던 도구와 달리 더욱 정교한 석기를 사용했기에 새롭다고 '신'이라는 표현을 붙인 거야. 구석기 시대가 돌을 떼어 내서 사용한 **뗀석기** 시대였다면, 신석기 시대는 돌을 갈아서 원하는 모양을 만들었던 **간석기**의 시대라고 해.

돌을 떼어 내는 것과 가는 것은 별 차이 없는

듯하지만 아주 중요한 차이가 있어. 간석기를 만들려면 꽤 오랜 시간이 필요한데 그러기 위해서는 삶이 안정되어야 해. 매일같이 사냥하고 돌아다니는 이동 생활에서는 하고 싶어도 할 수 없는 일이거든. 신석기인들은 강이나 바닷가 주변에 정착하고 살았기 때문에 그 전에는 할 수 없었던 일을 많이 해냈지. 간석기가 그 중 하나야.

그러나 신석기 시대 가장 눈에 띄는 변화는 농사와 목축이야. 정착해 생활하다 보니 관찰력도 늘고 식물을 재배해 먹을 것을 얻어 내는 방법을 깨우치게 되었지. 열매를 맺는 나무뿐 아니라 곡식을 얻을 수 있는 작물까지도 척척 길러 냈어.

여전히 사냥은 중요한 식량 공급 방법이었지만 위험을 줄이기 위해 동물들을 잡아 기르게 되었지. 농사로 곡물이 풍부해졌기에 가능한 일이기도 했어. 사료를 줄 수가 있었으니까. 돼지나 소, 양은 중요한 먹을거리가 되었지. 개와 말도 길들여 집을 지키고 멀리까지 가 볼 수 있게 되었어. 수십만 년 동안 이어진 구석기 시대에 비해 신석기 시대 몇 천 년은 엄청난 생활의 변신을 가져 왔지. 인간의 수명도 길어지고 인구도 폭발적으로 늘어났어. 그래서 이때를 **신석기 혁명**이라고도 해. 본격적으로 발전을 위한 시동이 걸린 거야.

10 신석기 시대 인간이 만들어 낸 최고의 발명품, 토기

불을 피우고 살다 보니 흙이 굳어지면 단단해진다는 걸 알아냈어.
급기야 신석기 시대에는 그걸 이용해 원하는 모양의 토기를 만들어 내기 시작해.

그런데 생활에 쓸 수 있을 만큼 단단한 토기를 만들기는 생각보다 어려운 일이었어. 그래서 수리한 토기도 심심치 않게 발견돼.

그 당시 토기의 쓰임새는 무엇이었을까? 도토리 등을 담는 그릇이나 물건을 담아 나르는 운반 도구로도 쓰였지. 그러나 신석기인들이 가장 좋아한 쓰임새는 물고기나 조개 등을 넣고 끓여 먹는 조리 도구였을 거야. 이전에 맛볼 수 없는

색다른 음식을 먹게 되었으니 말이야. 날로 먹거나 구워 먹었던 이전과 달리 끓여 먹거나 쪄서 먹을 수 있으니 식중독의 위험도 줄어들고 식물과 어패류 등 더욱 다양한 식량 자원을 활용할 수 있게 되었어. 토기는 말 그대로 먹는 즐거움을 선물해 준 고마운 도구였지.

한반도에서 제일 먼저 만들어진 토기는 무늬가 없는 거야. 제주도 고산리에서 발견됐는데, 무려 1만 년 전 것으로 확인되었어. 부산과 김해, 통영, 강원도 양양과 고성 등 해안 지대에서 발견되는 덧무늬 토기(흙띠를 만들어 겉면을 장식한 토기), 누른무늬 토기(아가리 주변을 누르거나 찔러 장식한 토기)가 그 다음에 만들어진 토기야. 8천 년 전경에 만들었다고 해.

약 6천 년 전에는 드디어 **빗살무늬 토기**가 나타나. 한반도 전역으로 퍼져서 대표 토기가 되었지. 지역에 따라 그릇의 형태나 무늬의 조밀함, 깊이 등이 조금씩 다르지만 전국에서 가장 많이 발견되는 토기가 빗살무늬 토기야. 서울 암사동선사주거지에서 발견된 것이 대표적이지. 청동기 시대에 민무늬 토기가 등장하기 전까지 한반도에서는 빗살무늬 토기가 대유행을 했다고 할 수 있지.

11 지금도 지구촌 건축 양식의 하나인 신석기 최초의 건축, 움집

이번에는 신석기인들이 살았던 움집으로 가 볼까? 구석기 시대의 막집과 달리 정착해서 살기 시작한 신석기인들은 집에도 많은 변화를 가져왔어.

움집은 우선 땅을 50센티미터 정도 파고 바닥을 다진 후 기둥을 세우고 이엉을 덮어 만들었어. 땅을 다질 때는 진흙을 깔고 불을 때서 단단하게 했지. 움집은 보통 원형으로 만들었는데, 지름만 5~6미터에 달해 안에 들어가면 꽤 넓게 느껴져.

움집의 중심에는 화덕을 두어 추위를 막고 음식을 해 먹었어. 화덕에서 나는 연기가 빠져나가게 지붕에는 작은 구멍을 만들었어. 화덕 옆에는 저장 구덩이를 두어 도토리나 곡식, 또는 조리에 필요한 것들을 보관했지.

그런데 무엇을 보관했는지를 어떻게 알 수 있냐고? 발견되는 움집 중에는 불에 타 버린 곳들이 있는데, 저장 구덩이에서 불에 탄 도토리나 곡식 등이 자주 발견되었거든. 가끔은 저장 구덩이가 여러 개 있는 움집도 볼 수 있어. 이런 움집의 주인은 혹시 부자 신석기인은 아닌가 하는 궁금증을 자아내기도 해.

움집의 문은 대체로 햇빛이 잘 드는 남쪽으로 나 있어. 신석기인들도 해의 움직임을 관찰하면서 집 안을 밝게 유지하려 했던 것 같아. 그런데 움집은 모두 사라지고 터만 남았는데 어떻게 움집의 모습을 복원할 수 있었을까? 그것은 아직 지구상에는 신석기 시대의 생활 모습으로 살아가는 부족들이 꽤 많이 있기 때문이야. 놀랍게도 그들이 사는 움집의 모습은 어느 지역이든 비슷하지. 그 모습을 바탕으로 움집을 복원한 거야.

12 먹고 살기가 너무도 바쁜 신석기인의 하루, 암사동에서 그려 보다

불을 피우고, 씨를 뿌리고, 토기를 굽고, 뼈바늘로 옷감을 만들고, 사냥을 하는 첨단의 신석기인들

1925년 대홍수로 한강의 남쪽이 깎여 나가면서 우연히 신석기 시대 유적이 발견되었어. 움집과 빗살무늬 토기, 돌도끼, 새뼈, 도토리 등이 발견되면서 서울 암사동 유적은 우리나라를 대표하는 신석기 시대 유적이 되었어. 유적을 발굴하며 신석기 사람들이 어떻게 하루를 살았는지도 짐작할 수 있게 되었지.

그럼 신석기 인들의 하루를 따라가 볼까? 신석기인들의 하루는 새벽에 시작되었어. 여자들은 농사를 위해 씨를 뿌렸어. 아직 벼농사를 알기 전이라 주로 조나, 수수, 기장들을 심었어. 씨를 뿌린 후에는 토기나 바구니를 들고 뒷산에 올라 도토리를 주웠어. 가을이 되면 주렁주렁 열린 과일을 한가득 따기도 했지. 남자들은 평소에 단단히 묶어 놓은 화살과 창을 들고 멧돼지와 사슴을 잡으러 산으로 올라갔어. 낮이 되면 여자들은 산에서 내려와 강으로 갔어. 조개를 잡아 국을 끓이고 그물로 잡은 물고기는 구워 먹었어. 오후가 되면 마을에서 공동으로 기르고 있는 가축에게 먹이를 주었어. 그러고는 조개 껍데기를 이용해 팔찌와 목걸이를 만들기도 했지. 기술이 좋은 사람들은 빗살무늬 토기를 굽기도 했어. 저녁이 되면 사냥터에서 돌아온 남자들이 불가에 앉아 그물추를 손보며 낮에 있었던 일들을 들려주었지. 여자들은 뼈바늘로 옷감을 만들며 아이들과 함께한 하루를 이야기하며 다 같이 하늘의 별을 바라보며 이야기꽃을 피웠을 거야.

13 곰 부족, 호랑이 부족이 나타났다?

곰이나 호랑이의 가죽이나 이빨, 발톱, 뼈로 꾸미면 강해 보일까?

신석기인들은 자연 현상이 왜 일어나는지 잘 몰랐어. 천둥소리와 번개의 번쩍임은 두려운 대상이었지. 때가 되면 끝없이 내리는 비, 차갑게 내리는 하얀 눈은 두려운 존재였어. 홍수가 나면 움집이 쓰러지고 마을이 쓸려가기도 했어. 신석기인들이 이런 자연의 힘을 막아 내기는 어려웠어.

그러다 보니 강력한 자연의 힘에는 인간이 모르는 어떤 특별한 이유가 있을 것이라 여겼어. 숲과 나무, 바위와 강물 등 모든 것에는 신비한 힘을 가진 영혼이 있고 하늘과 바다와 땅에는 인간보다 훨씬 강한 힘을 가진 신이 있다고 여겼지. 이를 **애니미즘**이라고 해.

또 어떤 사람들은 강한 힘을 가진 동물의 힘을 빌려 사냥도 잘하고 동물의 습격이나 다른 부족의 위협을 이겨내고 싶었어. 그렇게 곰 부족, 호랑이 부족, 늑대 부족이 나타났지. 그들은 동물의 가죽이나 이빨, 발톱, 뼈 등으로 옷을 꾸미고 힘을 표현냈어. 한편으로는 하늘 부족, 바다 부족, 바위 부족도 생겼지. 강한 힘을 가진 존재를 부족의 수호신으로 삼는 것을 **토테미즘**이라고 해.

또 다르게 자연 현상을 이해하는 무리가 있었어. 이들을 이끄는 족장은 신과 만날 수 있다 여겼지. 이 부족의 족장은 제사를 통해 신의 힘을 모으고 사람들을 통솔했지. 이를 **샤머니즘**이라 불러.

애니미즘, 토테미즘, 샤머니즘을 보면 신석기인들이 자연을 어떻게 생각했는지 잘 알 수 있을 거야.

14 처음 보는 빛깔, 처음 듣는 소리, 금속의 탄생!

토기를 굽는 과정은 불과의 싸움이었어. 불을 잘 다루어야만 좋은 토기를 만들 수 있거든. 불이 강하면 더욱 단단한 토기를 만들 수 있기 때문에 온도를 높이기 위해 이런저런 노력을 많이 했어. 그러다 보니 생각지 못한 것을 발견하게 되었어. 바로 금속이었어.

금속은 높은 열을 가해야만 녹는데, 녹기 전에는 바위나 돌에서 반짝이는 부분일 뿐이었어. 열에 녹은 금속은 물처럼 변했다가 다시 굳으면 단단해지는 성질이 있어. 그래서 사람들은 금속을 얻으려 노력했어. 하지만 금속을 얻어 무언가를 만든다는 것은 매우 힘든 일이었어. 아무나 할 수 없고 힘세고 부유한 마을의 족장만이 사람들을 시켜 금속을 모으게 할 수 있었지.

금속은 종류가 아주 많지만 처음에는 낮은 온도에서 녹는 구리, 주석, 아연 등이 먼저 발견되었어. 자연에서 가장 흔하고 강하며 쓸모가 많은 철은 먼 훗날 발견되었어. 주석, 아연, 구리는 단단하지 않고 물러서 한 가지만으로는 쓸모가 없었어. 그러나 두 가지 이상을 섞으면 단단해진다는 사실을 알게 되었지. 구리에 다른 금속이 한두 가지 이상 합쳐지며 단단해진 금속을 **청동**이라고 해.

청동은 처음에는 푸른빛을 띠다가 주석이 많이 들어갈수록 노란색, 은백색으로 색이 밝아졌어. 주석이나 아연이 너무 많으면 단단하지만 오히려 잘 부러지기 때문에 구리와 다른 금속의 비율을 조절하는 것이 기술의 핵심이었어. 청동으로 만든 무기나 제사 도구는 사람들을 놀라게 했어. 청동의 번쩍이는 색깔은 자연에서는 찾아볼 수 없는 아주 특별한 것이었고 금속이 부딪치며 나는 소리는 자연에 존재하지 않는 처음 듣는 소리였거든. 금속이 발견되고 청동이 만들어지면서 신석기 시대는 이제 **청동기 시대**로 넘어가게 되었지.

15 청동검은 전쟁 무기였을까? 장식품이었을까?

오랫동안 학자들은 청동검을 두고 실제 사용한 무기였을까, 아니면 부족장과 몇몇 지휘자들이
권위를 뽐내기 위한 장식용 무기였을까를 두고 논쟁을 벌였어.

사실 무기라고 보기는 어려웠어. 청동기는 매우 비싸고 귀해서 모두가 가질 수는 없었어. 또 단단하기는 했지만 돌을 갈아서 만든 돌칼도 청동검 못지않게 단단했거든. 어쩌면 나무를 깎아서 창처럼 만든 무기가 더욱 위협적이었을 거야. 그러니 실제 청동기 시대 싸움은 청동검보다는 돌과 나무로 만든 무기들의 대결이라고 할 수 있어.

하지만 청동을 다루는 기술이 발달하면서 무기로 쓰기에 손색이 없는 검도 만든 것은 분명해. 일본에서 발견된 신석기인의 뼈에 청동검이 부러진 채 박혀 있기도 했거든. 그리고 성분을 분석해 보니 손잡이 부분보다는 칼 끝부분이 더 두껍고 단단했어. 그리고 칼을 벼린 흔적도 나왔지. 이건 정말 무기로 쓰기 위해 만들었다는 중요한 증거였어.

그런데 여전히 많은 청동검은 진짜 전쟁에 쓰였다기보다는 의례용으로 쓰였을 가능성이 높아. 족장과 제사장, 전투를 이끄는 장군을 위해서만 만들었을 거야. 번쩍이는 청동검으로 호령하면 더욱 권위가 섰을 테니까. 그래서 철이 발견된 이후에도 청동검을 꾸준히 만들어 냈어. 청동검은 모두 왕과 제사장을 위한 물건이 되었지. 인간이 최초로 발견하고 만든 청동은 쓸모를 떠나 결코 버릴 수 없는 특별함을 간직하고 있으니까.

16 전 세계 고인돌의 절반이 우리나라에 있다고?

새로운 천년이 시작된 2000년. 전 세계는 한국에 있는 고인돌을 주목했어. 고인돌은 전 세계 어디서나
흔히 발견되는 유적이지만 한국의 고인돌이 유네스코 세계 문화유산으로 등재되었거든.

사실 우리나라는 시군 단위로도 고인돌이 없는 데가 없을 정도로 방방곡곡에 고인돌이 자리 잡고 있어. 너무 흔하다 보니 오히려 사람들의 관심 밖이었어. 하지만 세계 문화유산으로 등재되자 우리의 고인돌을 다시 돌아보게 되었지. 그런데 깜짝 놀랄 수밖에 없었어.

우선 우리나라는 전 세계에서 고인돌이 가장 많기로 손꼽혀. 전 세계 고인돌의 절반 정도가 우리나라에 모여 있거든. 다른 나라에서는 나라 전체에 기껏 수십 개에서 수백 개 정도만 있을 뿐이야. 우리나라는 전북 고창에서만 2천 개가 넘는 고인돌이 발견되었지. 수가 많다 보니 종류도 무척 다양해서 탁자 모양, 바둑판 모양, 뚜껑 모양 등을 고루 만날 수 있어.

고인돌 아래에서는 청동기 시대의 유물이 자주 발견돼. 가끔은 덮개돌에서 별자리가 발견되기도 해서 청동기인들이 하늘을 관찰하며 기록을 남겼다는 사실도 알 수 있어. 게다가 고인돌의 크기도 다양해 큰 것은 300톤에 달하고, 작은 것은 10톤도 되지 않아. 우리나라에 왜 이렇게 고인돌이 많은지는 아직 누구도 풀지 못한 수수께끼야. 또한 최초의 나라 고조선과 청동기 대표 무덤 고인돌이 어떤 관계인지도 시원한 답을 밝혀내지 못한 상태야. 우리가 그 답을 찾아볼까?

강화 고인돌

17 단군 왕검이 1,500년 동안 나라를 다스렸다고?

<삼국유사>에는 고조선을 세운 단군 왕검이 1,500년 동안 나라를 다스렸다고 쓰여 있어. 또 중국 황제가 보낸 기자가 고조선의 왕이 되자 단군은 400여 년을 숨어 살다가 1,908세로 신선이 되었다고 해.

옛날이야기지만 정말 사람이 1,908살까지 살 수 있었을까? 또 1,500년간 나라를 다스렸다니 가능한 일이었을까? 맞아, 사람이 그렇게 오래 살 수는 없어. 짐작대로 단군은 한 사람의 이름이 아니야. 고조선 건국 이야기에 나오듯 웅녀의 곰 부족과 환웅의 하늘 부족이 합쳐지면서 탄생한 새로운 나라 고조선을 이끌었던 족장을 **단군 왕검**이라 한 거야.

단군은 제사장, 왕검은 힘을 지닌 정치적 지배자를 뜻하는 말이니 단군 왕검은 지금의 대통령과 종교 지도자를 합쳐 놓은 말이라고 할 수 있어. 즉, 1대 단군부터 2대, 3대 내려오며 1,500년간 고조선을 다스린 거야. 그러다가 '기자'라고 불리는 중국 세력의 침입으로 단군은 자리에서 쫓겨났어. 하지만 기자 조선으로 부르는 걸로 보아 고조선 자체가 망한 것 같지는 않아. 다만 지배자인 단군만 피신을 한 것이지.

특별한 역사책 25

그 후 단군은 기자 세력을 몰아낼 기회를 엿보았지만 실패했고 단군을 따르던 사람들은 뿔뿔이 흩어졌어. 마침내 400여 년 후에는 완전히 사라져 버려서 사람들은 그것을 신선이 되었다고 표현한 거야. 이처럼 오랜 설화 속에는 역사의 진실이 숨어 있음을 알 수 있어.

18 아직도 찾지 못한 역사 속 첫 도읍, 아사달

고조선의 도읍지는 어디였을까?

고구려의 국내성과 평양성, 백제의 한성과 웅진, 사비, 신라의 금성은 모두 그 위치를 알고 있어. 셀 수 없이 많은 유물과 유적도 찾아냈고 말이야. 그런데 우리 역사 속 나라들 중 유일하게 도읍지를 찾지 못한 나라가 바로 고조선이야. 《삼국유사》에는 고조선의 도읍지에 대해 여러 번 이야기하고 있어.

"단군 왕검은 평양성에 도읍하고 비로소 조선이라고 일컬었다. 또 도읍을 백악산 아사달로 옮겼는데 그곳을 또 궁홀산이라고도 하고 금미달이라고도 하니 여기에서 1500년 동안 나라를 다스렸다."

평양성이 첫 도읍이라면 **아사달**은 두 번째 도읍이자 가장 오랜 시간 고조선을 이끌었던 장소야. 여기에 등장하는 평양(북한의 수도), 백악산(서울 청와대 뒷산), 궁홀산-금미달(황해도 구월산)은 실제 지금도 전해지는 지명인데 그곳이 정말 고조선의 중심지였는지는 아무도 알 수 없어. 특히 서울의 백악산 주변에서는 유적이 발견되지 않다 보니 더욱 의문이 들어. 다만 평양에서는 단군의 무덤이 발견되었다고 하는데 학자들이 직접 확인하지 못했기에 아직 공식적으로 인정받지는 못했어.

역사 기록에 따르면 천년이 넘게 도읍지로 있던 아사달의 흔적이 이렇게 없을 수는 없거든. 그래서 지금도 아사달의 정확한 위치가 어디일지 학자들은 궁금해 하고 있어.

19 21세기에 전 세계의 관심을 끈 온돌의 시작은 고조선?

'우리는 온돌에서 나고 온돌에서 자랐으며 온돌에서 죽을 것이다.' 손진태 역사 민속학자의 말이야.

구들을 덥혀 바닥을 따뜻하게 하는 온돌은 우리 민족이 오랫동안 사용해 온 전통 건축 기법이야. 지금도 거의 모든 주거용 건물에 쓰일 만큼 우리 민족과 떼려야 뗄 수 없는 문화이기도 하지. 그런데 이런 온돌은 언제 시작되었을까? 첫 나라가 고조선이니 그때부터일까? 신라가 삼국을 통일한 때부터일까? 사실 한반도 전체가 온돌을 쓰기 시작한 것은 생각만큼 오래된 것은 아니야.

조선 후기가 되어서야 두만강에서 제주도에 이르기까지 왕실, 양반, 백성 할 것 없이 모두 온돌을 쓰기 시작했어. 그 전에는 따뜻한 남쪽 지방일수록 온돌을 찾아보기 힘들었어. 온돌은 방을 따뜻하게 유지하는 기법이니 겨울이 추운 북쪽에서 먼저 시작될 수밖에 없었지.

흥미로운 사실은 온돌이 우리나라에서만 쓰이던 기술은 아니라는 거야. 중국 북부 지역과 몽골, 중앙아시아, 심지어는 알래스카와 로마에서도 사용했어. 하지만 어찌된 일인지 지금까지 온돌을 누리는 민족은 우리뿐이야.

그러다 보니 온돌을 연구하려면 우리 역사 속 나라들의 유적을 찾아볼 수밖에 없어. 지금까지 조선, 고려, 발해, 고구려, 북옥저 등에서 온돌 유적이 발견되었어. 이제 남은 건 고조선뿐이지. 러시아 학자들은 고조선이 온돌의 뿌리일 것으로 이야기해. 북한에서 발견했다는 이야기도 있어서 우리도 어느 정도 공감을 하지만 직접 유적을 확인하기 전에는 섣부르게 말할 수는 없겠지. 분명한 사실은 온돌은 지금까지 2000년간 우리 민족이 계속 발전시켜 온 주거 문화라는 거야.

특별한 역사책 27

20 귀신이 그린 바위그림에 숨은 307점의 그림

어느 날, 젊은 역사 학자 셋이 약속을 지키기 위해 울산으로 갔다가 엄청난 유적을 알게 되었어.

그때로부터 한 해 전, 원효 대사의 흔적을 찾아 마을에 들렀을 때 마을 사람들이 대곡천에 특별한 바위그림이 있음을 알려 주었거든. 그때는 다른 일이 있어 가 보지 못했지만 꼭 다시 찾겠다는 약속을 했고, 1971년 드디어 약속을 지킨 거야. 그런데 그날은 12월 25일 크리스마스였어. 그래서 훗날 이 엄청난 발견은 크리스마스의 선물로 불리게 되었어. 도대체 어떠한 발견이었기에 학자들이 흥분했을까?

대곡천 일대는 풍경이 아름다워 삼국 시대부터 조선 시대에 이르기까지 수많은 화랑과 귀족, 선비들이 찾았던 동네였어. 크고 평평한 바위에는 그들이 다녀왔음을 알리는 글과 시, 이름 등을 새겨 놓기도 했지. 그래서 동네 사람들에게 바위에 새겨진 글 등은 특별해 보이지 않았어. 그런데 바위에 새겨진 글들에 감탄을 하는 역사 학자들을 보며 마을 주민들은 그 동안 외부에 알리지 않았던 '귀신이 그린 바위그림'에 대해 말해 주었지.

이 바위그림은 대곡천 하류 커다란 벽에 있어서 배를 타고 들어가야 확인할 수 있었지. 조사한 결과 늑대, 사슴, 멧돼지, 호랑이, 표범 같은 육상동물과 사람 외에도 귀신고래, 향유고래 등 60마리의 고래가 세밀하게 그려져 있는데, 모두 307점이 확인되었어. 특히 바위에 새겨진 세계 최초의 고래 사냥 그림으로 인정받았어. 고래를 종류별로 잘 표현했는데 동해안에 얼마나 많은 고래가 다녔는지를 알 수 있을 정도야.

바위그림 중 이보다 더 생생하고 많은 내용이 새겨진 사례는 그 후로도 아직 발견되지 않았어. 학자들은 신석기에서 청동기에 이르는 어느 시기에 그려진 유물임을 밝혀냈지. 세계적으로도 보기 드문 바위그림 유적인 **반구대암각화**는 국보로 지정되었어.

21 참 이상한 동이족, 먹고 노는 건 천하제일!

중국인들은 주변 민족을 동서남북으로 나누어 이름을 불렀어.
남만, 북적, 서융. 그리고 중국의 동쪽에 살았던 우리는 동이족이라 불렀지.

풀이하자면 '동쪽에 사는 활을 무척 잘 쏘는 사람들'이 될 거야. 고구려를 세운 주몽이나 조선 태조 이성계, 그리고 대한민국 양궁 국가 대표 선수들을 본다면 동이족이란 표현, 꽤 정확한 것 같지? 그런데 중국인들의 눈에 비친 우리는 노래 부르고 춤추는 걸 참 좋아한 민족이었던 모양이야. 역사책에 다음과 같은 특징을 기록할 정도니 말이야.

"길에 다닐 때는 낮에나 밤에나, 늙은이 젊은이 할 것 없이 모두 노래를 부르기 때문에 하루 종일 노랫소리가 그치지 않는다.(부여)"

"그 백성들은 노래와 춤을 좋아하며, 나라 안의 촌락마다 밤이 되면 남녀가 떼 지어 모여서 서로 노래하며 유희를 즐긴다. (고구려)"

"떼를 지어 모여서 노래와 춤을 즐기며 술 마시고 노는데 밤낮을 가리지 않는다.(마한)"

"풍습은 노래하고 춤추며 술 마시기를 좋아한다.(변한)"

한반도 남부에서 북부에 이르기까지 모든 사람들이 노래와 춤을 좋아하고 술을 즐겨 마시니 이보다 더 흥겨운 민족이 있었을까?

22 돌무덤, 흙무덤, 항아리무덤, 주인을 알 수 없는 고대 역사 속 무덤들

전통 중에서도 장례 풍습은 잘 바뀌지 않아. 돌아가신 부모와 조상을 모시는 것이라 자손이 마음대로 할 수 없기 때문이지.

역사 속 여러 나라는 각각 특별한 무덤을 만들어 조상을 모셨어. 고구려인은 돌을 쌓아 무덤을 만들었어. 돌무지무덤이라 부르는 이 무덤은 마치 피라미드처럼 돌을 쌓아서 실제 동방의 피라미드로도 불려. 돌무지무덤 중 가장 큰 태왕릉은 높이가 15미터에 달해. 고구려에서

특별한 역사책 29

떨어져 나온 나라인 백제도 돌무지무덤을
만들었는데 규모는 고구려보다는 작아. 그런데
보통 3단으로 쌓아 마치 돌 케이크 같기도 해.
서울 석촌동에 가면 이 무덤들을 볼 수 있어.

신라는 평지에 흙과 돌을 쌓고 둥그런 봉분을
만들어 잔디를 입혔지. 신라를 대표하는
돌무지덧널무덤은 주로 경주에서 볼 수 있어.

백제 돌무지무덤(서울 석촌동 백제 옛 무덤들)

이웃한 가야의 무덤 모양은 신라와 같은데 주로
산이나 언덕에 만들었어. 특이한 것은 순장
풍습이 있어 지배자의 무덤 주변에 순장된 여러
사람의 무덤이 함께 발견되는 경우가 많아.
영산강 유역은 독특하게도 항아리로 무덤을
만들어. 한 무덤 안에 열 개가 넘는 항아리들이
함께 있어서 '아파트형 무덤'이라 부르기도 해.

신라 돌무지무덤(경주 황남동 황남대총)

고대 역사 속 무덤들은 저마다 생김새가
다르지만 공통점이 하나 있어. 누구의 무덤인지
무덤 주인의 이름을 알 수 있는 표시를
하지 않았다는 거야. 백성은 물론 귀족과
왕의 경우도 마찬가지였지. 무덤에 대부분
비석을 세워 표시하는 중국과는 아주 다른
특징이야. 유일하게 주인을 알 수 있는 무덤이
있는데, 중국식 벽돌무덤을 만들었던 백제의
무령왕릉이야.

가야 무덤(고령 지산동 가야 옛 무덤들)

23 삼국 시대? VS 사국 시대? VS 오국 시대?

고구려, 백제, 신라가 경쟁하고 다투었던 시대를 삼국 시대라고 해. 김부식의 《삼국사기》와
일연의 《삼국유사》가 바로 이 시대의 역사를 기록한 대표적인 책이야.

그런데 사실 그 시대에 고구려 백제, 신라만
있었던 것은 아니야. 신라와 백제 사이에는

가야가 있었지. 하나의 나라는 아니었지만
김해의 금관가야나 고령의 대가야가 중심이

되어 가야 지역의 여러 나라를 이끌었지. 그것도 520년 동안이나 말이야. 그러고 보면 사국 시대라 부를 수 있지 않을까?

그런데 또 하나의 나라가 있었어. 고구려 북쪽의 부여야. 부여는 삼국보다 먼저 세워진 나라로 고조선의 뒤를 이어 우리 역사에 등장한 나라지. 부여는 494년 고구려 문자명왕 대에 완전히 멸망했는데, 이때까지를 5국 시대라 부르는 학자들도 있어. 사실 엄밀히 따져 보면 고구려, 백제, 신라만이 남아 경쟁하던 시기는 98년(562년~660년) 정도였을 뿐이야.

가야와 부여가 엄연히 존재했음에도 삼국 시대로 부르는 이유는 무엇일까? 그것은 고구려, 백제, 신라와 달리 가야와 부여는 중앙 집권 국가를 이루지 못했기 때문이야. 여러 개의 부족 또는 작은 나라들의 연맹인 연맹 국가를

벗어나지 못했기 때문이지. 비록 중앙 집권 국가를 이루지는 못했지만 500년 이상 주변 나라들과 복잡한 외교 관계를 맺으며 무역하고 교류했던 가야와 부여의 역사를 소홀히 하면 안 되겠지?

24 돼지가 알려 준 고구려의 도읍지

고구려 2대왕 유리는 졸본에서 돼지가 발견된 국내성으로 수도를 옮겼어.

고구려를 세운 주몽은 후계자를 정하는 일로 고민이 깊었어. 수십 년 만에 나타난 친아들 유리는 고구려 건국에 별 다른 공이 없었어. 반면 비류와 온조는 주몽이 졸본에 정착해 결혼한 소서노의 아들로 고구려를 세우는데 큰 공이 있었지. 주몽은 고민 끝에 결국 핏줄이 같은 유리를 고구려의 2대왕으로 삼았어. 그러자 소서노는 이를 원망하며 비류와 온조, 그리고 많은 백성을 이끌고 남쪽으로 내려가 백제를 세웠어. 그 바람에 고구려의 국력이 크게 줄었어.

유리왕은 모든 것이 다 자신의 잘못인 것 같았어. 게다가 아버지가 세운 도읍인 졸본은 유리왕과는 아무런 관련이 없어 낯설고 싫었어. 그래서 비밀 작전을 꾸몄어.

며칠 후 제사 때 쓰기 위해 정성을 다해 키우던 돼지들이 집단으로 우리를 탈출했어. 궁궐에서는 난리가 났지.

"돼지가 사라졌다. 돼지를 찾아라."

돼지는 수십 킬로미터 남쪽의 압록강 가에서 발견되었어. 제사 때 쓰는 돼지는 하늘의 뜻을 받드는 중요한 재물인데 돼지가 이곳까지 온 것은 하늘의 뜻이라 여겼지.

이듬해 고구려는 졸본에서 국내성으로 수도를 옮겼어. 이를 두고 학자들은 정치적으로 위기였던 유리왕이 새로운 터전에서 다시 시작하고 싶은 마음에 꾸민 일로 보고 있지. 돼지 탈출은 우연이었을까? 자작극이었을까?

25 가야산신이 알을 낳았대!

"거북아, 거북아! 머리를 내어놓아라. 머리를 내어놓지 않는다면 구워 삶아 먹으리!"

가사가 재미있는 이 노래는 어떤 노래일까? 맞아! 《삼국유사》에 나오는 구지가야. 구지가는 김해에 살던 아홉 촌장이 구지봉에 모여 노래를 부르며 수로왕을 맞이했다는 설화에 등장해. 수로왕은 하늘에서 내려 준 여섯 개의 황금알 중에 가장 먼저 태어난 아이였어. 금관가야의 건국 신화지.

그런데 대가야가 위치한 고령에는 가야 건국과 관련된 또 다른 이야기가 전하고 있어. 가야산신인 정견모주가 하늘신인 이비가랑 결합해 아들 둘을 낳았는데 큰아들 뇌질주일(이진아시왕)은 대가야의 왕이 되고, 둘째 뇌질청예(수로왕)는 금관가야의 왕이 됐다고 해.

또 다른 이야기로는 정견모주가 알을 두 개 낳았는데 큰 알은 대가야에 남아 이진아시왕이 되었고, 작은 알은 낙동강을 따라 떠내려가 김해에서 수로왕이 되었다는 거야.
신비로운 이 이야기들 속에 숨은 역사적 사실은 무엇일까? 대가야가 금관가야에 이어 가야 연맹의 맹주가 되면서 금관가야에 밀리지 않는 건국신화가 필요했을 거야. 그래서 금관가야의 수로왕을 동생으로 만드는 이야기가 탄생한 거지. 이를

뒷받침이라도 하듯 최근 대가야의 무덤에서
발견된 방울에는 거북, 하늘을 우러르는 사람,
줄을 타고 내려오는 금합이 쌓인 보자기 등으로
보이는 무늬가 새겨져 있어서 사람들의 관심을
끌었지.

고령 지산동 가야 무덤군에서 나온 토제 방울

26 가야는 철로 먹고 사는 나라라고?

가야를 철의 왕국이라고 해. 질 좋은 철광산도 일찍 발견했지만 다른 나라들에 비해 철을 다루는 기술이
매우 뛰어나 가야에서 만든 갑옷이나 무기는 비싼 값에 수출되었거든.

가까이는 신라와 백제, 멀리는 고구려와 왜,
중국까지 전해질 만큼 품질을 널리
인정받았어. 그래서 가야
무덤에서는 다른 나라 무덤에서는
찾아보기 힘든 특별한 유물이
자주 발견되곤 해.

덩이쇠라고 불리는 철 덩어리야.
크기는 손바닥만 한 것부터 성인
허벅지만 한 것까지 다양해.
1차로 가공한 철 덩어리는
무기나 농기구로 만들기 좋은데
크기가 일정한 규모로 커지는 것을 보면 화폐로
썼을 가능성이 높아. 실제로 중국 기록을 보면
가야 지역의 철이 좋아서 주변 나라들이 가져다
쓴다고 했어. 신라나 백제, 왜의 무덤에서도
동일한 덩이쇠가 발견되는 것을 보면 우리가
만든 최초의 국제 화폐였을 수도 있어.

덩이쇠 외에도 갑옷이나 투구, 칼 등이 많이
발견되었어. 특히 갑옷은 판갑옷, 비늘갑옷
등 가장 다양하고 많은 수가 가야의 무덤에서

나왔어. 고구려 벽화에 나오는 개마무사의 갑옷
역시 가야의 무덤에서 발굴되었지. 말의 갑옷,
병사의 갑옷이 모두 나왔어. 가야는 그야말로
주변 나라들이 모두 부러워하는 철의 나라였지.

하지만 철로 먹고 살았던 가야의 기술이
이웃나라로 전해지면서 가야는 내리막길을 걷게
돼. 화려했던 철의 기억도 유물로만 남게 되고
뒤늦게 발전한 신라에 모든 것을 내주고 말았어.

27 지상 700개의 무덤과 지하 1만 개의 무덤이 알려 주는 대가야의 힘

대가야의 중심지 고령에는 국내 최대 규모의 고분이 남아 있어.

고령군 지산동 산자락에 무려 700여 개의 크고 작은 무덤이 연이어 있지. 지름 20미터가 넘는 왕릉급 대형 무덤만 스무 개 넘게 남아 있어.

그 중 다섯 개는 일제 강점기 때 파헤쳐졌어. 지름 50미터에 달하는 최대 크기의 무덤도 이때 발굴됐어. 6천500여 점이 넘는 유물이 나온 것으로 전해지지만 발굴보고서가 남지 않아 유물이 얼마나 나왔는지 정확히 알 수가 없어.

광복 후 우리 손으로 11기를 발굴했는데 안타깝게도 대부분 이미 도굴된 상태였어. 그나마 다행인 것은 무덤의 중심부만 도굴되고 주변의 순장묘는 고스란히 남아 있어 꽤 많은 유물을 볼 수 있었다는 점이지.

정식 발굴한 고분 중 44호 고분은 발굴단을 충격에 빠뜨렸어. 지금까지 발견된 순장묘 중 국내 최대였거든. 봉분의 흙을 걷어 내자 가운데 주인 무덤을 32개의 작은 무덤이 빙 둘러싸고 있었어. 순장자만 40명 가까이 나온 놀라운 발굴이었지. 순장자가 누구인지를 알 수 있는 유물도 함께 발견되었어.

이렇듯 큰 무덤은 작은 무덤 수십 개와 함께 있으니 겉으로는 700여 개지만 실제로는 땅 아래 1만 개가 넘는 무덤이 있을 것으로 추정하고 있어. 이 같은 고분군은 규모만 다를 뿐 면 단위마다 한두 개씩 남아 있어. 집단 무덤이라고 할 수 있지. 이곳 고령 지산동을 능가할 곳이 없는 걸 보면 대가야의 힘은 생각보다 훨씬 대단했을 듯해.

28. 98세 장수왕보다 오래 산 왕들이 있다고?

우리 역사 속에서 가장 오래 산 왕은 누구일까?

조선 시대 영조나 고구려 장수왕을 떠올린다면 역사를 잘 아는 친구야. 그런데 98세까지 산 장수왕보다 더 오래 산 왕들도 여러 명 있어. 대표적으로 158세까지 산 가야의 수로왕이야. 119세를 기록한 고구려 태조왕도 있어. 태조왕의 동생인 차대왕은 95세, 차대왕의 동생인 신대왕은 92세까지 살았으니 세 형제가 모두 장수했다고 할 수 있지. 세 형제가 합쳐 126년간 나라를 다스린 셈이야. 참 믿기 힘든 일이지? 그렇다 보니 중국 기록에는 세 형제가 형제가 아니라 부모 자식 관계로 나오기도 해.

그럼 수로왕을 우리 역사상 가장 오래 산 왕이라고 할 수 있을까? 지금도 100세 넘는 사람이 있는 걸 보면 전혀 불가능한 일은 아니겠지만 158세나 119세는 사실이 아닐지도 몰라. 이유는 알 수 없지만 역사 기록이 사라진 부분을 한 명의 왕으로 통합한 것은 아닐까 짐작하는 학자들이 많아. 실제 수로왕이나 태조왕은 역사 기록이 중간에 빈 시기가 많거든. 반면 장수왕은 왕위에 있으면서 활약한 일이 거의 매년 단위로 우리나라와 중국 역사에 기록되어 있어. 이름 또한 장수왕이니 실제 가장 오래 왕위에 있고 오래 살았던 왕일 것으로 보고 있지.

29. 백제 바둑판, 신라 가야금이 보관된 보물창고가 지금도 남아 있다고?

한국 고대사를 공부하는 학자들의 꿈은 일본 나라시 동대사에 있는 정창원에 들어가 보는 거야.

정창원은 일본 왕실의 창고인데, 오래전부터 이웃나라들에게 받은 선물을 보관하는 곳이지. 그런데 왜 이곳에 들어가고 싶어 할까? 이곳에는 고구려, 백제, 신라 때 일본으로 전해진 유물들이 지금까지도 보존되어 있거든. 우리나라에서는 찾아볼 수 없는 유물이 정창원에는 수없이 많아. 대표적인 것으로 의자왕이 전한 왕실 바둑판이 있어.

'목화자단기국'이라는 이름을 가진 이 바둑판은 스리랑카에서 난 자단나무에 코끼리 상아를 깎아서 만든 조각이 장식되어 있어. 바둑판이 이 정도인데 바둑알은 또 어떨까? 바둑알 역시 상아로 만들어 붉은 색, 남색으로 염색하여 새 모양을 새겼어. 얼마나 화려하고 섬세한지는 보지 않고서는 믿기 힘들 정도야.

또한 신라에서 전해진 가야금(신라금)이 아직도 남아 있지. 신라종과 신라먹, 금동가위와 같은 귀한 유물도 깨끗하게 잘 보관되어 있어.

그런데 뜻밖의 보물이 발견되기도 했어. 불경을 감싼 일종의 포장지인데, 신라의 관청에서 사용하던 종이를 이면지로 사용한 거였어. 종이에는 마을의 인구수, 토지 크기, 소와 말, 과실수 같은 내용이 적혀 있었지. 신라인들의 생활을 엿볼 수 있는 아주 귀중한 자료야. 이런 유물은 여전히 일본 왕실 소유의 보물이라 외부인에게 함부로 보여주진 않아. 대신 1년에 한 번씩은 박물관에서 특별 전시를 연다고 해.

정창원에 소장된 1300년 전의 바둑판과 바둑돌, 금동가위

30 찬란한 신라 금관, 정말 머리에 썼을까?

박물관에서 우리 눈을 가장 사로잡는 유물은 무엇일까? 한 조사에 따르면 한국인은 번쩍번쩍 빛이 나는 금관을 우리나라 유물의 대표 이미지로 생각한다고 해.

사슴뿔과 같은 모습에 금과 옥 장식이 치렁치렁 매달린 금관을 보면 한번 머리에 써 보고 싶다는 마음이 절로 일어나지. 실제 일제 강점기에 처음 발견된 금관을 기녀 머리에 씌우고 사진까지 찍었으니 그렇게 여길 만도 해. 드라마나 영화의 장면에 금관을 쓴 신라 왕이 자주 나오다 보니 별로 어색해 보이진 않지.

하지만 학자들의 의견은 달라. 우선 1킬로그램 정도의 무게는 평소 쓰고 다니기에는 꽤 불편하고 하늘하늘한 장식은 거추장스럽기 때문이지. 게다가 금관은 매우 얇아서 가벼운 충격에도 모양이 변형되기 쉬워. 금관을 쓰거나 사용했다는 기록이나 그림이 발견되지도 않았어. 그러니 금관은 평소에 쓰는 물건이라기보다는 죽은 이를 위해 넣어 주는 부장품일 가능성이 높다고 봐. 혹 사용했다 할지라도 일상용이 아닌 아주 특별한 날에 잠깐 쓰는 정도의 물품으로 여겨지지.

금관은 신라 천년 내내 있던 유물은 아니야. 김씨가 왕이 되고 불교가 자리 잡기 전까지 약 150년간만 만들었던 유물이지. 지금껏 6개가 발견되었는데 앞으로 몇 개가 더 나온다면 금관의 비밀을 풀 열쇠를 얻지 않을까?

국립중앙박물관에 소장된 신라 시대 금관

31 담장 밑도, 도로 밑도 모두가 무덤이었어!

경주에 가면 커다란 왕릉이 이곳저곳에 모여 있어. 그 중에서도 가장 많은 왕릉이 모인 곳은 단연 대릉원이야. 담장 안에 무려 스무 개가 넘는 크고 작은 무덤이 모여 있지.

그런데 이상한 것은 담장 밖 도로를 하나 건너도 비슷한 규모의 무덤이 있다는 거야. 사실 지금 우리가 보는 무덤은 대릉원을 공원으로 정할 때 임의로 나눈 것이야. 원래는 교촌마을부터 경주 시내, 팔우정 거리에 이르는 거대한 지역이 모두 무덤이었지. 이 지역은 신라 왕실의 묘역이었나 봐. 그렇다 보니 고분공원을 만들 때 어디까지 담장을 두를지를 두고 매우 고민했대. 흙으로 덮인 봉분만 무덤이 아니라 흙이 깎여 평평해진 무덤이 더 많았거든.

담장을 두르기 전에 발굴하려고 땅을 파면 어김없이 무덤이 나왔지. 산책로 아래도 모두 무덤이라고 보면 될 정도였어. 차가 다니는

도로도 무덤이 즐비했어. 그래서 어쩔 수 없이 눈에 보이는 커다란 봉분을 기준으로 담장을 둘렀어.

담장이 쳐진 대릉원은 황남동 고분군이라고 해. 도로 건너 북쪽에는 노동동 노서동 고분군이 있는데, 일제 강점기에 처음 금관이 발견된 곳이기도 해. 동편으로는 크기는 작지만 무덤이 가장 많은 쪽샘 지구가 있어. 무려 70기가 넘는 무덤이 확인되었어. 남쪽으로는 조금 멀리 떨어진 곳에 커다란 무덤이 모여 있지. 신라의 역사가 천년을 간 만큼 우리나라에서 가장 큰 왕실 묘지가 바로 경주에 생긴 거야.

32 연습 삼아 발굴한 무덤에서 찾아낸 엄청난 유물

대릉원 안에 있는 최고의 핫플레이스는 누가 뭐래도 천마총이야. 그런데 밖에서 보면 주변 무덤에 비해 크기가 작아. 사실 천마총은 시범용으로 발굴한 무덤이었지.

대릉원을 유적으로 꾸민 후 사람들의 관심은 경주에서 가장 큰 무덤인 황남대총에 쏠렸어. 일제 강점기에 파헤쳐진 몇몇 고분에서 금관을 비롯한 많은 유물이 쏟아졌기에 가장 큰 황남대총에는 얼마나 많은 유물이 있을까 궁금했거든. 하지만 우리 손으로 이 거대한 무덤을 발굴한 경험이 없어 논의 끝에 황남대총 옆에 있는 작은 무덤(황남동 제155호분)을 시범 삼아 발굴하기로 했어. 그러면서도 처음에는 큰 기대는 하지 않았지. 첫 발굴이라고는 하지만 황남대총을 발굴하기 위한 준비 과정일 뿐이었으니까.

발굴은 1973년에 시작되었어. 그런데 생각지도 못한 유물이 발견되면서 난리가 났어. 하늘을 나는 천마가 그려진 말다래가 나왔거든. 지금껏 한 번도 발견된 적 없는 신라의 그림이었지. 그것도 천이 아닌 자작나무 껍질에 그려져 있었어. 자작나무는 신라 땅에서는 나지 않는 북쪽 지방의 대표적인 나무여서 그 또한 놀라운

경주 천마총에서 출토된 '장니 천마도'. 국보, 6세기경, 국립경주박물관 소장.

일이었어. 물론 금관도 나왔지. 천마총에서 발견된 유물은 무려 1만 2천여 점에 달했어.

용기를 얻은 정부는 몇 달 후 황남대총 발굴도 시작했어. 기대한 대로 유골, 금관, 부인대를 비롯한 유물이 어마어마하게 나왔지만 아쉽게도 천마도 같은 특별한 유물은 발견되지 않았어. 결국 황남대총은 봉분을 원상복구했고 천마총은 교육의 장으로 쓰기 위해 내부를 공개하고 일부 유물도 전시하고 있지.

33 왕릉에서 로마 유리그릇이 발견된 이유는?

신라나 가야의 왕릉을 발굴하면 중국이나 일본에서 온 유물도 심심치 않게 발견되곤 해. 이웃나라들과 무역을 했다는 사실을 증명하는 유물인 셈이지.

그런데 가끔 놀라운 유물을 만나기도 해. 바로 '로만글라스'로 불리는 유리그릇이야. 이국적인 느낌이 물씬 풍기는 이 유리잔은 놀랍게도 로마에서 만들어진 거야. 유라시아 대륙 동쪽 끝의 신라와 서쪽 끝의 로마가 서로 만나기라도 한 것일까? 이미 대부분 도굴되어 자세한 것을 알 수 없는 고구려, 백제와 달리 도굴되지 않은 가야의 무덤에서도 2012년 로만글라스와 성분이 비슷한 유리가 발견되었어. 신라의 무덤에서 발견되는 반지, 목걸이, 팔찌, 귀걸이도 로마의 제품과 디자인이 비슷한 것도 놀라운 일이야. 그런가 하면 경주 계림로에서 발견된 황금보검은 거의 똑같은 모습의 칼이 러시아에서 발견되었고 이란, 아프가니스탄 등 서아시아 벽화에서도 발견되었어.

로만 글라스, 황금보검 같은 이국적인 유물이 신라로 오게 된 이유를 학자들은 두 가지로 보고 있어. 하나는 외국인이 많이 모였던 중국 북위에서 페르시아 사신이 신라 사신에게 전해 주었다는 거야. 또 하나는 중앙아시아의 유목민들이 고구려 북쪽에서 동해안을 따라 곧바로 신라에 와서 전한 것은 아닐까 생각하는 학자들도 있어.

어느 것이 진실인지 아니면 또 다른 답이 있는지 알 수 없지만 분명한 사실은 무려 1,600년 전 수천 킬로미터 떨어진 신라와 로마가 문화로 서로 만나고 있었다는 거야.

34 쌍둥이처럼 닮은 삼국과 일본의 불상, 누가 원조야?

국보 하면 우리가 숭례문을 떠올리듯 일본인들은 교토 고류지(광륭사)의 목조 반가사유상을 떠올려. 반가사유상은 의자에 앉아 한쪽 다리를 올린 채 손가락을 뺨에 대고 명상에 잠긴 모습의 불상이지.

일본의 한 목조 반가사유상은 유럽인들로부터 극찬을 받았어. 특히 독일의 철학자 야스퍼스는 "완전히 완성된 인간"이라며 감탄을 했지. 그런데 아마 야스퍼스가 우리나라에 왔더라면 더욱 놀랐을 거야. 일본에 있는 것과 몹시 비슷한 모습의 반가사유상이 우리나라에도 있으니까. 그것도 두 개나 말이지. 재료가 나무가 아니라 금동이라는 것만 빼면 형태도 표정도 쌍둥이처럼 아주 닮은꼴이야.

이 반가사유상을 두고 신라 또는 백제에서 만들었을 것이라는 의견이 많지만 최근에는 불상의 힘찬 모습을 볼 때 고구려에서 만든 것일 수도 있다는 주장이 나오고 있어. 그러나 둘 다 언제 어디서 발견됐는지 정확한 기록이 없기에 안타까울 뿐이지. 다만 조각 기법을 보면 일본의 목조 반가사유상보다 먼저 만들어진 것은

일본 고류지의 목조 반가사유상 **국립중앙박물관에 소장된 금동 미륵 반가사유상**

분명해. 일본의 목조 반가사유상은 신라에서 만들어져 일본으로 넘어갔거나 신라 기술자들의 도움으로 일본에서 만들어진 것으로 보고 있어. 이 두 반가사유상은 1,400년 전 두 나라가 얼마나 가까운 사이였는지를 보여 주는 중요한 문화유산이야.

35 신라의 아이돌 스타는 화랑이야!

역사 속에는 방탄소년단 못지않게 인기를 누린 아이돌이 있었어. 그들은 바로 신라의 화랑이야.

화랑과 아이돌은 닮은 점이 참 많아. 우선 보통 10대 후반의 나이에 시작한다는 거야. 또 최고가 되려면 피나는 연습이 필수라는 거지. 아이돌이 춤과 노래, 연기를 연습한다면 화랑은 학문과 무예, 그리고 정신 수련을 했어. 아이돌이 팬덤을 이끈다면 화랑은 수백에서 천여 명에 이르는 낭도를 이끌었어. 얼굴을 꾸미는 것

역시 비슷해. 다만 의미는 달라. 아이돌과 달리 화랑의 화장은 '낭장결의'라고 해서 충의를 위해 목숨을 버릴 수 있는 의지를 드러내는 의식과도 같은 것이었어.

또 다른 차이도 있어. 아이돌은 누구나 꿈을 가지고 노력하면 이룰 수 있지만 화랑은 오직

진골 귀족 출신만 할 수가 있었어. 일반 귀족과 평민은 낭도가 되어야 했지. 예컨대 가야 왕족의 후예이자 진골 귀족인 김유신은 화랑이었고, 그를 따르는 무리는 용화낭도라 했지. 그들은 무리 지어 다니며 무예 연습을 하고 학문을 공부했어. 그래서 화랑은 산 좋고 물 좋은 곳을 늘 찾아 다녔다고 해.

백성들은 평생 한 번 볼까 말까 한 화랑의 모습에 놀라워했지. 그런 화랑 이야기는 오랫동안 전해져 우리나라 곳곳 경치 좋은 곳에 전설로 남아 있어.

36 화랑들의 공부법을 새긴 돌을 발견하다!

화랑은 어떤 공부를 했을까? 무예를 수련하고 학문을 닦은 것은 알지만 구체적으로 어찌했는지는 알 수가 없었어. 다만 《삼국유사》에 세속오계라는 내용이 있을 뿐이었지.

세속오계란 지켜야 할 다섯 가지 약속이라는 말이야. 화랑 귀산과 추항이 평생을 지킬 가르침을 얻기 위해 원광법사를 찾아가 듣게 된 말이지. 충성으로 임금을 섬기고, 효도로 부모를 섬기며, 믿음으로써 벗을 사귀고, 싸움에 나가면 물러서지 않는다. 마지막으로 적을 죽이더라도 함부로 생명을 빼앗지 않는다는 규칙이야. 화랑들은 세속오계의 원칙을 지키며 수련을 했지.

화랑은 무예 이상으로 학문도 열심히 익혔나 봐. 1934년 경주에서 우연히 발견된 작은 비석 (임신서기석)에 새겨진 글이 학자들의 눈길을 사로잡았어. 비석에는 그동안 제대로 알려지지 않았던 화랑의 공부법이 적혀 있거든.

"임신년 6월 16일 두 사람이 함께 맹세하여 쓴다. …… 《시》, 《상서》, 《예기》, 《춘추전》을 차례로 3년 안에 익히기로 맹세하였다."

유학의 대표 경전인 오경을 3년이라는 시간 동안 익히자는 것은 화랑이 아주 뛰어난 실력을 지니고 있음을 알 수 있지. 비록 짧은 문장이지만 임신서기석은 화랑의 수준을 알려 주는 중요한 단서가 되었어.

37 흰 피를 흘리고 죽은 사람의 비밀

법흥왕과 귀족, 그리고 백성들이 지켜보는 가운데 죽음을 앞둔 한 남자가 외쳤어.

"뭐라 해도 제 목숨만큼 버리기 어려운 것은 없을 것입니다. 그러나 제가 저녁에 죽어 큰 가르침이 아침에 행해지면, 부처님의 날이 다시 설 것이요, 임금께서 길이 평안 하시리다."

이 소리를 들은 법흥왕은 소리 죽여 흐느꼈지. 죽음을 앞둔 남자는 법흥왕이 아끼는 젊은 신하 이차돈이었어. 곧 사형이 집행되었어. 이차돈의 목이 떨어지는 순간 사람들은 소리를 질렀어.

"이럴 수가 목에서 흰 젖이 솟구친다!"
"하늘에서 꽃비가 내린다!"

어찌된 일이었을까? 고구려, 백제와 달리 신라는 100여 년이 지나도록 불교를 받아들이지 않았어. 전통 신앙을 믿던 귀족들이 반대했기 때문이지.

불교는 다만 종교가 아니라 과학이고 의학이며, 학문인 동시에 건축인 종합 선진문물이었기에 법흥왕은 꼭 불교를 받아들이고 싶었어. 이를 눈치 챈 젊은 신하 이차돈은 귀족들이 신성하게 여기는 천경림 숲을 없애고 그 자리에 절을 만들었지. 화가 난 귀족들은 이차돈을 사형시키기로 했어. 그런데 죽음 앞에서도 당당한 이차돈의 모습과 그의 목에서 솟구친 흰 젖에 놀란 귀족들은 결국 불교를 반대할 수 없었어. 죽음으로 뜻을 이룬 것이야.

그런데 정말 사람의 목에서 흰 젖이 나올 수 있을까? 사실 흰 젖이란 조금의 욕심도 없이 순수한 이차돈의 뜻을 상징해. 훗날 사람들이 순교한 이차돈을 기리며 만든 말일 거야. 이처럼 신라는 불교를 어렵게 받아들였지만 얼마 지나지 않아 어느 나라보다도 융성한 불교 문화를 꽃피우지.

38 고구려, 백제, 신라는 서로 말이 통했을까?

결론부터 말하자면 알 수가 없어. 삼국의 언어가 비슷했는지 달랐는지를
연구하기 위한 자료가 너무나 적기 때문이지.

중국 기록에 고구려나 예, 삼한의 언어나 풍습이 비슷하다는 표현이 있기는 해. 신라 사신과 대화하려면 백제 사신이 통역해야 한다고도 했지. 하지만 그 사실로만 삼국의 언어가 통했다라고 단정할 수는 없어. 어디까지나 중국인의 입장이니까. 사실 같은 사물을 가리키는 삼국의 낱말이 전혀 다른 것이 많아.

예컨대 '성'을 고구려는 홀, 백제는 기, 신라는 잣으로 불렀지. 물론 단어의 차이만 가지고 달랐다고 단정하는 것도 위험한 일이야. 북한에서는 하마를 물말이라고 하는데, 그렇다고 남북 간에 대화가 통하지 않는 것은 아니잖아. 학자들도 이점을 어려워 하고 있어. 삼국이 남긴 책이나 언어 자료가 많다면 참 좋을 텐데… 우리가 알 수 있는 것은 몇 개의 비석과 바위나 불상에 새겨진 글 밖에 없지. 다만

희망적인 것은 글이 새겨진 목간이 발굴을 통해 간간히 발견되고 있다는 점이야.

자료들이 많이 모인다면 삼국의 언어 차이 정도를 알 수 있을 거야. 단어는 좀 다르지만 사투리처럼 대체로 말이 통했는지 아니면 지금의 한중일과 같은 상태인지를 말이야. 한중일은 한자를 보면 대략 뜻은 알고 인사말 정도 나눌 뿐 깊은 이야기는 통하지 않잖아.

39 중국에서 발견된 백제인과 신라인의 얼굴

인물이 등장하는 벽화 자료가 많은 고구려와 달리 백제와 신라의 벽화는 자료도 매우 적지만
인물이 그려진 것이 없어. 그래서 백제와 신라인의 얼굴 모습을 잘 알기가 어려워.

물론 발견되는 불상이나 토우 조각이 있지만 그것으로 백제와 신라인의 얼굴을 추측하기는 좀 어렵지.

그러던 차에 뜻밖에 중국에서 백제와 신라인의

정확한 얼굴이 그려진 그림이 나타났어. 첫 번째는 《양직공도》라 불리는 책이야. 526~536년 무렵 중국 양나라에 파견된 외국인 사절을 그림으로 그려 해설한 이 책에는 백제를 비롯한 중국 주변 12개국의 내용이 남아 있어.

《양직공도》, 중국 난징박물관 소장

《양직공도》에 등장하는 백제 사신은 수염이 없는 매끈한 얼굴에 이목구비가 뚜렷하고 입술에 붉은 빛이 감돌고 있어. 복장은 푸른 옥색 비단에 잘 갖춰진 차림이며, 다른 나라 사신에 비해 유독 색깔이 밝고 화사하지. 사신의 외형만 본다면 백제의 패션은 꽤 높은 수준이었던 것 같아.

두 번째 그림은 〈왕회도〉야. 〈왕회도〉에는 백제뿐 아니라 신라의 사신도 함께 등장해. 〈왕회도〉에 나타난 백제 사신의 얼굴은 반달 모양 눈에 매부리코, 양갈래로 난 수염이 특징이야. 옷은 《양직공도》와 마찬가지로, 푸른 계열 비단으로 만들었고, 수가 놓여 화려하지. 이에 비해 신라 사신은 수염이 없는 젊은 남성으로 눈매가 치켜 올라가 있고 머리는 치렁치렁 길게 내렸지. 옷은 수수한 편이야.

비록 두 점이지만 《양직공도》와 〈왕회도〉는 백제와 신라인의 얼굴을 알 수 있는 매우 귀중한 자료임에 틀림없어.

〈왕회도〉의 고구려, 백제, 신라 사진의 모습

40 석굴암 불상은 원래 아름다운 채색 불상?

토함산 중턱의 석굴암은 아시아의 3대 예술품으로 불릴 만큼 아름다워. 인공으로 만든 석굴이지만 전 세계 어느 나라 것보다 잘 만든 명작이지. 단단한 화강암을 깎아 만든 석굴암 본존불과 본존불을 둘러싼 보살과 제자상은 지금이라도 눈을 뜨고 세상으로 걸어 나올 듯 생동감이 넘쳐.

석굴암 본존불

그런데 조각의 입술이나 콧구멍 쪽을 자세히 들여다보면 미세하게 색이 입혀진 흔적을 찾을 수 있어. 믿기지 않겠지만 석굴암을 처음 만들었을 때는 조각에 색을 입혔다고 해. 세월이 지나 색은 다 벗겨지고 화강암 자체만 남은 것이 지금의 석굴암이야. 녹색, 붉은색, 파란색, 흰색 등이 어우러진 석굴암을 상상할 수 있겠니?

채색 불상이 지금 우리에게는 좀 낯설지만 신라 시대에는 익숙한 광경이었어. 경주 남산의 석불상에서도 채색의 흔적은 많이 발견되거든. 채색 불상이 어떤 모습인지 궁금하면 중국의 3대 석굴이나 대족석각(대족석굴)을 찾아보면 금방 알 수가 있어. 바위에 새긴 불상 조각에 채색이 잘 남아 있지. 물론 벗겨져 나간 부분도 많아서 채색 불상이 시간이 지나면 어떤 식으로 변해 가는지를 한눈에 알 수 있어.

석굴암에 간다면 상상력을 한번 발휘해 봐. 화려한 색의 불상으로 가득한 석굴을 말이야.

41 신라 사람, 백제 사람들이 좋아한 대중 가요는?

우리 민족은 노래를 참 좋아했어. 삼국 시대도 마찬가지였지.

고구려 왕인 유리왕은 떠난 부인을 그리워하며 〈황조가〉를 남겼다고 해. 신라 사람들은 향가를 불렀어. 리듬과 음은 알 수 없지만 가사는 여러 책에 전해 내려와. 승려인 월명사가 세상을 먼저 떠난 누이를 생각하며 부른 〈제망매가〉와 해가 둘이 나타나자 하늘의 괴변을 없애기 위해 지은 〈도솔가〉도 있어. 월명사는 피리를 매우 잘 불러서 가던 달이 멈추고 들었다는 전설이 있기도 해. 승려들의 노래가 널리 알려졌음을 알려 주는 중요한 향가들이지. 실제 향가의 대부분이 불교와 관련된 노래거든.

그런가 하면 멋진 화랑을 추억하고 기념하기 위해 지은 노래도 있었어. 〈찬기파랑가〉, 〈모죽지랑가〉가 대표적이야. 역사에 이름을 남긴 죽지랑과 달리 기파랑은 향가 덕분에 처음 알려진 화랑이기도 해. 향가는 사랑에 관한 것, 악귀를 물리치는 것, 나라의 평안을 비는 것 등 내용이 참 다채롭지. 비록 전하는 건 25수로 많지 않지만 신라인의 마음을 충분히 엿볼 수는 있어.

백제는 어떨까? 백제의 노래는 다섯 수만 전해졌어. 그것도 가사가 제대로 전하는 건 〈정읍사〉 하나뿐이지.

달하 노피곰 도드샤, 어긔야 머리곰 비취오시라.
(달아 높이높이 솟아, 제발 멀리까지 비추어다오.)

이렇게 시작하는 〈정읍사〉는 멀리 떠난 남편을 기다리는 아내의 마음이 담긴 노래야. 단 한 편이지만 절절한 아내의 마음을 통해 백제인의 향기가 전해지는 듯해.

42 국정원에도 기록되어 있는 삼국 시대 대표 첩자, 고구려의 승려 도림

역사상 최대의 스파이 작전을 성공으로 이끈 승려 도림은 우리나라 정보기관인 국정원에도 위대한 스파이로 이름이 기록되어 있을 정도야.

고구려 고국원왕이 백제 근초고왕에게 죽임을 당한 후 고구려는 치를 떨었어. 고국원왕의 증손자 장수왕은 복수의 칼날을 갈았어. 하지만 신중했지. 백제 개로왕은 만만한 인물이 아니었거든. 그래서 스파이 작전을 써. 개로왕의 약점을 파악한 후 승려 도림을 백제로 보냈지.

개로왕의 약점은 무엇이었을까? 그것은 바둑을 너무 좋아한다는 점이었어. 도림은 바둑에 있어 고구려 1인자였지. 고구려에 큰 죄를 지은 것처럼 꾸며 백제로 온 도림은 개로왕을 만나 금방 바둑으로 친구가 되었어. 도림의 실력에 푹 빠진 개로왕은 도림의 말에 귀를 기울였지.

"어라하(왕)! 백제는 고구려보다 더욱 부유한 나라인데 어찌하여 조상들의 무덤이 이처럼 관리가 안 되었을까요? 궁성과 한강 제방 또한 고구려에 비해 초라합니다. 이참에 힘을 모아 정비한다면 천하가 백제를 우러러볼 것입니다."

도림의 말이 넘어간 개로왕은 신하와 백성들의 반대를 무릅쓰고 공사를 진행했어.

결과는 어찌 되었을까? 무덤과 궁성, 제방은 화려해졌을지 모르지만 이로 인해 나라의 살림이 위태로워졌고 귀족과 백성들의 마음이 왕에게서 떠나 버렸어. 도림은 이 사실을 장수왕에게 알렸고 장수왕은 3만의 군대를 이끌고 백제를 공격했어. 개로왕은 죽임을 당했고, 백제는 터전인 한강을 고구려에 빼앗기는 수모를 당했어.

43 천하의 주인이 되려면 한강을 차지하라!

삼국 시대 최후의 승자는 신라였어. 고구려와 백제에 비해 인구도 적고 경제력과 문화가 뒤떨어졌던 신라가 어떻게 최후의 승자가 되었을까?

신라 진흥왕은 그 이유를 한강에서 찾았어. 한강은 한반도의 중심을 흐르는 거대한 강으로 수량이 풍부하고 평야가 넓어 상업과 농업을 발달시키기에 매우 좋은 조건을 가지고 있어.

또 한강이 끝나는 서해는 중국으로 갈 수 있는 해상 교통로로, 중국 문화를 받아들이기에 최적의 장소지. 게다가 한쪽으로 치우친 다른 강과 달리 한강은 동서남북으로 이어져 있어서 한반도 구석구석으로 가기에도 아주 편리했어.

이를 제일 먼저 알고 한강을 차지한 나라는 백제였어. 처음에는 매우 작은 나라였지만 아주 빠르게 성장해 고구려를 넘어서는 힘을 보여주었어. 이에 고구려는 한강을 빼앗지 않고서는 백제를 견제할 수 없다는 생각에 스파이 작전을 써 가며 한강 유역을 빼앗아 버렸지. 그 뒤 고구려는 백제를 꺾고 100년 가까이 삼국의 최강자 자리를 지켜낼 수 있었어.

신라 진흥왕은 기회를 엿보다 백제 성왕과 힘을 합쳐 고구려를 물리치고 한강 유역의 일부를 차지할 수 있었어. 하지만 하류는 백제, 상류는 신라라는 약속을 어기고 한강 전체를 차지해 버려. 중국으로 통하는 길이 생기면서 신라도 빠른 속도로 발전했고 결국 삼국 시대의 최후 승리자가 되었지.

그 뒤 고려와 조선, 대한민국이 들어서면서 한강의 중요성은 더욱 커졌고 지금까지도 나라의 중심지가 되고 있어. 그러고 보면 한강은 한민족 역사의 젖줄이라 할 수 있지 않을까?

44 칠백 년 가야 왕국을 멸망시킨 열다섯 살 화랑, 사다함

가야는 약한 나라가 아니었어. 다만 하나로 통합된 국가, 즉 중앙 집권화를 이루지 못했을 뿐이야.
강한 군사력과 높은 경제력을 바탕으로 가야는 자신들끼리 경쟁했지.

그 사이에 신라의 힘이 매우 커졌어. 경주 지역의 작은 나라 사로국이 아니라 낙동강 동쪽 일대를 통합한 강국으로 성장했지. 신라는 가야를 넘어서 백제와 겨루기 위해 우선 남쪽의 금관가야를 첫 번째 목표로 삼았어.

금관가야는 김수로가 세운 나라로, 여러 가야 중 으뜸이었지만 광개토 대왕의 공격을 받고 힘이 쇠약해진 상태였지. 금관가야의 마지막 왕 구형왕은 고민 끝에 나라를 신라에 바쳤어. 법흥왕은 기뻐하며 구형왕의 집안을 신라 왕족으로 대우했어. 구형왕의 자손은 신라에 충성했고 신라의 힘은 더욱 강해졌지.

구형왕의 증손자가 바로 김유신이야. 자신감을 얻은 신라는 가야의 맹주 대가야에 손을

특별한 역사책 47

뻗쳤어. 대가야로서도 가야의 작은 나라들 위에 서려면 신라의 힘이 필요했지. 신라와 가야는 결혼 동맹을 맺었어. 그런데 가야가 신라를 믿고 방심하자 진흥왕은 이사부 장군에게 명을 내렸어. 대가야를 기습공격하라는 것이었지. 이사부는 화랑 사다함을 선봉에 내세웠어. 15세 나이의 사다함은 이미 낭도 1,000명을 거느리는 용맹한 화랑이었어. 사다함은 한 치의 망설임도 없이 대가야를 향해 진격했고, 거짓말처럼 대가야는 망해 버렸어. 700년을 이어온 가야왕국이 15세 화랑의 진격에 무너져 내렸지.

45 운명의 라이벌, 의자왕과 김춘추 그리고 연개소문

가야의 멸망은 백제와 고구려에 충격을 주었어. 한반도 동쪽 지역을 모두 차지한 신라는 더 이상 예전의 신라가 아니었지. 신라는 한 발 더 나가 백제를 배신하고 한강마저 차지해 버렸어. 백제 의자왕은 복수를 준비했고 대야성 전투에서 신라를 크게 이겼어. 의자왕이 보낸 장군 윤충이 대야성 성주이자 김춘추의 사위인 김품석을 죽였어. 김춘추의 딸도 남편과 함께 목숨을 잃었지. 김춘추는 분노했지만 의자왕이 이끄는 백제를 이기기 위해서는 고구려의 힘이 절실했어. 김춘추는 직접 고구려를 찾아가 도움을 요청했어. 하지만 고구려의 권력자 연개소문은 코웃음을 치며 말했어.

"지난날 백제와 합해 우리 고구려의 영토인 한강을 빼앗아가더니 지금에 와서 도움을 청하는 것인가? 한강을 내놓는다면 신라를 도울 생각이 있다. 어찌하겠느냐?"

김춘추는 머뭇거리다 감옥에 갇혔어. 하지만 용궁에 잡혀간 토끼가 간을 가져온다며 탈출한 이야기를 흉내 내어 가까스로 고구려를 탈출했어.

탈출한 김춘추는 이를 갈았어. 백제뿐 아니라 고구려에도 반드시 복수하겠다고 다짐했어. 김춘추는 당나라로 건너가 당태종을 설득했어. 그리고 당나라 군대와 연합하여 백제를 멸망시켰지. 하지만 연개소문이 이끄는 고구려는 도저히 당해낼 수 없었어. 김춘추는 아들인 문무왕과 친구인 김유신에게 고구려를 물리칠 것을 부탁하고 눈을 감았어.

몇 년 후 연개소문이 세상을 떠나자 문무왕은 김춘추의 뜻을 이어 당과 연합하여 고구려를 멸망시켰어. 대야성 전투 후 30여 년 만에 김춘추의 복수가 이루어진 셈이지.

46 가야 유민들, 신라에서 맹활약을 펼치다

가야를 통합한 신라는 영토도 넓어지고 인구도 많아졌어. 그러자 좋은 인재도 많이 얻게 되었지. 역사에 이름이 전하지는 않지만 뛰어난 제철 장인들이 신라의 무기와 농기구의 수준을 한 단계 높여 주었을 거야.

금관가야의 후손 김유신은 아버지 김서현, 할아버지 김무력과 함께 신라군을 더욱 강한 군대로 만들었어. 특히 김유신은 패배를 모르는 지혜롭고 용맹한 장군이었지. 그 아들들 역시 신라의 전쟁을 승리로 이끈 주역이었어.

장수에 김유신이 있다면 글을 다루는 학자에는 강수가 있었어. 강수는 대가야 귀족 가문 출신이었지만 신라에서는 낮은 귀족으로 대접을 받았지. 강수는 유학과 학문에 뛰어났어. 태종 무열왕 때 당나라에서 온 국서가 너무 어려워 누구도 제대로 읽어 내지 못했어. 그때 강수가 정확히 해석을 했고 답서까지 훌륭하게 적어 보냈다고 해. 이후에도 외교 문서는 강수가 도맡아 썼는데, 중국에서도 강수의 문장에 감탄을 했으니 강수 이후로 감히 당나라가 신라를 업신여길 수 없었지.

음악에서는 대가야 출신의 우륵을 빼놓을 수 없어. 우륵은 가야금 연주의 달인이었고 여러 가야의 전통 음악을 완벽히 꿰뚫고 있었어. 진흥왕은 우륵의 음악에 감동해 우륵에게 신라의 음악 교육을 맡겼어. 우륵은 제자를 키워 신라의 음악을 발전시켰지.

가야는 사라졌지만 가야의 유민들은 신라인이 되어 학문과 국방, 예술 분야를 더욱 살찌워 신라가 삼국을 통일하는 데 큰 역할을 했어.

47 신라 제일의 승려는 누구?

신라에는 세상에 이름을 떨친 승려가 아주 많아. 신라뿐 아니라 중국 황제마저 감탄한 승려들이 많았어.

우선 대국통이 되어 신라 불교를 이끌어 간 자장이 있어. 중국에서 명성을 떨치던 자장은 선덕 여왕의 요청에 신라로 돌아와 황룡사 9층 목탑을 만들고 오대산의 이름을 짓고 통도사 등 전국에 10개의 사찰을 세웠어.

신라 왕족이었던 원측은 15세에 당나라로 유학을 떠나 평생 당나라에서 살았어. 천부적인 언어 재능을 가진 탓에 중국 승려들의 질투를 받기도 했지만 인도 범어에 있어 원측을 따를 자가 없었어. 인도 경전을 중국어로 바꾸는 일을 도맡았던 천재 승려였어.

그런가 하면 불교에서 가장 어렵다는 화엄 사상을 깨우친 의상은 당나라 유학 도중 신라의 위기를 알고 나라를 구하기 위해 급히 귀국을 했지. 신라는 의상 덕에 당나라의 욕심을 막아 낼 수 있었어. 의상은 전국을 다니며 제자들과 함께 사찰을 짓고 나라를 위해 기도했지. 영주 부석사, 가야산 해인사, 지리산 화엄사, 금정산 범어사 같은 한국을 대표하는 사찰이 이때 만들어졌어.

의상과 함께 당나라 유학길에 오르려 했던 원효는 해골 바가지에 담긴 물을 마신 후 '일체유심조(모든 것은 마음먹기에 달려 있다.)'를 깨달았어. 원효는 늘 백성과 함께하며 "나무아미타불"을 외웠어. 불교가 어려운 것이 아님을 백성들에게 널리 알렸지.

대국통 자장, 천재 원측, 화엄의 대가 의상, 일체유심조 원효. 누가 신라 제일의 승려일까?

48 신라 통일 후 석탑의 모습, 삼층으로 변하다

불교를 대표하는 문화유산은 누가 뭐래도 탑이야. 탑은 오랫동안 부처의 상징이었기 때문이지.

부처의 사리를 모신 무덤이 탑의 시초야. 탑은 중국에 전해지며 탑이 아닌 건물의 모습을 갖추게 돼. 재료도 나무와 흙을 구워 만든 벽돌이 대부분이었지.

그런데 이 탑이 우리나라로 전해지면서 재료가 돌로 바뀌었어. 우리나라는 단단하고 좋은 화강암을 구하기 쉬웠거든. 재료는 돌이지만 모습은 영락없는 목탑이고 벽돌탑이었어. 삼국 시대 탑은 모두 3기가 남아 있어. 백제의 정림사지오층석탑과 미륵사지석탑인데, 나무로 만든 건물 모습을 하고 있어. 재료만 나무에서 돌로 바뀌었을 뿐이야. 나머지 하나는 신라의 분황사 모전석탑인데, 단단한 돌을 벽돌 모양으로 깎아 만들었지.

고구려 탑은 어떨까? 아쉽게도 고구려 탑은 하나도 남아 있지 않아 모습을 자세히 알 수가 없어.

흥미로운 사실은 중국의 탑을 흉내 내었던 삼국의 탑이 신라 통일 후 완전히 모습이 바뀌어 버렸다는 거야. 처음으로 삼층탑이 나타났지. 무덤도 건물도 아닌 지붕을 씌운 잘생긴 3단 케이크 모양이 되었어. 이런 석탑의 대표적인 예가 불국사 삼층석탑이야. 5층, 7층, 9층으로 만들던 습관이 3층으로 변한 거지. 이유는 알 수 없지만 돌로 만든 3층 석탑은 전 세계에서 한국 탑만이 가진 특별한 특징이야.

불국사의 3층 석탑, 석가탑(왼쪽)과 다보탑

49 점점 작아지는 신라 시대의 무덤들

신라 무덤 하면 떠오르는 첫 번째 이미지는 엄청난 크기일 거야.

삼국 통일 후 만든 원성왕릉

가장 큰 황남대총은 지름이 100미터가 넘고, 높이가 23미터에 달해. 비슷한 시기에 만든 다른 무덤들도 규모가 어마어마해. 그런데 점점 크게만 만들 것 같던 무덤도 삼국 통일 후에는 점차 줄어들었어. 통일 후에는 영토도 커지고 인구도 많아지고 경제력도 커졌을 텐데 왜일까?

그건 나라가 발전하면 백성들의 생각도 발전하기 때문이야. 더 이상은 무덤의 크기로 왕의 권위를 내세울 필요가 없어졌다는 뜻이지. 법과 제도를 잘 만들어 통치하는 것이 훨씬 더 권위를 세워 주니까. 예술 수준 또한 높아져 크기만 큰 무덤은 더 이상 감동을 주지 않았거든.

그렇다고 왕의 무덤을 아무렇게나 만들 순 없겠지? 통일 후 왕의 무덤은 크기보다는 의미를 담는 것이 중요해졌어. 12지신상이나 수호석을 세워 돌아가신 왕이 존경 받고 있음을 나타냈어. 문인석과 무인석을 세우고 동물 석상을 만들어 동서남북을 지키게 했지. 숲을 잘 조성해 아늑하고 엄숙한 공간으로 느껴지게도 하고 말이야. 이런 특징들이 가장 잘 드러난 무덤은 괘릉으로 불리는 원성왕릉이야. 이 능을 보면 신라의 예술도 정교하게 발달했음을 저절로 느끼게 될 거야.

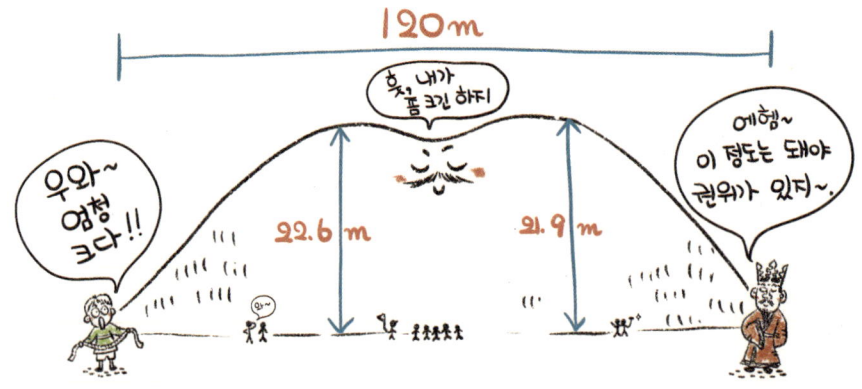

50 멀고 먼 아라비아에서 신라까지 찾아온 사람들

원성왕의 무덤을 지키는 무인석은 뭔가 특별함이 있어.

무인석을 처음 보는 사람들은 얼굴을 보고 또 보게 돼. 아무리 봐도 함께 있는 문인석과 달리 무인석의 얼굴 모습은 신라 사람 같지가 않거든.

그렇다고 상상해서 만든 모습도 아니야. 오늘날 우리에겐 익숙한 서아시아 사람의 모습이지.

서아시아는 이슬람교 탄생지로 이슬람 지역, 또는 아라비아 지역이라고도 해. 지금이야 쉽게 볼 수 있지만 1,200년 전 신라에서는 아닐 거야. 그런데 왕릉에 아라비아 사람을 모델로 무인석을 만든 이유는 뭘까? 그것은 실크로드를 따라 당나라로 왔던 아라비아 상인들이 동쪽 끝 신라까지도 들어왔었기 때문이야. 아라비아 상인들에게 신라는 황금의 나라로 유명했어. 금관, 금귀걸이 등 금제품을 특히 좋아한 신라 왕실의 화려함이 그런 소문을 낳은 듯해. 아라비아 상인들은 무역품을 지키려고 힘 센 장사를 데리고 다녔는데 강인한 그들의 모습이 신라인들에게는 아주 특별해 보였나 봐.

아무튼 신라까지 들어온 아라비아 사람들 중에는 신라가 마음에 드는 사람도 많았던 모양이야. '붉은 얼굴에 기이한 몸짓과 괴이한 복장'을 한 사람들 이야기가 역사책에 남을 만큼 아라비아 사람들 중에는 신라에 정착했거나 자주 찾아오는 사람이 있었지. 이를 뒷받침이라도 하듯 고대 페르시아의 책인 《쿠쉬나메》에는 사산 왕조의 지도자인 야비틴이 유민들을 이끌고 신라에 와서 신라 공주와 결혼한다는 이야기가 실려 있어. 아라비아인들과 신라인이 어울리는 경주는 어땠을까? 상상만으로도 역사는 참 재미있어.

원성왕릉 무인석

51 미륵사지 발굴로 흔들리는 선화 공주 설화

선화 공주와 사택적덕의 딸, 누가 무왕의 진정한 왕비였을까?

백제를 대표하는 미륵사지석탑은 세 개밖에 남지 않은 삼국 시대 탑 중 하나야. 규모로는 우리나라에서 가장 커. 하지만 일제 강점기에 탑을 보수하면서 덧댄 콘크리트가 문제가 됐어. 해체하고 복원할 문제가 시급해졌어. 탑을 상하지 않게 하면서 콘크리트를 떼어내고 다시 복원하기는 매우 어려웠지만 20년 만에 결국 해냈어.

그런데 탑을 해체하는 과정에서 아무도 예상치 못한 일이 벌어졌어. 정말 놀라운 유물이 발견된 거야. 탑 안에서 사리 장엄구가 나왔지. 사리 장엄구는 탑을 만들 때 시주한 사람이 넣는 불교 용품과 보물들이야. 화려한 백제의 공예 솜씨를 뽐내는 유물이 쏟아져 나왔지.

하지만 정작 사람들의 눈길을 끈 것은 작은 금판이었어. 금판에는 시주를 한 백제 왕비의 정체가 적혀 있었어. 바로 그것이 문제였어. 금판이 발견되기 전까지 미륵사를 세운

특별한 역사책 53

사람은 《삼국유사》의 기록에 따라 백제 무왕과 왕비인 선화 공주였어. 그런데 금판에는 탑을 만든 사람이 선화 공주가 아니라 백제 귀족인 사택적덕의 딸이라고 적혀 있었어. 백제 무왕과 선화 공주는 유명한 노래 〈서동요〉의 주인공으로, 익산시의 마스코트이기도 해.

그럼 역사 기록에 등장하는 선화 공주는 가짜일까? 1,400여 년 전 직접 쓴 금판이니 믿지 않을 수도 없었어. 학자들은 의문을 품을 수밖에 없었어. 백제 무왕이 신라의 선화 공주랑 결혼했다는 것부터 잘못이었다며 서동요는 전설일 뿐이라고 주장하는가 하면, 미륵사지탑 세 개 중 가장 큰 목탑은 선화 공주가 시주했고 이번에 발굴한 서탑은 사택적덕의 딸, 동탑은 또

다른 왕비가 시주했을 것이라는 주장도 나왔지. 왕의 부인이 한 명이 아니었을 수도 있으니까.

52 삼국의 왕 이름에 담긴 속사정

조선 시대나 고려 시대 왕의 이름은 태조, 세종처럼 조(祖) 또는 종(宗)으로 끝나는데, 삼국의 왕 이름은 왜 다를까?

삼국 말고도 달리 불릴 때가 있었어. 고려 시대, 몽골 간섭기에는 충성 '충(忠)' 자를 넣어 충렬왕, 충정왕 등으로 불렀지. 조선 왕조 실록에 따르면 '조(祖)'는 나라를 세운 왕에게만 특별히 붙여지는 이름이었어. 나머지 왕은 특별한 경우를 제외하면 모두 종이었어. 그런데 삼국 시대 왕의 이름은 나라마다 이름을 붙이는 이유와 뜻이 달랐어.

고구려는 왕의 특징이나 업적을 바탕으로 이름을 짓거나 무덤이 위치한 지역의 이름을 따서 지었어. 활을 잘 쏘니 추모(주몽)왕, 땅을 넓혔으니 광개토 대왕, 오래 살아서 장수왕이었지. 고국원에 묻히면 고국원왕, 소수림에서 장사 지내서 소수림왕이 되었고 말이야.

백제는 특이하게도 왕실에서는 왕을 '어라하'라고 부르고, 백성들은 왕을 '건길지'라고 불렀다는 기록이 있어. 백제 왕실은 고구려에서 떨어져 나왔기에 '어라하'는 고구려 계열 언어였을 것이고, 한강 유역에 터를 잡았으니 '건길지'는 한강 유역 백성들이 쓰던 말이었을 것으로 보고 있어.

신라는 더욱 생생한 명칭이 많이 남아 있어. 변화하는 왕의 명칭을 보면 신라가 성장해 가는 과정도 보여. 신라를 세운 혁거세는 거서간이라고 불렸어. 귀한 사람이라는 뜻이야. 2대 남해왕은 차차웅으로 불렸어. 신을 부리는 사람을 나타내는 말이니 신라 초기에 왕은 종교 지도자처럼 여긴 듯해. 3대 유리왕부터는 이사금으로 불렸지. 이가 많다는 뜻인데 나이가 많고 지혜로운 사람을 부르는 말이야. 17대 내물왕부터는 마립간으로 불렸어. 여러 부족을 이끄는 대수장이라는 뜻이야. 왕이라는 표현은 22대 지증왕 때부터 사용하기 시작했어. 지증왕 대에 와서야 비로소 이웃나라들이 인정하는 나라로 성장했음을 알 수 있어.

53 아무리 뛰어난 인재도 오를 수 없는 나무

나라마다 신분 제도는 있었지만 신라의 신분 제도는 아주 엄격했어. 같은 귀족이어도 오를 수 있는 관직에 차이를 두었지. 이를 골품제라고 해.

골품제는 왕족과 고급 귀족인 골(성골과 진골)과 하급 귀족인 두품을 아울러 부르는 말이야. 아버지와 어머니가 둘 다 순수한 왕족일 경우 성골이 되고, 한쪽이 왕족이 아닐 경우에는 진골이 되었어. 그러다 보니 시간이 지나면서 성골은 줄어들 수밖에 없었어. 마지막 성골은 선덕 여왕과 진덕 여왕이었어. 성골 남자가 없었기에 두 사람은 왕이 될 수 있었지.

두품은 신라가 여러 부족과 작은 나라를 통합하면서 생겨났어. 이때 귀족간의 서열이 정해졌지. 1두품에서 3두품은 처음에는 하급 귀족으로 대우를 받았지만 신라가 커지면서 귀족의 수가 늘자 더 이상 귀족으로 대접받지 못했어. 그냥 백성이 되었지.

골품제에 따라 귀족들은 받을 수 있는 관직의 높이가 달랐어. 아무리 뛰어난 재능을 가져도, 나라를 구한 공을 세워도 정해진 골품제 이상의 벼슬을 받을 수는 없었어. 외교 문서를 도맡아 신라의 체면을 세웠던 강수도 17관등 중 8등이 최고였다는 걸 보면 골품제의 위력을 알 수 있어. 6두품은 결코 고위 관리가 될 수 없었어. 그래서 6두품의 자녀들은 당나라로 유학을 떠나는 경우가 많았어. 최치원이 대표적인 인물이야.

이렇듯 골품제는 복잡하게 성장한 신라의 질서를 지키는 데는 성공했지만 발전을 가로막았어. 능력 있는 사람들은 불만을 품었지. 신라 말이 되면 능력 있는 사람들은 신라를 버리고 새로운 나라를 세우려 했을 정도였어. 나라를 안정시킨 골품제가 도리어 신라의 최후를 앞당긴 꼴이 되어 버렸어.

54 발해인 셋이 모이면 호랑이도 때려잡는다고?

고구려의 후예답게 발해인들은 용맹하기 그지없었어.

오죽하면 '발해인 셋이 모이면 호랑이 한 마리도 당해 낸다.'고 했을까? 이 이야기가 나온 《송막기문》을 보면 '남자들은 지모가 많으며 날래고 용감함이 다른 나라보다 뛰어나다.'고 했지. 발해의 2대왕 무왕이 당나라 등주 지방을 단박에 공격해서 차지했던 역사적 사건은 발해의 대범함을 보여 주는 유명한 사건이었어.

재미난 것은 이런 발해의 남자들이 제일 무서워한 존재는 바로 자신의 부인이라는 점이야. 발해의 부인들은 매우 사나워서 남편이 밖에 나가 다른 여자를 만나면 절대 가만두지 않았다고 해. 당시 발해를 제외한 모든 나라가 부인을 여럿 둘 수 있는 제도였음에도 오직 발해만은 첩을 둘 수 없었지. 발해의 부인들은 10자매를 맺어 서로의 남편을 감시했고 남편에게 다른 여자가 생기면 10자매가 독을 준비해 위협했다고 해.

그렇다고 발해의 부부들이 사이가 나빴다는 것은 아니야. 다만 발해의 여인들은 지금과 같이 일부일처제가 당연하다고 여겼고 그것을 지켜 내는 것을 자랑스러워 했어. 서로 애틋한 편지도 보냈고 집 안에서 정원 가꾸기를 좋아했어. 비록 발해인이 남긴 역사책은 발견되지 않았지만 주변 민족에 전해진 발해인의 풍습은 다른 나라와는 다른 특별함이 느껴져.

55 발해는 정말 고구려를 계승한 나라일까?

발해가 고구려를 계승했다는 내용은 직접 일본에 전한 국서에 분명하게 나와 있어.
심지어는 나라 이름마저 고구려로 표시되어 있을 정도야.

그럼에도 중국은 발해가 중국 역사의 일부라 주장하고 있어. 발해가 중국 역사의 일부가 아니라 당당히 고구려를 계승한 나라임을 함께 알아보자.

우선 안타깝지만 앞서 말한 바대로 발해가 남긴 역사서가 지금껏 발견되지 않았어. 다만 조선 시대 유득공이 쓴 《발해고》를 통해 대략적인 발해 역사와 송나라 사람 홍호의 《송막기문》을 통해 발해의 풍습 일부를 알 수 있을 따름이야. 당나라 역사서와 일본 역사서에도 발해 역사와 교류의 흔적이 기록되어 있어.

그 내용을 종합해 보면 **첫째**, 발해는 고구려 유민이 세운 나라야. 발해의 시조 대조영은 고구려의 장군 출신이지. 발해의 대표적인 귀족 역시 '고' 씨로, 고구려 왕족의 후손들이야. 백성인 말갈족은 따로 존재하는 민족이라기보다는 고구려의 지방에 살던 여러 부족 사람들을 낮춰 부르는 말일 뿐이야. '촌사람' 정도로 이해하면 좋을 것 같아.

둘째, 발해는 스스로 국서를 통해 고구려를 이은 나라임을 밝히고 있어. 발해가 일본에 보낸 문서를 보면 잘 알 수 있지.

셋째, 중국인 스스로 자신의 역사책 속에 발해를 외국의 한 나라로 기록하고 있어. 신라, 일본 등을 기록한 장에 함께 기록하고 있거든.

넷째 온돌, 모줄임천장 등 발해의 문화유산은 중국 문화와는 다른 고구려 문화를 이어받았음을 증명하고 있어.

마지막으로 발해가 망할 때 세자와 발해 왕족과 귀족, 유민들이 형제의 나라라며 고려로 망명을 왔고 고려 역시 발해를 멸망시킨 거란과 맞선 것을 보면 발해인의 피와 정신이 고려로 이어졌음을 알 수 있어.

56 당나라 시험에 처음으로 합격한 발해 사람 오소도, 오광찬 부자

발해 사람으로서 아버지와 아들이 모두 당나라 빈공과에 합격하기는 보기 드문 일이었어.

당나라는 외국인을 대상으로 한 과거 시험인 빈공과를 운영했어. 곳곳에서 몰려든 인재들이 이 시험에 합격하기 위해 열심히 공부했지. 그런데 가장 많은 합격자를 낸 것은 언제나 신라였어. 장원 급제도 항상 신라였지. 그만큼 신라의 학문 수준이 높았던 거야.

그런데 이를 부러운 눈으로 바라보며 언젠가는 신라를 이기겠다고 다짐한 나라가 있어. 어디였을까? 맞아 신라와 함께 남북국으로 불리는 발해였어. 발해는 땅도 넓고 군사력도 강하지만 학문과 문화에 있어서는 신라에 언제나 한 발 뒤졌지. 이에 발해는 신라를 꺾고 빈공과에서 장원 급제자를 배출하고 싶어 했어.

이 소망을 이룬 이가 발해 유학생 오소도야. 그는 875년 발해 사람으로서는 처음으로 빈공과에서 수석을 차지했어. 이때 2등이 신라 유학생 이동이었지. 발해는 열광했고 신라는 자존심이 구겨졌어. 그로부터 30여 년이 지난 906년에는 오소도의 아들 오광찬이 빈공과에 합격했지. 그런데 그때는 신라 유학생 최언위가 수석을 차지했어. 오소도는 인정할 수 없었어. 자신의 아들인 오광찬이 훨씬 뛰어나다며 당나라에 항의했지만 당나라는 모든 면에서 최언위가 뛰어나니 석차를 바꿀 수 없다고 했지. 신라는 30여 년 만에 자존심을 되찾았지.

빈공과 수석을 두고 벌였던 발해와 신라의 자존심 대결. 승자는 신라였을까? 수석을 차지한 최언위가 왕건을 도와 고려를 건국했으니 역사는 참 알다가도 모를 일이야.

57 발해가 백두산 폭발로 멸망했다고?

926년 거란의 침입을 받은 발해는 불과 보름 만에 멸망하고 말았어.

비록 거란에 영웅 야율아보기가 나타나 부족을 통합했다고 하지만 고구려의 후예 발해는 그리 만만한 나라가 아니었어. 그런데 불과 며칠 만에 나라가 망했으니 도대체 어찌 된 것일까?

우선 앞뒤 사정을 살펴보면 발해의 장군과 왕족들이 대거 고려로 망명한 기록이 있어. 나라를 지켜야 할 장군과 왕실을 뒷받침해야 할 왕족들이 나라를 떠났다는 것은 발해 내부에 문제가 있었음을 알 수 있어. 다만 기록이 없어 정확한 사정을 모를 뿐이야. 거란이 세운 요나라 역사책에 보면 '싸우지도 않고 멸망시켰다.'는 말이 나와. 거란이 침입했을 때 이미 발해는 망한 것과 다를 바 없는 상태였다는 거야.

그런데 이 이유를 두고 최근 흥미로운 주장이 나왔어. 일본 도호쿠대 연구소에 따르면 9~10세기 이르는 동안 백두산 화산 폭발이 발해를 멸망으로 이끌었대. 무려 25km까지 치솟은 대폭발은 발해 멸망 후 일어난 일이지만 그 전부터 잦은 화산 활동으로 발해의 경제와 사회가 무너지기 시작했다는 거야. 백성들은 불안에 떨고 경제 활동은 위축될 수밖에

없었으니 내부에선 갈등과 대립이 많았겠지. 관련 기록이 없다는 것이 안타까울 따름이야.

하지만 그 이전에는 생각해 보지 못한 이유를 이제 과학의 발달로 찾게 된 셈이야.

58 집 전체를 금으로 입힌 금입택

집 전체를 금으로 입혔다니, 그게 사실일까?

《삼국유사》에 따르면, 신라 제49대 헌강왕 대에는 도성 안에 초가집이 하나도 없었고 밥을 짓는 데 나무를 사용하지 않고 숯을 썼으며, 집의 처마와 담들이 이웃과 서로 붙어 있으며, 노랫소리와 피리 부는 소리가 길거리에 밤낮으로 끊이질 않았다고 해. 그야말로 신라의 전성기였지.

도읍지 경주에만 18만 가구가 살았는데 그 중 금입택이 40채 가까이 있었어. 금입택은 금드리댁을 한자로 쓴 말로 금으로 꾸민 집을 말해. 손톱만 한 금도 매우 비싼데 금으로 집을 입히고 집 안 곳곳에 금을 드려 꾸밀 정도라면 부유함은 상상을 초월한다고 봐야 하지 않을까?

한두 채도 아니고 수십 채나 있었다는 것은 부자 진골 귀족이 그만큼 많았다는 뜻이기도 해.

왕들은 귀족에게 금을 사용하지 못하도록 했지만 명령이 통하지 않았어. 힘 있는 귀족들이 왕위를 차지하기 위해 서로 싸우던 시대였거든. 귀족들은 자기 집에서 왕보다 호화스러운 생활을 누리고 싶었던 거야.

그런 금입택이 지금은 남아 있지 않지만 그 터는 성과 민가, 하천이 내려다보이는 언덕에서 찾아볼 수 있어. 집도 화려하지만 바깥의 아름다운 경치를 감상하기 위해 만든 집이란 걸 알 수 있지. 금입택의 주인들은 수시로 절에 엄청난 재물을 시주하거나 아예 절을 세우기도 했어. 하지만 도를 넘어선 과도함은 곧 화를 부르지. 역사가 우리에게 주는 교훈이라고 할까? 얼마 가지 않아 신라는 혼란에 휩싸이고 결국 망했으니 말이야.

59 인도까지 걸어간 구법승 이야기

삼장법사가 손오공, 저팔계, 사오정과 함께 부처를 찾아 떠나면서 겪는 이야기가 뭘까?

바로 《서유기》야. 그런데 책에 등장하는 삼장법사가 역사 속 실제 인물이라는 사실 알고 있니? 삼장법사는 당나라 승려 현장이었어. 현장이 인도에 다녀오다 겪은 이야기들에 상상력을 보태서 만든 이야기가 《서유기》지.

그런데 《서유기》보다 더 생생한 이야기가 남아 있어. 그것도 중국 승려가 아닌 신라 승려가 남긴 기록이지. 바로 《왕오천축국전》이야. 이 책은 부처의 나라 인도를 여행한 승려 혜초의 여행 일기야. 당시 인도는 천축국이라 불렸는데, 다섯 개의 나라로 나뉘어 있었어. 모든 천축국과 주변의 몇 나라를 둘러본 혜초는 당나라로 돌아오는데 오고 가는 길에 만난 위험하고 두려웠던 일들을 일기와 시로 남겨 두었어.

깎아지른 절벽과 끝없는 사막, 무서운 도적 떼를 보며 하염없이 눈물을 흘리기도 했지. 그런 어려움이 있음을 알면서도 인도로 간 이유는 아직 알려지지 않은 불경이나 부처의 가르침을 직접 찾기 위함이었어. 이렇게 현장이나 혜초 같은 승려들을 구법승이라고 해. 글자 그대로 법(부처의 뜻)을 구하기 위해 인도로 떠났던 승려를 말해.

혜초 외에도 원표, 현태와 같은 승려가 역사에 남아 있어. 하지만 대부분은 인도를 다녀오는 도중에 길을 잃거나 사고가 생기고, 병에 걸려 목숨을 잃었어. 그만큼 힘든 길이었거든. 그래도 이들의 노력이 있었기에 불교의 진정한 가르침이 신라까지 전해지게 되었고 불교 문화는 꽃을 피울 수 있었지.

60 장보고의 죽음은 곧 신라의 죽음

한중일 삼국의 역사에 이름을 떨친 해상왕 장보고는 놀랍게도 평민 출신이었어.
신라는 골품제로 인해 귀족도 출세가 제한되어 있었는데 평민 출신인 장보고가
삼국을 호령하는 위치에 우뚝 서다니 어찌 된 일이었을까?

장보고의 어릴 적 이름은 궁복이었어. 활을 잘 쏘는 아이라는 뜻이지. 이름처럼 활도 잘 쏘고 말도 잘 타고 기상도 뛰어났지만 평민 출신이라 신라에서는 크게 쓰일 수가 없었어. 하지만 장보고는 포기하지 않고, 신라에서 꿈을 이룰 수 없다면 당나라에 가서라도 이루겠다고 다짐했거든. 그래서 친구인 정년과 함께 당나라로 가서 전쟁터를 누비며 공을 세웠지. 그 덕에 신라인이었지만 1,000명의 당나라 병사를 호령하는 자리에 오를 수 있었어.

하지만 여기까지가 끝이었어. 대장군이 될 수는 없었지. 장보고는 실망하지 않았어. 신라로 돌아갈 결심을 했어. 신라는 중국에서 이름을 떨친 장보고를 모른 척 할 수는 없었어. 장보고의 요청대로 고향 완도에 자리 잡게 허락해 주었지만 경주로 들어오는 것은 꺼렸어. 장보고의 신분이 평민이었으니까.

장보고는 개의치 않고 청해진을 만든 후 바다의 해적을 모두 소탕했지. 그리고 신라, 중국, 일본을 오가는 무역로를 만들고 바다를 호령했어. 그럼에도 장보고는 신라의 정식 장군이나 관리가 될 수는 없었어. 골품제 때문이었지. 오히려 장보고의 힘을 이용하려는 귀족들의 꾐에 빠져 결국 죽음을 맞이했어. 장보고의 죽음은 다른 이들에게 오히려 용기를 북돋아 주었어. 능력 있는 자를 우대하지 않는 신라는 더 이상 희망이 없으니 새로운 세상을 만들어야겠다는 용기 말이야. 결국 신라는 능력 있는 인재들의 저항을 이겨내지 못하고 역사 속으로 사라지고 말았어.

장보고의 청해진이 있던 장도

신라에 이어 두 번째로 한반도 통일을 맞이한 고려는 정말 변화무쌍한 나라였어.
세워질 때부터 망하는 순간까지 지배 계층이 계속 바뀌어 갔지.
호족, 문벌 귀족, 무신 정권, 권문 세족, 신진 사대부, 신흥 무인 세력……. 노비도
스님도 권력을 잡고 여성의 힘 역시 어느 시대보다도 높았던 나라였지. 거란, 여진,
몽골 등 끝없는 북방 민족의 침입을 막아 내면서도
뛰어난 문화를 발달시켰어. 금속 활자, 청자, 고려 불화 등
세계가 인정하는 걸작도 많이 남겨 놓았지.
자, 그럼 역동적인 고려를 만나 볼까?

고려

61 견훤은 지렁이의 자손이다?

후백제를 건국한 견훤에게는 신비로운 설화가 많이 얽혀 있어.
그중에서도 지렁이와 관련된 이야기가 가장 흥미로워.

고려 시대 일연이 지은 《삼국유사》의 〈후백제〉 견훤 조에는 다음과 같은 이야기가 내려와.

광주(光州) 북촌(北村)의 한 부자에게 딸이 있었는데, 어느 날부터 자주색 옷을 입은 남자가 밤에 딸의 방에 와서 몰래 잠을 자고 다음 날 새벽이면 사라졌대. 한참을 고민하던 딸이 이 사실을 아버지에게 결국 털어놓았는데 뜻밖에도 아버지는 딸에게 이렇게 얘기했어.

"밤에 그 남자가 다시 오거든 실을 꿰어 둔 바늘을 남자의 옷에 몰래 꽂아 두어라!"

딸은 영문을 몰랐지만 아버지의 말대로 했대. 다음 날, 날이 밝자 아버지는 딸과 함께 실을 따라가 보았지. 놀랍게도 북쪽 담장 밑에 커다란 지렁이가 있었고 지렁이 허리에 바늘이 꽂혀 있었대. 그 남자는 지렁이였지. 이후 딸은 아들을 낳았는데, 바로 견훤이었어.

지렁이 장군 견훤의 이야기는 안동에서도 더 전해 내려왔어. 지렁이의 아들인 견훤은 물에만 들어갔다 나오면 힘이 솟는대. 견훤이 안동을 공격했을 때 안동의 삼태사(장씨, 김씨, 권씨)는 도저히 공격을 당해 낼 수 없었어. 그런데 견훤이 물에 들어갔다는 소식을 접하고 꾀를 냈지. 견훤이 들어간 물에 소금과 간장을 가득 부은 거야. 짠물은 지렁이 몸을 말려 버리거든. 결국 견훤은 힘이 빠졌고 삼태사는 이 틈을 타서 견훤을 공격해 이길 수 있었대.

그런데 왜 지렁이일까? 땅을 비옥하게 하는 지렁이는 농부를 뜻하기 때문이야. 견훤은 큰 지렁이, 즉 부유한 농부 집안의 아들이었지.

62 궁예가 애꾸눈인 이유는?

백성들에게 가장 사랑받았던 왕인 후고구려의 궁예는 아기 때 한쪽 눈이 멀어 평생을 애꾸눈으로 살았어.
궁예는 어떻게 한쪽 눈이 멀게 되었을까?

궁예의 아버지는 신라의 47대왕 헌안왕 또는 48대왕 경문왕이라고 전해져. 어머니는 후궁이었는데, 이름은 전해지지 않아. 궁예는 특이하게도 왕의 아들이지만 궁궐이 아닌 외가에서 5월 5일에 태어났어. 그런데 궁예가 태어나던 날 지붕 위쪽에 흰빛이 일며 긴 무지개처럼 하늘에 가 닿았대.

사람들은 무척 놀랐고 이 소식을 접한 왕은 일관에게 점을 쳐 보게 했지. 일관이 이렇게 말했어.

"이 아이가 오(午) 자가 거듭 들어 있는 날(중오일:5월 5일)에 태어났고 나면서부터 이가 있으며 또한 하늘로 빛이 인 것이 이상하였으니, 장래 나라에 해를 끼칠까 두렵습니다. 바라옵건대 이 아이를 기르지 마시옵소서."

나라에 해를 끼친다는 말에 크게 놀란 왕은 막 태어난 아이를 죽이기로 마음먹었어. 왕의 명을 받고 궁예의 외가로 온 사자는 아기를 포대기 속에서 꺼내어 누마루 아래로 던졌어.

이때 아기를 돌보던 종이 몰래 받았어. 그러다 잘못해서 손가락으로 눈을 찔러 버렸지. 그때 궁예의 한쪽 눈이 영영 멀게 된 거야. 하지만 젖먹이 종이 궁예를 안고 멀리 도망가는 바람에 목숨을 건질 수 있었어. 훗날 왕이 된 궁예는 자신을 버린 신라를 몹시 미워했어. 부석사에 그려진 신라 왕의 모습을 보고 화가 나 칼로 그림을 베어 버렸다는 이야기가 전해질 정도로 말이야.

63 세울 '건' 자 세 번이면 나라를 세운다?

작제건의 건은 용건을 낳고, 용건의 건은 왕건을 낳고, 왕건의 건은 고려를 세웠어.

왕건의 할아버지 작제건은 당나라 황제가 왕자 시절 송악에 왔다가 낳은 아들이라고 해. 당나라 황제는 숙종이라고도 하고 선종이라고도 하는데, 중국으로 돌아가면서 아들을 낳거든 활과 화살을 전해 주라고 했지. 작제건은 어릴 적부터 용맹했고 특히 활을 잘 쏘았어. 다 큰 작제건은 아버지를 찾아 당나라로 가는 배를 탔어. 그런데 바다 한가운데서 더 이상 배가 나가지 않는 거야. 사람들이 점을 쳐 보니 고려인을 바다에 버려야 배가 갈 수 있다고 했어. 할 수 없이 작제건은 바다에 몸을 던졌는데, 그때 서해 용왕이 나타나 작제건에게 부탁을 하나 했어.

"미안하오. 그대가 필요해 잠시 수를 쓴 것이오. 늘 해질녘이 되면 늙은 여우가 나타나 나를 괴롭히니 공자께서 신묘한 활 솜씨로 그 여우를 물리쳐 주시오. 그럼 그대의 소원을 들어 주겠소."

작제건은 뛰어난 활 솜씨로 늙은 여우를 물리쳤고 자신은 왕이 되기를 바란다고 했어. 하지만 용왕은 '동쪽 나라의 왕이 되는 것은 세 번째 세울 '건(建)' 자를 쓰는 그대의 후손 때가 되지 않으면 안 된다며 다른 소원을 이야기하라 했어. 작제건은 실망했지만 아직 나라를 세울 때가 아님을 알고 용왕의 딸과 결혼하고 싶다고 했어. 용왕의 딸과 결혼한 작제건은 용건(龍建)을 낳았고, 용건은 왕건(王建)을 낳았으니, 바로 그 왕건이 고려를 세우는 태조가 되었지.

64 하늘이 내린 명당 송악이 늙은 쥐를 닮았다고?

고려는 풍수지리를 무척 중요하게 여긴 나라였어. 고려 태조의 아버지 용건은 송악(훗날 개경)에 살고 있었는데, 풍수지리의 1인자인 도선 국사의 가르침에 따라 집의 크기를 늘리고 주변에 울창한 나무를 심었어. 그렇게 하면 집안에서 귀인이 태어난다는 것이었지.

도선의 예언대로 몇 년 후 왕건이 태어났고 왕건은 후삼국을 통일하여 고려 왕조를 세웠지. 그래서 왕건은 도선의 말을 철석같이 믿고 도선이 예언한 최고의 땅 송악에 도읍을 세웠어. 송악은 천년을 지속할 최고의 기운을 가진 곳이라고 했거든. 송악산 아래 있는 궁궐 만월대의 모습은 늙은 쥐가 밭으로 내려오는 듯한 형세인데, 이를 '노서하전'이라고 해. 예로부터 '노서하전'의 땅은 먹거리와 물자가 풍부하여 부유함이 넘치는 곳이라고 알려졌어.

그런데 송악에는 약점이 하나 있었어. 만월대 앞에 자남산이라는 작은 산이 하나 있었는데, '자남(子男)'은 젊은 쥐라는 뜻이야. 즉, 늙은 쥐(부모)가 뒤에 있고 젊은 쥐(자식)가 앞에 있는 형세지. 이것은 부모가 밖으로 나간 자식을 걱정한다는 뜻이니 부유한 땅이지만 늘 걱정스럽다는 뜻이기도 했어. 그래서 사람들은 젊은 쥐가 함부로 움직이지 않으면 부모 쥐의 걱정도 줄어들 거라 생각했어. 쥐가 꼼짝 못하게

고양이 '묘' 자를 붙여 '묘정'이라는 우물을 만들었지. 그러나 고양이만 있다면 쥐가 더 위험해질 테니 고양이도 꼼짝 못하게 할 개 바위(구암)를 만들었어. 또 개를 움직이지 못하도록 호랑이 시내(호천)를, 호랑이를 막을 코끼리 바위(상암)를 만들었어. 코끼리는 쥐를 싫어하니 결국 다섯 마리 동물이 서로를 견제하는 모양새가 되었지.

송악의 약점을 보완하여 최고의 도읍을 만들려고 자연에 이런 이름을 붙인 고려인들, 참 슬기롭지 않니?

65 나라가 망해 고려에 주저앉은 중국인 쌍기, 과거 제도 탄생의 일등공신!

과거는 나라를 다스리는 데 필요한 인재를 시험으로 뽑는 제도야. 587년 중국 수나라에서 처음 시작되었지. 수백 년 만에 중국을 다시 통일한 수나라의 황제 문제는 이 제도로 유교 지식을 갖춘 능력 있는 신하들을 마음껏 뽑아 천하를 잘 다스리고 싶었거든. 당시 고려를 비롯한 중국의 주변 나라 왕들은 중국의 과거 제도를 부러워하며 본받고 싶어 했어.

그러나 고려는 오랜 세월 동안 귀족들이 반대하는 바람에 과거 제도를 제대로 도입할 수 없었어. 귀족들이 모든 권력을 차지하고 지위나 직업을 자식에게 물려주는 제도가 유지되었거든. 귀족이 아니면 똑똑해도 관직에 나갈 수 없었지. 삼국을 통일한 신라가 망한 이유 중 하나도 인재를 고르게 쓰지 못한 거야.

이에 고려 왕들은 똑똑한 인재를 뽑는 과거 제도를 정착시키고 싶었지. 그런데 뜻밖에 좋은 기회가 생겼어. 광종 때 중국에서 사신이 왔는데 사신단 중에는 오랫동안 과거 제도와 관련한 업무를 맡았던 쌍기가 있었거든.

광종은 쌍기를 만나 설득했어. 고려에 남아 과거 제도를 정착시키는 일에 도움을 달라고 말이지. 고민 끝에 쌍기는 광종을 돕기로 결심했어. 958년(광종 9년), 드디어 고려에도 과거가 시작됐어. 첫 장원 급제자는 최섬이었어. 그런데 2년 후인 960년 쌍기의 나라인 후주에서 정변이 일어나 조광윤이 송나라를 세웠어. 쌍기는 자신의 나라로 돌아갈 수 없게 되었지. 쌍기는 이참에 중국에 남은 가족들도 데리고 와서 고려에서 살아야겠다고 결심했어. 쌍기의 활약 덕에 고려는 과거 제도를 정착시킬 수가 있었지.

그럼 고려는 정말 과거 시험으로 나라에 보탬이 되는 인재를 뽑았을까? 거란의 침략으로부터 고려를 구한 서희와 강감찬이 모두 과거 시험 합격자였다는 사실! 어때? 이 사실만으로도 충분하지 않을까?

66 황제조차 두려워 한 여걸, 천추 태후

우리 역사에는 여성으로 왕위에 오른 사람들이 세 명 있어. 신라의 선덕 여왕과 진덕 여왕, 그리고 진성 여왕이야. 골품 제도라는 특수한 상황이 여왕을 탄생시켰지.

하지만 오직 자기 힘만으로 권력을 잡은 인물도 있어. 바로 고려 태조 왕건의 손녀이자 5대왕 경종의 비이며, 6대 성종의 동생이자, 7대 목종의 생모인 헌애 왕후야. 헌애 왕후는 오빠 성종이 죽고 아들 목종이 왕위에 오르자 천추전에 머물며 아들을 대신해 나라를 다스렸지. 바로 **천추 태후**야.

고려 성종은 유학을 받아들이고 송나라를 받들었던 왕이었어. 고려는 점차 안정되었지만 고구려를 이어 받겠다던 기상은 약해지고 전통 사상과 자주 정신보다는 유학과 송나라 것이 더 좋다는 생각에 물들어 가고 있었지. 이를 못마땅하게 여긴 천추 태후는 다시 강한 고려를 만들기 위해 국경에 거란의 침입을 대비한 성을 쌓고, 태조 왕건 때 펼쳤던 정책들을 부활시키고 고려를 황제국이라고 불렀어. 그리고 자신을 천추 태후라 했지.

강력한 군사 대국이었던 거란도 천추 태후가 집권하던 시기에는 감히 고려를 넘볼 수가 없었어. 하지만 열여덟이라는 너무 이른 나이에 남편 경종을 잃은 천추 태후는 힘들었던 시절 자신에게 힘이 되어 준 김치양이라는 남자와 사랑에 빠져 아들을 낳았어. 천추 태후의 반대파는 이를 빌미로 변란을 일으켰고 천추 태후는 아들과 연인을 잃고 자리에서 쫓겨났어. 이를 알고 거란이 곧바로 군사를 일으켜 고려를 공격했다는 사실을 본다면 천추 태후가 얼마나 강인했는지 잘 알 수 있을 거야.

67 대장경을 처음 만든 비운의 왕, 현종

고려 8대왕 현종은 대량원군 시절이던 열두 살에 이모인 천추 태후의 강요로 숭경사라는 절에서 살았어. 천추 태후는 김치양과의 사이에서 얻은 아들을 왕위에 앉힐 계획으로 대량원군을 없애려 했지만 숭경사에서는 쉽지가 않았어. 그래서 대량원군을 삼각산(북한산) 신혈사로 옮기게 했지. 대량원군은 이제 목숨을 잃는구나 싶었지만 진관 승려의 기지 덕분에 목숨을 건질 수가 있었어. 훗날 왕위에 오른 대량원군은 고마움의 뜻으로 진관사를 지어 주었어.

그런데 가까스로 왕위에 오른 현종에게 바로 또 다른 위기가 찾아왔어. 거란의 황제 성종이 40만 대군을 직접 이끌고 쳐들어온 거야. 거란을 막아 내지 못한 현종은 도읍지 개경까지 버린 채 공주를 거쳐 남쪽 나주까지 갔지만 결국 거란으로 직접 찾아가 잘못을 빌기로 약속을 한 후에야 개경으로 돌아올 수 있었지. 하지만 현종은 거란으로 가지 않았어. 오히려 부처의 힘을 빌리고 백성들의 마음을 모아 저항하기로 했지. 이를 위해 대장경을 만들기로 했어. 대장경은 부처의 말씀을 모은 경전, 경전을 풀이한 논, 불교를 따르는 사람들이 지켜야 할 계율을 담은 종합 백과사전 같은 책이었어.

이렇게 고려에서 처음으로 대장경을 만들었어. 이후에도 몇 차례 대장경을 만들다 보니 이때 처음 만든 대장경을 초조대장경이라고도 해. 초조대장경은 전체가 6천여 권으로 동양에서는 가장 방대한 분량이었지. 그런데 초조대장경은 그 후 어떻게 되었을까? 안타깝게도 몽골군의 침입 때 대구 부인사에 보관 중이던 초조대장경 경판이 불타 버렸어. 다행스러운 것은 경판으로 찍어 둔 책은 지금까지 2천여 권이 발견되어 초조대장경의 모습을 대략이나마 알 수가 있어.

68 도망도 갈 수 없고, 이사도 갈 수 없는 향소부곡민의 처참함

고려 시대의 지방 도시는 일반적으로 군과 현으로 불렸지. 그런데 덕평향, 처인부곡, 명학소처럼 도시 이름에 향, 소, 부곡, 처, 장 등이 붙는 경우가 있었어.

이렇게 고려의 지방 도시들은 군현제와 부곡제로 관리되고 있었지. 군현에 속한 백성들은 농사를 지으며 국가에 필요한 세금을 내면 자유로웠지만 향, 소, 부곡이나 처, 장에 사는 백성들은 기본적인 세금을 내는 것 외에도

나라의 논밭을 경작하거나 각종 공사에 먼저 동원되었고 특산품, 음식, 무기 등을 도맡아 만들었지. 부곡제에 속한 마을은 모두 900여 개에 달했는데, 향 145개, 부곡 431개, 소 275개, 장 14개, 처 34개였어. 그중 향·소·부곡이 많아서 보통 향소부곡민이라고 불렀어.

그렇다면 어쩌다 이들은 향소부곡에 살게 되었을까? 학자들은 대체로 고려가 성립되는 과정에 중앙 정부에 반기를 들거나 반란을 일으켰던 지역을 향소부곡으로 관리한 것으로 보고 있어. 그러니까 '너희 선조가 나라를 배반했으니 그 후손들은 세금을 더 내라.'는 뜻이었지. 물론 이들이 천민은 아니야.

법적으로는 군현의 백성과 같은 양인이었지만 실제로는 대접을 받지 못했어.

그럼 이사를 가거나 도망을 가면? 안타깝게도 이들은 한번 이곳에서 태어난 이상 다른 곳으로 갈 수가 없었어. 나라에서 관리를 보내 철저하게 감시하고 필요한 물자를 조달했지. 농사를 지어 세금을 바치는 **향**, **부곡**과 달리 **소**는 농사를 지은 세금 외에도 도자기나 종이, 먹과 같은 수공업품, 금·은·철 등의 광산물, 미역·소금 등의 해산물을 정기적으로 바쳐야 해서 더욱 고단했다고 해. 장과 처의 백성들은 국가와 왕실의 땅을 추가로 경작해야 했으니 이들의 삶이 얼마나 힘들었는지 알 수 있겠지?

69 위기에 빠진 고려를 지켜 낸 발해 유민들

고려는 나라가 멸망해 떠돌던 발해 유민들을 받아들였어. 그런 덕분에 거란과 싸워 이겼지.

200년 넘게 이어 오던 발해가 926년, 거란의 공격으로 멸망했어. 그런데 거란의 역사에 싸우지도 않고 이겼다는 것을 보면 발해는 이미 나라 안팎으로 큰 문제가 있었음이 분명해. 결국 내부적인 문제로 제대로 손도 써 보지 못하고 망해 버린 거지. 사실 발해가 망하기 한참 전부터 발해 백성들이 심심치 않게 고려로 귀순을 해 왔거든. 적을 때는 몇 명에서 수십 명이지만 많을 때는 수백, 수천 명에 달했고 발해가

망한 다음에는 더 많은 발해 백성들이 고려로 들어왔어. 특히 발해 세자 대광현은 장군 신덕과 함께 수만 명의 무리를 이끌고 고려에 투항했으니 고려로 들어온 발해 사람들은 수십만 명에 이르렀어.

그럼 발해 유민들은 고려에서 어떻게 살아갔을까? 다행히 태조 왕건은 발해 유민들을 적극적으로 받아들였어. 왕건은 발해 세자 대광현을 아낌없이 대접했고 자신의 성인 '왕'을 내려주고 왕실의 일원으로 받아들였지. 또한 발해 유민들과 함께 살아갈 땅도 내줬어. 발해 유민은 이에 보답이라도 하듯 거란의 침입 때 열심히 싸웠어. 거란의 1차 침입 때 안융진성을 끝까지 지켜내 서희의 협상을 이끌어내게 한 사람들이 바로 대도수와 발해 유민이었지. 그들이 아니었다면 고려는 나라가 세워지자마자 거란에 무릎을 꿇어야 했을지도 몰라.

70 고려 시대에 탄생한 우리나라 도시 이름

안동, 천안, 광주, 영월 등 우리에게 익숙한 많은 도시의 이름은 언제 탄생했을까?

바로 고려 초에 생겨났어. 후삼국을 통일한 왕건은 새로운 세상에 걸맞는 뜻을 담아 여러 도시의 이름을 지었어. 그 뒤 현종 때까지 수십 개의 도시가 새로운 이름을 갖게 되었지.

그럼 어떤 이름들이 고려 시대에 처음 불리게 되었을까? 태조 왕건은 후삼국을 통일하는 과정에 라이벌 후백제와 치열한 전투를 벌였어. 결국 승리했지만 그 과정에 여러 번 위기와 죽을 고비를 넘겼지. 후백제와 고려 사이의 땅이었던 충청도 내포 지역에 예산이라는 이름을 붙였어. 예절의 고장답게 왕건을 배신하지 말고 충성을 다하기를 바라는 마음이 아니었을까?

대구에서는 견훤에게 대패한 후 눈물을 머금고 후퇴하면서 여러 지명을 남겼어. 왕건이 도망을 치다가 잠시 앉은 바위는 **일인석, 독좌암**이 되었고, 견훤군을 따돌리고 들판을 지나자 얼굴이 환하게 펴졌다 하여 **해안**, 안심이 되어

안심, 때마침 달을 보니 하늘에 반달이 떠 있었다 하여 **반야월** 등이었어. 왕건이 숨었던 동굴은 **은적굴**, 마셨던 우물은 **왕정**이 되었지.

반면, 후백제와 전투에서 대승을 거두었던 곳은 **안동**이 되었는데, 드디어 동쪽 지방이 편안해졌다는 뜻이야. **천안** 역시 비슷해.

'천하에서 가장 편안한 곳'이라는 뜻이지. 통일을 이룬 후 왕건은 여러 지역의 이름을 새롭게 지었어. 광주(廣州)·광주(光州)·충주·원주·공주·청주·양주·상주·전주·김해·남원·경산·창녕이 이때 새로운 이름을 얻은 곳이야. 그리고 이후 현종 대에는 경기, 전라와 같은 더 큰 지역의 이름이 붙여졌어.

71 별이 떨어진 곳에서 태어난 아이, 고려를 구하다.

1032년(덕종1년), 강감찬이 죽자 고려 9대왕 덕종은 3일간 나랏일을 멈추고 국장으로 장례식을 치러 주었어.

고려 백성이라면 신분이 높거나 낮거나 모두 슬퍼서 울지 않은 자가 없었다고 해. 강감찬은 위태로운 고려를 지킨 총사령관이자 시대를 이끈 명재상이었으며 누구보다도 백성들의 삶을 아끼고 함께했던 사람이었기 때문이지. 강감찬은 948년 금주(오늘날 서울시 관악구)에서 태어났어. 위대한 인물이 된 만큼 특별한 탄생 설화가 전해지고 있어. 고려사 열전에 보면 다음과 같은 이야기가 실려 있어.

"왕이 보낸 어떤 사자가 밤중에 시흥군으로 들어오다가 큰 별이 한 집에 떨어지는 것을 보고 관리를 보내 살펴보게 했더니 마침 그 집의 부인이 사내아이를 낳았다고 했다. 그 사자가 기이하게 여기고는 아이를 데리고 개경으로 돌아와 길렀는데, 이 사람이 바로 강감찬이었다고 한다."

그래서 지금도 강감찬이 태어난 동네는 낙성대 (별이 떨어진 곳)로 불리고 있고 그 집터도 전해져 오고 있어. 또 하나, 고려사에는 강감찬의

외모에 대한 이야기가 함께 실려 있어. "체구가 작은 데다가 얼굴이 못생겼으며 의복은 더럽고 해어져서 보통 사람과 다를 바가 없었다."라고 말이야. 그러나 나라의 큰일이 생길 때마다 정책을 결정지으며 나라의 기둥 역할을 하여 풍년이 들고 백성이 편안하며 나라 안팎이 무사하게 되자, 사람들은 모두 강감찬의 공이라고 여겼어. 강감찬은 거란의 침입에 대비하여 군사를 키우고 귀주에서 거란의 침입을 막아 내 다시는 거란이 고려 땅을 밟지 못하게 했어. 말하자면 별의 기운을 받아 태어난 아이가 고려를 구한 셈이지.

72 대승을 거둔 나를 어찌 쫓아낼 수 있단 말이오!

윤관은 별무반 20만 대군을 이끌고 여진을 정벌하여
9성을 쌓은 영웅이었지만 절규하며 쓸쓸히 생을 마쳤어.

윤관은 개국 공신 윤신달의 후손으로 뛰어난 인재였지. 당시 조카를 몰아내고 왕위에 오른 고려 15대왕 숙종의 최측근으로, 숙종의 고민을 해결해 주는 해결사였어. 숙종이 왕위에 오른 이유를 중국에 가서 설명했고, 남경(지금의 서울)을 건설하고 화폐 사용을 단행하는 등 숙종의 개혁 정치를 앞장서서 이끌었지.

그리고 숙종의 마지막 남은 고민인 여진족을 막아 내기 위해 북쪽으로 향했어. 하지만 그의 첫 출정은 쓰라린 패배로 끝났어. 보병 부대 중심의 고려군은 말을 탄 여진족을 막아 내기에 한계가 있었거든. 윤관은 여진에 맞서기 위해서는 기마 부대를 키워야 한다며 별무반 설치를 주장했지. 숙종이 허락하자 1104년 기마병이 주축이 된 별무반이 설치되고 훈련이 시작되었어. 그런데 여진 정벌을 눈앞에 두고 숙종이 세상을 떠나는 바람에 여진 정벌은 2년 뒤인 예종 2년에 이루어져. 결과는 대성공!

여진족을 몰아내고 국경 동북쪽에 모두 9개의 성을 쌓아 영토를 넓혔지.

그런데 문제는 그때부터 생겼어. 여진족이 영토를 돌려 달라고 끝없이 요구해 왔거든. 고려 조정에서는 회의가 열렸어. 그런데 평소 윤관을 미워하던 자들이 이때다 싶어 윤관을 모함했어. 불필요한 전쟁을 일으켜 국력을 소모하고 외교 문제만 일으켰다고 말이지. 결국 윤관은 '무모한 전쟁으로 국력을 소모시킨 자'라는 억울한 누명을 입고 총사령관 자리에서 쫓겨났고 9성은 다시 여진족에게 돌아갔어. 심지어는 개경으로 돌아와서 왕에게 보고조차 할 수 없었지. 자존심이 상한 윤관은 고향으로 돌아가 쓸쓸히 생을 마쳤어.

73 역사 속 최강의 무사, 척준경

우리 역사 속에는 장수와 병사들의 뛰어난 무용담이 많지만 그 중 으뜸은 고려의 맹장 척준경이야.

흥미로운 사실은 척준경의 무예 솜씨는 엉뚱하게도 고려사 척준경 열전이 아닌 윤관 열전에 실려 있다는 거야. 〈윤관전〉에는 여진족과 싸우는 척준경의 활약이 나타나는데,

첫 번째는 동음성 전투였어. 여진족이 동음성을 굳게 닫고 지키자 시간이 지날수록 고려군의 피해만 늘어 갔지. 그때 척준경이 나서서 윤관에게 이렇게 이야기를 하지.

"제가 일찍이 윤관 공의 부하로 일하면서 실수로 죄를 범하였지만 공께서는 저의 죄를 용서해 주셨으니 오늘이야말로 목숨을 다해 은혜를 갚을 때입니다."

그러고는 적진 속으로 돌진해 여진족의 추장 여러 명의 목을 베. 결국 기세가 오른 고려군은 대승을 거뒀어. 이듬해에는 윤관이 적에게 둘러싸여 위기에 처했는데, 주변에서 말렸지만 적진에 들어가 10여 명의 목을 베고 윤관을 구출해 내. 윤관은 감동해 "이제부터 아들처럼 여길 테니 너는 나를 아비처럼 여기라."고 했어. 물론 이게 다는 아니야. 여진족 2만 대군이 다시 쳐들어오자 윤관은 물러서려 했는데, 척준경이 "목숨을 다해 또 한 번 이길 것이니 공은 성 위에서 지켜보라."는 말을 남기고 결사대를 이끌고 적진으로 뛰어들어 적을 패배시켰어. 그 후에도 여러 차례 적진으로 돌격해 승리를 거두었고 여진족은 두려움에 벌벌 떨었어. 한 번도 패하지 않고 위기마다 몸을 던져 승리를 이끌어 낸 역사 속 최강의 무사, 척준경을 기억하길 바라.

74 경주 김씨, 충주 유씨, 성씨 탄생하다

우리나라 사람들의 성씨는 무려 300여 가지나 돼. 그중 가장 많은 성씨는 무엇일까? 한국의 10대 성씨는 김·이·박·최·정·강·조·윤·장·임 씨야. 전체 인구의 3분의 2나 되지.

그중 1위인 김씨는 무려 1천만 명이 넘는다고 해. 그런데 이 같은 성씨는 언제 생긴 것일까? 사실 우리 역사 초기에는 왕족을 제외하고 성씨를 가진 사람들은 귀족 중에서도 손꼽을 정도였어. 그러다 중국 문화를 적극적으로 받아들인 삼국 시대 말부터 성씨가 나타나기 시작했어. 성씨는 원래 중국에서 시작된 문화였거든. 그랬던 성씨가 널리 퍼지고 아울러 본관을 중요하게 여긴 것은 신라 말 고려 초에 들어서였어. 본관이란 시조의 고향에 따라 성씨를 붙이는 것으로 같은 성이라도 본관이 다르면 다른 집안으로 여기는 풍습이 생겼지.

예를 들면 김해 김씨, 경주 김씨, 안동 김씨,

광산 김씨는 같은 김씨지만 전혀 다른 조상을 둔 다른 집안들인 거야. 신라 말 각 지역의 지배자인 호족들은 신라 정부의 말을 듣지 않고 자신의 고향을 터전으로 삼고 마치 왕처럼 살고 있었어. 이때만 해도 대부분의 호족은 굳이 성씨나 본관이 필요하지 않았어. 하지만 고려가 후삼국을 통일한 후 호족들은 개경으로 올 수밖에 없었어. 지방은 나라에서 보낸 관리가 다스리고, 개경으로 온 호족들은 중앙 귀족이 되어 자신의 고향을 본관으로 삼아 성씨를 가졌지. 경원(인천) 이씨, 충주 유씨,

경주 최씨, 황주 황보씨, 나주 오씨 등이 고려 초를 대표하는 성씨였고, 이후 성씨와 본관은 전국적으로 빠르게 퍼져 자리를 잡았어.

75 고려 역사와 함께한 경기도의 유래

고려 6대 왕 성종은 즉위한 지 14년 만에 수도의 이름을 개성부로 고치고, 그 아래 13개의 현을 두었어. 13개의 현은 **적현**과 **기현**으로 나뉘어 수도를 보호하는 임무를 맡았지.

계란 노른자와 흰자로 비유하면 쉽게 이해가 될 거야. 이것은 중국 당나라의 제도인데, 성종은 고려의 행정 기틀을 잡으며 이 제도를 빌려다 썼어. 그러다 현종 대에 와서 적현을 **경현**으로 부르며 처음 **경기**라는 말이 생겼어. 이때 경기는 모두 열두 개의 도시로 이루어졌는데 처음에는 두 개의 도시에만 현령(사또)이 있었다고 해. 이때를 **소경기**의 시대라고 해.

문종 때가 되면 41개의 도시가 경기에 속하며 **대경기의** 시대를 맞이하지. 그런데 대경기의 시대는 오래가지

못했어. 몽골의 침입으로 수도를 강화도로 옮기자 수도를 보호하는 도시인 경기의 역할이 사라져 버렸거든. 원나라의 강한 힘에 버틸 수 없었던 고려는 화해를 청하고 다시 개경으로 돌아왔지만 경기는 8개 도시로 줄어들어 버렸어. 비록 원나라 간섭기였지만 점차 고려가 안정되자 사람들이 수도로 몰려들었고 경기는 다시 커지기 시작했어.

그러다가 고려 말 공양왕 대에는 마침내 경기좌도와 경기우도가 생기며 다른 도와 같은 위치에 올랐지. 경기도는 시작부터 수도를 보호하는 방패와 같은 역할을 하는 곳이었기에 고려가 망하고 조선이 들어서며 경기는 남쪽으로 내려갈 수밖에 없었어. 보호할 도읍지가 개경에서 한양으로 바뀌었기 때문이지.

76 신안 앞바다 보물선에서 발견한 800만 개의 동전, 그리고

1975년, 신안군 증도 앞바다에서 신안선이 발견된 사건은 엄청난 일이었어.
시작은 어부 최형근 씨의 그물에 걸려 올라온 6점의 청자에서 비롯되었어.

청자의 가치를 미처 몰랐던 최형근 씨는 그물만 손상시키고 물고기 잡는 데 방해가 된다고 도자기를 집 안에 아무렇게나 두었다고 해. 이듬해 초등학교 교사인 동생이 찾아왔다가 이 사실을 알고 놀라서 신안군청에 신고했어. 그런데 군청에서도 대수롭지 않은 일로 여겨 별다른 조사가 이루어지지 않았어. 그 사이 도자기는 더 발견되었고 점차 소문이 퍼지면서 도굴꾼들이 신안 앞바다를 하루가 멀다 하고 들락거렸지.

그러다 1976년 9월, 도굴꾼 일당이 붙잡히면서 신안 앞바다의 청자가 다시 한번 세상에 알려지면서 문화재관리국은 급히 수중 발굴을 시작했어. 이것이 우리나라에서 처음으로 이뤄진 본격적인 수중 발굴이었지. 이때 상상을 초월하는 유물을 발견했어. 바닷속에서 길이가 무려 30미터가 넘는 대형 무역선이 나온 거야. 배에서는 도자기 종류를 중심으로 총 2만 점이 넘는 유물이 발굴되었고, 동전이 무려 28톤(약 8백만 개)이나 나왔지. 그 외에도 배의 주인과 무역 경로를 알려 주는 목간과 자단목,

선원들의 생활용품이 발견되었어.

신안 앞바다에서 건져올린 중국 송·원대 도자기

그런데 신안 앞바다는 물살이 세고 시야가 흐린 데다가 당시 수중 발굴의 기술과 경험이 없어 무려 9년간 열 차례가 넘는 발굴을 통해 신안선의 전모를 알게 되었어. 이 배는 700여 년 전 중국 원나라 때 무역선이었어. 당시 일본으로 향하던 중에 풍랑을 만나 신안까지 밀려와 침몰한 것이었지. 신안선 발굴 이후 수중 발굴은 점차 늘어 청자를 실은 고려 시대의 배들을 많이 발견하게 되었어. 신안선은 현재 목포해양유물전시관에 전시되어 있지.

77 설렁탕과 순대, 소주가 몽골에서 왔다고?

세계사에서 13세기는 몽골의 시대였어. 칭기즈 칸과 그의 자손들 앞에 세상은 무릎을 꿇었지.

금, 남송, 중동, 동유럽을 아우르는 대제국을 세우고, **원**이라 칭했지. 원은 세계 각지를 다니며 자신들의 음식을 퍼뜨리고 때로는 배워 갔어. 이 영향이 고려라고 피해 가지는 않았지.

농경 사회이자 불교 국가였던 고려는 원나라의 간섭을 받던 시기에 유목 민족의 주식인 육식을 받아들였어. 바로 순대 같은 음식이었어. 순대는 육포와 더불어 휴대용 고기 식량으로 대표적인 유목 민족의 음식이었어. 동물의 내장에 고기와 채소 등을 넣어 만든 거지. 유럽으로 전파된 휴대용 고기 식량은 소시지가 되었고, 우리에게는 순대로 남게 되었지. 순대 말고도 고기 국물요리인 설렁탕도 몽골 음식에서 전해진 것으로 보고 있어. 맹물에 소고기를 넣고 끓인 **슈루**에서 말이지.

한국의 대표 술로 알려진 전통 소주도 사실은 몽골에서 유래되었어. 몽골인들은 술을 한 번 더 끓여 알콜 도수가 높은 술을 만드는 증류 기술을 고려에 전했어. 우리는 옹기를 이용해 맑은 술인 청주를 끓여 소주라는 새로운 술을 얻었지. 처음 증류 기술이 전해졌을 때는 왕실과 귀족만이 마실 수 있는 특별한 음식이었어. 다른 음식은 없을까? 우유와 요구르트, 치즈 등 유제품도 원나라 간섭기에 우리나라에 본격적으로 전래되었어. 몽골의 침입은 음식의 역사에서 뺄 수 없는 사건이라고 할 수 있겠지.

78 고려의 호족들, 귀족이 되거나 향리가 되거나

조선이 양반의 나라, 삼국 시대가 귀족의 나라였다면 고려의 지배층은 누구였을까?

고려는 지배층이 여러 번 바뀐 특이한 역사를 지닌 나라였어. 왕건이 후삼국을 통일해 가던 무렵에는 전국 고을마다 성주나 장군 등으로 불리는 자들이 자기만의 땅을 가지고 있었지. 작은 왕과도 같았던 이들을 호족이라고 해. 왕건 역시 상인 집안 출신의 호족이었지.

신라의 도읍 서라벌에서 왕실과 함께 권력을 누린 귀족과는 다른 이들이었어. 그들은 자유롭고 강했어. 그런데 왕건이 통일을 이루자 호족들은 고향을 떠나 수도인 개경으로 이사를 갈지, 그대로 고향에 남아 주인 노릇을 할지를 두고 고민했어. 개경으로 자리를 옮긴 호족들은 왕실과 결혼을 통해 문벌 귀족이 되었고, 고향에 남은 자들은 향리로 자리잡았어.

문벌 귀족은 고려 전기를 이끌어 간 지배층이 되었어. 반면 향리는 왕이 파견시킨 사또에게 권력을 내주고 사또를 모시는 처지가 됐어. 향리는 호장으로 불리면서 자기 지역의 세금을 걷어 나라에 바치고 각종 공사 때마다 마을 백성들을 모으는 역할을 했어. 그들은 귀족보다 한 층 아래 계급이 되었지.

그럼 귀족이 되지 못한 향리는 억울했을까? 그렇지는 않아. 향리의 자손들은 때때로 과거를

통해 높은 벼슬에 오르기도 했으니까. 그리고 고려 말에는 성리학을 공부하는 신진 사대부가 되어 새로운 세상, 조선의 지배층이 되었으니 결국 역사는 돌고 도는 것이라 할 수도 있지.

79 고려를 지킨 군인은 몇 명이었을까?

고려는 거란과 여진, 몽골에 이어 왜구에게 영토를 침범당해 하루도 편할 날이 없었어. 그때마다 고려군은 똘똘 뭉쳐 그들을 물리쳤지. 외적의 침입을 지켜 낸 고려의 군대는 어떤 모습이었을까?

고려 군대는 크게 세 가지로 나뉘어 있었어. 왕실과 도읍지를 지키는 중앙군, 국경을 지키는 주진군, 각 고을을 지키는 주현군으로 말이야.

가장 강력한 중앙군은 응양군, 용호군의 2군과 좌우위, 신호위, 흥위위, 금오위, 천우위, 감문위의 6위 등 2군 6위로 구성됐어. 2군 6위에는 모두 45개의 부대(영)가 속해 있었는데, 한 개의 부대가 1,000명씩이니 전체는 4만 5천 명이었어. 2군(3,000명)은 왕을 보호하는 임무를 띠고 있어서 어느 부대보다도 충성스럽고 용맹했지.

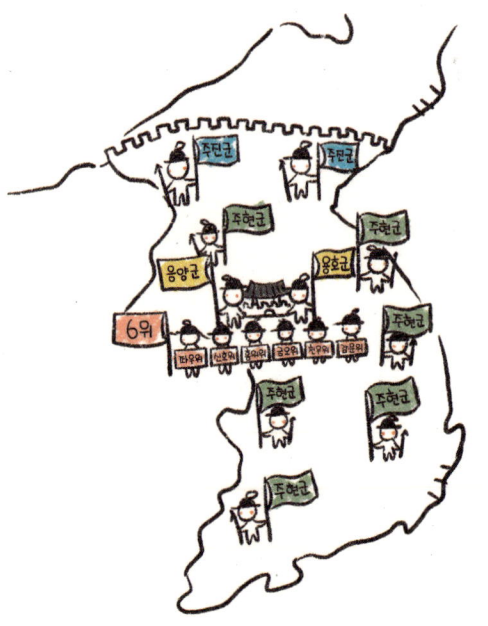

지방 고을을 지키는 주현군은 교주도, 양광도, 경상도, 전라도, 서해도 등 5도와 경기 지역에 배치되어 있었어. 병사의 수는 모두 합해 5만 명이 좀 안 되었는데 그 중 2만 명은 싸우는 군인이 아니라 각종 공사에 동원되는 공사 부대였다는 점이 특별해.

마지막으로 북방 민족으로부터 국경 지방을 지키는 주진군은 언제나 싸울 준비가 되어 있어서 상비군이라고도 해. 한반도의 가장 북쪽 지방인 동계와 북계를 지키는 주진군은 모두 14만 명으로 고려군 중 가장 많은 수를 자랑해. 전체 고려의 병사는 23만 명 정도였지. 때때로 국가 간의 큰 전쟁이 일어나면 수십만 명의 백성들이 군인이 되어 전쟁에 참여하기도 했지.

80 제주도, 말의 천국이 되다

돌과 바람, 여자가 많아 삼다도라고 한 제주도는 말의 천국이기도 해.
제주도는 어떻게 말의 천국이 되었을까?

제주도 조랑말은 한국인이라면 모르는 사람이 없지. "사람을 낳으면 서울로 보내고, 말을 낳으면 제주도로 보내라."는 속담이 있을 정도니 말이야.

제주도가 말의 섬이 된 것은 고려 시대부터야. 다시 말하자면 1273년에 원나라가 탐라(제주도의 옛이름)를 침공한 후부터라고 할 수 있지. 그전에도 제주도에는 말이 있었지만 몽골인은 고려 땅에서 제주가 말을 키우기 제일 좋은 곳이라 보고 약 100년간 수십만 마리의 말을 제주도로 가져와 길렀어. 특히 원나라 황제 쿠빌라이는 몽골 기병 1,700여 명을 제주로 보내 말을 기르게 하고 제주도를 지켰지.

몽골에서 온 말은 현재 **제주마**, 또는 **제주도 조랑말**이라고도 하는데 아라비아 지역의 말에 비해 체구가 매우 작아. 하지만 장거리를 이동해도 지치지 않고 힘이 세지. 몽골인들은 바로 이 말을 타고 세계를 누볐던 거야. 원나라는 제주도를 아예 말을 키우는 전용 목장으로 삼고 탐라총관부를 설치해 다스렸어. 이때 다른 지역에서는 볼 수 없는 규모의 커다란 목장 4개가 있었어. 원나라와 고려가 망한 후에도 제주는 말 목장의 명성을 이어 갔어.

조선 시대 이익이 쓴 《성호사설》을 보면 조선 초 제주에는 120여 개의 크고 작은 목장이 있었다고 해. 제주도의 말은 중국 명나라 황제에게도 공물로 바칠 만큼 품종이 우수했어. 명나라 황제 영락제는 제주마를 보고 천마를 얻었다며 좋아했다는 기록이 남아 있을 정도지. 지금도 제주마는 천연기념물로 지정되어 보호되고 있어.

특별한 역사책

81 아름답고 이상한 나라? 중국인의 눈에 비친 고려

상감 청자, 고려 불화 등 찬란하고 화려한 문화를 꽃피운 고려. 과연 외국인의 눈에는 어떻게 비쳤을까?

송나라 사신 서긍이 남긴 기록에는 이와 관련된 상세한 이야기가 들어 있어. 1123년(인종 1) 송나라 휘종의 명을 받고 고려를 방문한 사신 서긍은 한 달 남짓 개경에 머무는 동안 보고 들은 견문을 300여 가지 항목으로 나누어 글과 그림으로 기록을 남겼어. 바로 《고려도경》이야. 이 책에는 육식에 서툰 고려의 문화가 재미있게 표현되어 있어.

"고려는 정치가 심히 어질어 부처를 좋아하고 살생을 경계하기 때문에 국왕이나 재상이 아니면, 양과 돼지의 고기를 먹지 못한다. 또한 도살을 좋아하지 아니하며, 다만 사신이 이르면 미리 양과 돼지를 길렀다가 시기에 이르러 사용하는데, 이를 잡을 때는 네 발을 묶어 타는 불 속에 던져, 그 숨이 끊어지고 털이 없어지면 물로 씻는다. 만약 다시 살아나면, 몽둥이로 쳐서 죽인 뒤에 배를 갈라 내장을 베어 내고, 똥과 더러운 것을 씻어 낸다. 비록 국이나 구이를 만들더라도 고약한 냄새가 없어지지 않으니, 서투름이 이와 같다."

고려청자에 대해 말한 부분도 있어.

"도기의 빛깔이 푸른 것을 고려인은 비색이라고 하는데, 근래에 만든 것은 솜씨가 좋고 빛깔도 더욱 좋아졌다."

고려의 풍습은 듣던 대로 문물이 발달하고 예의가 바르며 불교를 좋아해 개경에 궁궐만큼 큰 절이 열 개가 넘는다고도 했지. 백성들의 생활에 대한 이야기도 있는데, 씻기를 좋아하는 고려인은 여름에 하루 두 번씩 목욕하고 남녀 구분 없이 옷을 벗고 시내에서 씻는다고도 했어. 중국인의 눈에 비친 고려는 참으로 아름답고도 신기한 나라였을 거야.

❤ 8,320 좋아요
#고려청자 #향궐논고려표
#나무아미타불관세음보살

❤ 9,432 좋아요
#고려청자 #고려귀족라이프
#고려감성까페 #오후차한잔

82 공민왕 자신이 직접 그림을 그려 만든 공민왕의 무덤

고려 역사에서 왕비를 가장 사랑했던 왕은 단연 공민왕이야. 그래서일까?
고려의 무덤 중에서 공민왕의 무덤이 가장 아름다워.

공민왕의 왕비 노국 공주는 몽골인이었지만 공민왕의 부인으로서, 고려의 어머니로서 기품과 자존심을 잃지 않았던 인물이지. 공민왕이 몽골 조정 때문에 위기에 처했을 때 적극적으로 나서서 막은 인물도 노국 공주고, 공민왕의 개혁 정치를 가장 지지했던 사람도 노국 공주였어. 공민왕이 새로운 고려를 만들고 싶었던 이유가 노국 공주 때문인지도 몰라.

그런 노국 공주가 1365년 아이를 낳다가 죽자 공민왕의 충격과 슬픔은 이루 말할 수가 없었지. 공민왕은 사랑했던 노국 공주를 위해 직접 공주의 무덤을 만들었어. 저승에서도 영원히 함께하고 싶었는지 직접 무덤을 설계하고 틈만 나면 나와서 무덤이 만들어지는 과정을 꼼꼼히 감독했지. 심지어는 무덤 안에 들어갈 벽화를 직접 그리기도 했어. 무덤이 만들어지는 데만 무려 9년이 걸렸어. 왕릉이 보통 6개월에서 1년이면 만들어지는 점만 보더라도 엄청난 노력이 들어갔음을 잘 알 수 있어.

현재 북한의 국보 제39호기도 한 공민왕릉은 고려 무덤 중 처음으로 왕과 왕비가 한자리에 있는 쌍릉이 되었어. 자연과 어울리는 정도나 무덤을 꾸민 조각, 문인석과 무인석을 사용한 점 등을 본다면 고려 역대 무덤 중 최고 수준으로 평가받고 있어. 훗날 공민왕릉은 조선 왕릉의 모범이 되었지. 안타깝게도 아름답게 잘 보전되어 오던 공민왕릉이 1905년 이후 몇 차례 도굴을 당해 온전한 유물은 거의 없어.

83 해외로 나간 고려 불화, 700년 만에 한자리에 모이다

2010년, 국립중앙박물관에서 고려 불화 대전이 열리자 국내뿐 아니라 세계에서도 주목을 받았어. 전 세계의 학자들과 예술가들이 이 전시를 보기 위해 앞다투어 한국으로 날아왔지.

'700년 만의 해후'라는 제목을 달기도 했던 이 전시에는 국내외 고려 불화와 고려 불화를 계승한 조선 전기 불화, 고려 시대 불상과 공예품 등 모두 108점이 전시되었어. 그중 사람들의 이목을 끈 것은 국내 고려 불화 19점이 아닌 해외에서 온 고려 불화 42점이었어. 언제 다시 올지 기약할 수 없는 명품 고려 불화가 전시에 초대되었기 때문이야.

그런데 이상하지 않아? 고려 불화가 우리나라보다 해외에서 온 것이 많다니 말이야. 잘 알려진 대로 고려는 불교 국가였어. 물론 고려만 불교 국가인 것은 아니지만 고려는 어떤 나라들보다도 세련되고 예술적인 불교 예술 작품을 많이 남겼지. 그중에서도 최고로 손꼽히는 불화는 세계 미술사에서도 독보적인 존재감을 선보였어. 이미 700년 전에도 널리 알려졌고 특히 일본에서는 구하지 못해 안달이 났을 정도였으니까.

그러다 보니 왜구의 침입, 임진왜란, 일제 강점기에 청자와 더불어 약탈 1순위였어. 고려 불화의 가치를 뒤늦게 깨달은 미국과 유럽의 국가들도 고려 불화를 많이 가져갔지. 지금도 얼마나 많은 고려 불화가 일본 등 외국에 있는지 알 수가 없어. 불법으로 가져간 불화가

혜허의 〈수월관음도〉
일본 센소지에 소장되어 있어.
크기는 144×62.6센티미터야.

상당수이다 보니 외국에서도 공개하기를 꺼리거나 혹시 돌려주지 않을까 봐 우리나라에 빌려주는 경우가 거의 없어.

하지만 G20 정상회담이 한국에서 열리는 것을 계기로 국립중앙박물관 직원들이 국내외 44곳의 박물관, 미술관, 기념관, 사찰을 다니며 진심으로 설득한 끝에 전시를 열 수 있게 되었지. 특히 일본에서도 공개하지 않는 센소지 소장의 수월관음도(별칭:물방울 관음도)는 박물관장이 직접 찾아가 정성을 다한 끝에 최초로 국내에서 공개할 수 있었어. 700년 전이나 지금이나 귀하디 귀한 고려 불화! 아무리 뛰어난 가치를 지녀도 그 참모습을 알고 지킬 때만 우리 곁에 남아 있을 수 있다는 뼈아픈 교훈을 주는 문화유산이 아닐까?

84 두부, 고려 사람들의 사랑을 한몸에 받다

우리에게 아주 익숙한 음식, 두부! 두부는 본래 중국에서 만든 음식이었는데, 송나라와 원나라를 거치며 두부 만드는 기술이 고려에 전해졌어.

고려인들은 두부에 열광했어. 불교 국가이다 보니 고기를 잘 먹지 않아 단백질이 부족했는데, 두부는 매우 훌륭한 식품이었거든. 특히 사찰의 승려들은 앞다퉈 두부를 만들어 여러 가지 요리를 해 먹었지. 우리나라는 콩의 원산지이고 삼면이 바다라 두부의 재료인 콩과 간수를 구하는 것이 어렵지 않아. 덕분에 두부 요리는 금세 왕실에서 백성들의 식탁까지 널리 퍼졌어. 고려의 대학자 목은 이색은 두부에 관한 시를 남기기도 했어.

나물국 오랫동안 먹어 맛을 못 느껴 / 두부가 새로운 맛을 돋우어 주네 / 이 없는 이 먹기 좋고 / 늙은 몸보신에 더없이 알맞네 / 물고기 순채는 초나라 객을 생각하게 하고 / 양락(羊酪, 치즈)은 북방 되놈 생각하게 한다 / 이 땅에서는 이것이 좋다고 하니 / 하늘은 알맞게 먹여 주네.

이색은 두부야말로 이 땅에 가장 알맞은 음식이라고 극찬했어. 두부는 고려 시대에만 사랑받은 것은 아니야. 조선 시대가 되면서 더욱 사랑받았고 두부 만드는 기술이 점점 높아져 중국에서 공식적으로 두부 만드는 궁녀를 요청할 정도였지. 일본에도 두부 만드는 기술이 전해졌는데, 마치 치즈와도 같은 단단한 형태가 유행해 지금도 그 기술이 남아 있다고 해.

85 귀신이 된 정지상, 김부식의 뺨을 때리다

인종 때 관리였던 정지상과 김부식은 당대 최고의 문장가들이었어. 왜 정지상은 김부식의 뺨을 때렸을까?

두 사람의 실력은 대단했지만 시에 있어서는 김부식이 정지상을 따르지 못했어. 정지상은 어릴 때부터 신동 소리를 들었거든. 이미 다섯 살 때 강 위에 뜬 해오라기를 보고, "어느 누가 흰 붓을 가지고 을(乙) 자를 강물에 썼는고?"라고 말해 사람들을 놀라게 했을 정도지.

그런데 정지상과 김부식은 여러 가지로 다른 점이 많았어. 정지상은 서경(평양) 출신으로 유교, 불교, 풍수지리 등 다양한 사상을 받아들였지만 김부식은 경주에 기반을 둔 개경 출신으로 유교만을 고집했지. 그래서 두 사람은 사이가 좋지 않았어. 어느 날, 정지상이 '절에 염불소리 그치니 하늘빛 유리처럼 맑다.'는 멋진 시구를 짓자, 김부식이 듣고 마음에 들었던지 그 시구를 자신에게 달라고 했어. 정지상은 단박에 거절했지. 이에 앙심을 품은 김부식은 훗날 묘청의 서경 천도 운동 때 정지상을 그 편으로 몰아 죽음에 이르게 했어. 이제 세상에서 자신을 당해 낼 시인은 없다고 생각한 김부식은 매우 기뻤지.

봄이 되자 하루는 김부식이 봄을 시로 읊었어.

"버들 빛은 천 가닥 푸른빛이요, 복사꽃은 만 점이 붉은빛이다."

그런데 그때 갑자기 정지상 귀신이 나타나 김부식의 뺨을 치면서 "천 가닥 실과 만 점 복사꽃 잎을 누가 세어 봤느냐? 어째서 '버들 빛은 가닥가닥 푸르고, 복사꽃은 점점이 붉다.'고 하지 않느냐?"라고 말하고 사라졌대. 김부식은 얼굴이 벌겋게 일그러졌다고 하지. 이 이야기는 후대의 대문장가인 이규보의 책 속에 나오는 거야. 여전히 고려 사람들은 정지상을 최고의 시인으로 여겼음을 알 수 있어.

86 원나라 황제도 감동한 이곡의 상소

1274년(원종15), 원나라는 고려에 공녀 140명을 요구했어. 공녀는 몽골의 요구에 따라 강제로 몽골로 보내는 여성들을 말해. 끌려간 여성들은 궁녀가 되거나 원나라 황족의 노비가 되었지. 한번 가면 살아서 돌아올 수 없기에 사람들은 자신의 딸을 공녀로 보내길 거부했어.

고려 정부는 어쩔 수 없이 강제로 공녀를 뽑아 원나라로 보냈어. 그때마다 고려는 눈물바다를 이루었어. 1275년부터 1355년까지 약 80년간 이런 슬픈 역사는 반복되었어. 원나라에서 벼슬을 하던 고려인 이곡은 이를 보다 못해 원나라 황제에게 직접 상소를 올렸어.

"군대의 서리들이 사방으로 나가 집집마다 뒤지다가 만약 숨기기라도 하면 그 이웃을 잡아 가두고 그 친척을 구속해 채찍으로 때리고 괴롭히다가 처녀가 나타난 뒤에야 그만둔다고 합니다. 사신이 한번 오기만 하면 나라가 온통 소란에 싸여 개나 닭이라도 편안할 수 없습니다. …… 그 선발에 뽑히면 부모와 친척들이 함께 모여서 밤낮으로 울음소리가 끊이지 않습니다. 도성의 문에서 보낼 때에는 옷자락을 붙잡고 쓰러지기도 하고, 길을 막고 울부짖으며 슬프고 원통해서 괴로워합니다. 우물에 몸을 던져 죽는 자도 있고, 스스로 목을 매는 자도 있으며, 근심과 걱정으로 기절하는

자도 있고, 피눈물을 쏟아 눈이 멀어 버리는 자도 있는데, 이러한 것들은 이루 다 기록할 수 없습니다."

딸이 공녀가 되어 끌려가는 가족의 애절한 이야기를 담은 이곡의 상소는 원나라 황제의 마음을 움직였어. 이후 고려는 더 이상 원나라 황실에 공녀를 보내지 않게 되었지.

87 아픈 고려 사람들, 부처님이 보우하사

고려인들은 병에 걸리거나 아프면 어떻게 치료를 했을까?

의료 지식이 부족하고 가난했던 대부분의 백성들은 절을 찾아가서 기도를 하거나 민간에서 내려오는 주술을 믿기도 했어.

이에 예종은 혜민국(1112년)을 만들어 백성들에게 약을 나누어주고 옷과 음식도 주었어. 또한 불교 국가답게 부처님의 뜻을 따라 백성을 구한다는 뜻을 담아 개경 동쪽과 서쪽에 각각 대비원을 두었어. **동서대비원은**

도성의 병자, 빈민, 고아, 노인, 걸인 등 사회적 약자들을 치료하고 보호하는 일을 맡았어.

백성을 치료하고 가난을 극복하게 하기 위해 도움을 주는 기관으로 **제위보**라는 것도 있었어. 오늘날로 치면 기금을 모아 둔 재단과도 같아. 나랏돈으로 만든 제위보는 병에 걸리거나 경제적 어려움에 처한 백성들을 도왔어. 이름만 다를 뿐 오늘날로 치면 보건소나 의료원에 해당하는 혜민국, 동서대비원, 제위보 모두 백성을 질병과 가난에서 구하고자 만든 고려의 공식 의료 기관이었어.

그런가 하면 왕실과 귀족을 위한 병원도 있었어. 최고의 의학 기관인 **태의감**(훗날 전의시), 왕을 위한 약을 짓는 **상약국**, 왕실 여성들의 전용 의료기관 **다방**이 대표적이야. 지방에는 **약점사**를 두어 의료 교육과 치료를 담당했어.

88 성이 달라도 잘났다면 내 조상!

조선 후기를 지나며 '조상'이란 아버지-할아버지-증조아버지-고조할아버지로 올라가는 부계 중심이 되었어. 하지만 고려 시대에는 자신의 출세에 유리하면 남자이건 여자이건 상관없이 자신의 조상으로 내세웠지.

고려 왕실의 이야기를 담은 《고려세계》에는 왕건의 조상 이야기가 나와. 이 족보에 따르면 왕건-아버지(용건)-할아버지(작제건)-증조할머니(진의)-고조할아버지(보육)로 되어 있어. 중간에 할머니 집안으로 조상이 바뀌어 올라가는 걸 알 수 있지. 조선 시대 같으면 어림없을 일이 고려 시대에는 자연스러운 일이었어.

왕실이 이런데 다른 귀족들은 어땠을까? 실제 아들이나 딸, 며느리, 사위, 친손주, 외손주의 구분이 거의 없는 사회가 고려 시대였어. 외할아버지가 높은 벼슬을 했으면 외할아버지를 내세우며 조정에 나갈 수 있었고 장인이 큰 벼슬을 하면 사위가 그 덕을 볼 수 있었지.

친가냐 외가냐의 기준은 출세에 큰 의미가 없었어. 같은 집안 내에서는 능력이 더 중요하고 가족 구성원이 모두 같은 대우를 받던 고려 시대는 어떤 면에서는 현대의 가족 관계와 닮은 점이 많다고 할 수 있어.

89 두 개의 고려 정부, 일본을 놀라게 하다

고려가 몽골의 침입을 받았을 때 최씨 무신 정권의 군사 조직인 삼별초가 맞서 싸웠어. 그런데 무신 정권이 무너지고 고려 조정이 몽골에 화해하고 왕이 개경으로 돌아간 뒤에도 삼별초는 해산하지 않았어. 오히려 본거지였던 강화도에서 진도로, 또 제주도로 옮겨가 끝까지 항쟁했지. 고려의 삼별초는 일본도 크게 관심을 갖는 역사여서 일본의 역사 교과서에 다음과 같이 묘사되어 있기도 해.

"삼별초는 당시 고려의 군사 조직으로 고려 왕조가 원에 복속한 이후에도 저항을 계속했다. 그들은 민중의 지지를 강하게 받고 고려 각지에서 민중이 이 반란에 호응하는 움직임이 있었다. 원이 일본을 정복할 수 없었던 이유로 일본군의 분전(있는 힘을 다해 싸움)도 있었지만, 삼별초의 난에서 보여 준 것처럼 동아시아 사람들의 원에 대한 저항이 각지에서 있었던 것을 들지 않으면 안 된다."

그런데 현재의 이런 평가와 달리 700여 년 전 일본은 삼별초의 제안을 받고 의아하게 여기다 결국 거절한 적이 있어. 1268년과 1271년 고려로부터 두 건의 외교 문서가 도착했는데 무언가 이상한 점이 있었어. 하나는 강화에서 개경으로 환도했다는 것이고, 하나는 강화에서 진도로 천도했으니 힘을 합해 몽골과 싸우자는 것이었지. 알고 보니 먼저 것은 개경의 고려 조정이, 3년 뒤의 것은 진도의 삼별초 조정이 각각 보낸 것이었어.

결국 일본은 삼별초의 제안을 거절했어. 자세한 사료가 남지 않아 거절한 정확한 이유는 잘 알 수 없어. 다만 지금에 와서 보니 일본으로서는 삼별초와 함께 몽골에 맞서지 않은 것이 아쉬웠을 것이고, 그 마음이 자신들의 교과서에 표현되었을 것으로 보여. 삼별초 정부와 일본 간의 연합전선이 무산된 후 삼별초는 제주도로 옮겨 최후를 맞이했고 일본 역시 두 차례에 걸친 몽골의 침입에 큰 피해를 입고 말았으니까.

90 왕건의 후예, 몸 속 어딘가에 용의 비늘을 가졌다?

고려 32대왕 우왕은 신돈의 시녀 반야의 아들이었어. 공민왕이 신돈의 집을 다닐 때 낳은 아들이었지. 그러다 보니 사람들은 우왕이 공민왕의 아들이 아닌 신돈의 아들일 것이라며 수군댔어. 우왕은 결국 이성계에게 죽임을 당했어. 이성계 일파는 우왕은 틀림없는 신돈의 아들이기에 왕우가 아니라 신우라고 역사에도 기록해 두었어.

그런데 조선 중기 이희의 《송와잡설》에는 이와 관련된 신비한 이야기가 실려 있어.

"왕씨는 용의 후손이므로, 아무리 못난 자손과 먼 후손이라도 그 몸의 어딘가에 반드시 비늘이 있다. 세상에 전해 오는 말에, 우의 왼쪽 어깨 위에 바둑돌만 한 비늘이 있었는데, 우는 항상 숨기고 나타내지 않았다. 그런데 임영(강릉)에서 죽음을 당하던 날에는 어깨를 드러내어 옆 사람에게 보이면서, '지금 만약 보이지 않고 죽으면 내가 신씨가 아닌 줄을 너희들이 어찌 알겠느냐?'고 하였다 한다.

이 일이 비록 역사에는 기록되지 않았으나, 임영 사람은 지금까지 그 얘기를 하고 있다."

왕건의 할아버지 작제건이 서해 용왕의 딸과 결혼했기에 그 자손은 용의 후손이 된다는 이야기가 끝까지 전해온 거지. 우왕의 어깨에 용의 비늘이 있었는지는 알 수 없지만 고려가 망하고 조선이 들어서면서 어디론가 숨어야 했던 왕씨의 후손들이 억울함과 선조에 대한 자부심을 이 같은 신비한 이야기로 만든 것은 아닐까?

91 사또가 없는 동네, 속현! 주현을 꿈꾸다

삼국 시대부터 조선 시대까지 지방을 다스린 제도를 '군현제'라고 해. 최초로 중국을 통일한 진시황이 지방 도시에 관리를 보내 다스리게 하면서 생겨난 군현제는 중국은 물론 이웃인 우리나라에서도 오랫동안 실시되었어.

그런데 지방의 우두머리인 호족들은 군현제를 달가워하지 않았어. 왕이 보낸 관리를 함부로 할 수도 없고 그렇다고 자기 마음대로 할 수도 없어 난감했거든. 그래서 처음에는 임금이 보낸 관리와 호족들이 서로 기싸움을 벌였어. 임금도 왕권이 약할 때는 대호족이 다스리는 지역에는 감히 지방관을 보내기가 어려웠어. 하지만 점차 왕권이 강화되며 큰 도시부터 지방관이 파견되었어. 그들을 사도라고 하는데, 흔히 사또라고 부르는 관리들이야. 고려 시대에는 500여 개의 군현이 있었는데 사또가 파견된 곳은 3분의 1이 채 되지 않았어. 사또가 직접 다스리는 고을은 주현이라 불렸고, 사또가 없는 곳은 속현이라 했어.

고려 말까지 꾸준히 사또가 파견되었지만 속현은 무려 160곳이나 되었어. 말하자면 속현은 시청이나 군청이 없는 도시인 셈이지. 그렇다 보니 속현 주민들의 생활은 매우 불편했어. 세금을 내거나 어려운 일을 해결하기 위해서는 몇날 며칠을 걸어 주현까지 가야 하는데, 주현의

사또나 관리들은 속현 사람들을 업신여기기 일쑤였지. 그래서 백성들과 향리들은 자신의 고을을 주현으로 만들어 달라며 사또를 요청했다고 해.

92 기운이 넘치는 서경으로 이사해야 고려가 산다?

고려 인종 때의 승려인 묘청은 오래도록 역적이라고 생각했어.
그런데 일제 강점기 독립운동가이자 역사학자인 신채호는 그를 새롭게 평가했어.

신채호는 묘청의 서경 천도 운동을 '조선 역사상 1천 년이래 제1대 사건'이라 하며 실패를 아쉬워했어.

"이 전투에서 묘청이 패하고 김부식이 승리하여 조선 역사가 사대적 보수적 속박적 사상, 즉 유교 사상에 정복되고 말았거니와 만일 이와 반대로 묘청이 승리하였다면 조선 역사가 독립적이고 진취적 방면으로 나아갔을 것이니, 이 사건을 어찌 1천 년래 제1대 사건이라 하지 않으랴."

인종은 이자겸의 난으로 궁궐이 불타고 왕실의 권위가 땅에 떨어지자 매우 힘들어 했어. 모든 것이 자기 책임 같았지. 그때 묘청이라는 승려가 나타나 다음과 같이 이야기를 했어.

"궁궐이 불타고 좋지 않은 일이 일어난 것은 개경의 기운이 쇠퇴했기 때문입니다. 저희들이 보기에 서경(평양)의 지세는 전성기를 맞이하고 있습니다. 만약 궁궐을 세워 그곳으로 거처를 옮기신다면 천하를 아우를 수 있어 금나라가 예물을 가지고 스스로 항복해 올 것이며 36국이 모두 신하가 되어 굴복할 것입니다."

솔깃한 인종은 묘청의 말을 듣고 서경에 궁궐을 만들라 명했어. 이에 개경을 터전으로 하는 신하들은 불안함을 느껴 묘청을 반역자로 몰았고 결국 개경파 대 서경파로 나뉘어 2년간 치열한 싸움이 일어났어. 결과는 앞서 말한 대로 개경파 김부식의 승리로 끝났지. 단재 신채호의 말처럼 그 후 고려는 보수화되고 고구려의 뒤를 잇겠다는 기상은 점차 약해졌어.

93 아직도 발견하지 못한 최충헌과 최우의 무덤

놀랍게도 백년 무신 정권 기간의 절반을 누렸던 최씨 집안 인물들의 무덤은 지금껏 하나도 발견되지 않았어.

국보인 청자진사 연화문표형주자. 최고의 명품 고려청자로 손꼽히는 이 연꽃무늬 표주박 모양 주전자는 최우의 아들 최항의 무덤에서 도굴된 것으로 전해져. 더불어 국보 청자상감 운학문매병도 일제 강점기 강화도에서 도굴되어 세상에 나왔으니 이 청자들만으로도 강화로 천도한 최씨 무신 정권의 권세가 어떠했는지 짐작할 정도지.

그런데 이 집안의 사람인 최충헌은 물론 최우, 최항, 최의 누구도 무덤이 있는지, 있으면 어디에 있는지에 대한 것들이 전혀 알려지지 않았어. 도굴을 방지하기 위해 감추었는지 무신 정권이 무너진 후 철저히 파괴되었는지는 알 수 없어. 하지만 무덤이 남아 있다면 엄청난 수준의 청자와 유물이 매장되어 있을 것으로 추정돼. 최항의 무덤에서 나온 것으로 알려진 청자만 해도 국보 청자 중에서도 단연 명품으로 손꼽히니 말이야.

최씨 무신 정권의 두 번째 집권자 최우는 30년간 통치자로 군림하면서 몽골에 맞서기 위해 강화로 천도했어. 그리고 40여 년을 강화도에서 지내서 강화도에는 고려 시대 왕과 왕비, 귀족, 장군 등의 무덤이 즐비해. 곤릉(원덕 태후), 석릉(희종), 가릉(순경 태후), 홍릉(고종)이 대표적이지. 고려 시대 최고의

문인으로 손꼽히는 이규보나 거란군이 두려워한 김취려 장군의 무덤도 강화도에 있어.

하지만 학자들의 관심은 최씨 집안의 무덤이 발견될 것인가에 쏠려 있어. 다행히 최근 석릉 주변 발굴 조사를 통해 10여 기가 넘는 고려 시대의 무덤을 발견하기도 했어. 언젠가는 최우나 최의의 무덤도 발견되는 날이 오겠지?

94 송광사 보물, 16국사 진영 도난사건

현재 한국을 대표하는 3대 사찰의 하나인 송광사는 고려 시대 16명의 국사를 배출한 승보 사찰로 유명해.

국사란 나라를 대표하는 승직으로 승려에게는 최고의 명예였어. 한번 국사에 임명되면 입적하는 날까지 국사의 지위를 유지했지. 우리 역사를 통틀어 가장 많은 국사를 배출한 대표적인 사찰이 바로 송광사였어.

그럼 왜 송광사였을까? 수도 개경과는 아주 먼 전라남도 순천에 위치한 송광사가 어떻게 고려의 중심 사찰이 되었을까? 거기에는 보조국사 지눌의 이야기가 담겨 있어.

지눌은 여덟 살에 출가하고 스물다섯에 승과에 급제한 후에도 쉼 없이 수행하여 많은 명성을 얻었어. 왕족과 귀족들이 앞다투어 지눌을 모셔다가 법회를 열었는데, 지눌을 못마땅히 여긴 무리는 항상 시비를 걸었어. 그 당시 불교는 교종(경전과 염불 중심)과 선종(참선과 명상 중심)으로 나뉘어 서로 자신의 방법이 옳다 주장했어. 지눌은 어느 편도 들지 않고 깨달음을 위해서는 둘 다 필요하다 주장했지. 결국 지눌은 자신의 수행이 부족하다 탓하며 지리산으로 가서 수행을 하다가 문득 깨달음을 얻었어. 백성들과 함께하는 삶이야말로 가장 중요하다는 점이었지.

그래서 송광사로 가서 자리를 잡고 직접 옷을 만들고 농사를 지으며 법회를 열었어. 백성들은 눈이 휘둥그레졌지. 높고 귀한 스님이 직접 농사짓고 밥을 해 먹는다는 모습에 놀란 거야. 지눌의 진실한 모습에 사람들은 감동을 했고 송광사는 이후 불교 개혁의 중심지가 되어 무려 16국사를 배출했어.

16국사를 그린 초상화(진영)는 수백 년 동안 송광사의 보물로 내려왔어. 그런데 부끄럽게도 1995년 보조국사 지눌을 비롯한 3명을 제외한 나머지 열세 명의 진영을 감쪽같이 도난당했어. 수사했지만 단서를 찾지 못했지. 이 사건은 아직도 풀리지 않은 수수께끼로 남아 있어. 도대체 열세 명의 진영은 어디에 가 있을까?

95 세상에서 언관이 제일 무서워!

왕은 무엇이든 할 수 있을 것 같지만 그렇지 않아. 특히 고려의 왕은 귀족들의 눈치를 보랴 법의 눈치를 보랴 마음껏 기를 펼칠 수 없었어.

특히 왕은 **언관**을 두려워했어. 언관은 잘못된 일을 왕에게 직접 이야기하고 막을 수 있는 권리를 가진 관리를 말해. 모두 14명으로 구성된 언관들은 간쟁과 봉박, 서경권을 가지고 국왕의 잘못을 견제하는 역할을 했어.

간쟁이란 국왕의 옳지 못한 처사나 잘못에 대해 상소나 회의 자리를 통해 공식적으로 항의할 수 있는 권리야. 국왕은 아무리 화가 나도 간쟁을 하는 언관을 벌할 수 없어. 봉박은 부당한 지시라 여기면 명령서를 되돌려 보낼 수 있는 권리를 말해. 자기가 보낸 명령서가 뜯어지지도 않은 채 되돌아온다면 기분이 어떨까? 언관에게 거절당한 왕의 심정이 어떻든 이는 언관의 권리여서 왕은 벌을 줄 수 없었어. 마지막 서경권이야말로 언관이 가진 최고의 권리였어. 새로운 법을 만들거나 관리를 임명할 때 반드시 언관이 서명을 해야 했어. 언관이 찬성하지 않으면 일이 빨리 진행될 수 없으니 언관의 의견을 반드시 포함할 수밖에 없었어.

고려 역사 속에는 왕과 언관들의 대결을 쉽게 찾을 수 있어. 왕은 때때로 말을 듣지 않는 언관을 결국 관직에서 쫓아냈어. 하지만 그럴 때마다 나머지 언관들은 똘똘 뭉쳐 왕과 맞서거나 다 같이 출근하지 않고 집단 사직서를 내는 등 왕에게 당당히 맞섰지. 당당한 언관이야말로 왕을 바른 길로 이끄는 가장 충직한 신하들이었어.

96 동물을 구하고 3대에 걸쳐 번성한 가문

고려 시대에 3대에 걸쳐 재상을 배출하는 등 모두가 부러워 하는 두 가문이 있었어.

두 가문이 하나같이 동물을 구한 덕으로 복을 받아 자손이 번창했다는 이야기가 전해 오고 있어. 그 첫 번째는 이천 서씨 가문이야. 통일신라 말 서신일이 마을 바깥에 살고 있을 때 사슴 한 마리가 집으로 들어왔어. 깜짝 놀란 서신일이 사슴을 살펴보니 화살이 몸에 박힌 채 사냥꾼에게 쫓기고 있었지. 서신일은 얼른 화살을 뽑고 사슴을 집 안에 숨겨 주었어. 사냥꾼이 돌아가자 사슴을 놓아 주었지. 그런데 그 날 밤 꿈에 한 노인이 나타나 서신일에게 머리를 숙이며 감사해하며 이렇게 말했다고 해.

"사슴은 바로 내 아들인데 그대 덕분에 죽지 않았으니 그대의 자손이 대대로 재상이 되게 하리다."

서신일은 나이 80세가 되어 서필을 낳는데 훗날 서필은 고려의 재상이 되었어. 그리고 서필의 아들 서희는 거란의 침입을 물리치며 재상이 되었고 그 아들 서눌 역시 고려의 재상이 되어 이천 서씨는 3대에 걸쳐 재상을 배출한 대명문가가 되었어.

그런가 하면 영해 박씨 집안에도 비슷한 전설이 내려와. 박세통이 평안남도의 한 바닷가 고을 사또로 있을 때였어. 거북 한 마리가 밀물에 밀려왔다가 마을 사람들에게 잡혔어. 그 소식을 듣게 된 박세통은 거북을 불쌍히 여기며 놓아 주라 했지. 그 날 밤 박세통의 꿈에 용왕이 나타나 자신의 아이를 살려 준 일을 고마워하며 3대에 걸쳐 재상이 되도록 돕겠다 했어. 과연 그 말대로 박세통과 아들 박홍무, 손자 박감은 고려의 재상이 되었다고 해.

97 불교 국가인 고려, 유학의 씨앗을 심다

고려는 불교 국가지만 나라의 기틀을 다지기 위해서 유학을 적극적으로 받아들였어.

태조 왕건은 당나라 유학생들을 가까이 두었고 광종은 쌍기를 받아들여 과거제를 실시했지. 과거 시험은 유학 경전의 내용을 주로 담아어. 성종은 최승로의 건의에 따라 유교 통치를 확립하였다. 유학을 가르치는 최고 학교인 **국자감**도 만들었고, 이후 최충의 문헌공도를 비롯한 **사학12도**는 국자감보다 더 인기를 끌었어. 유학이 관리가 되고 출세를 위한 길이 되자 사람들은 더욱 유학에 관심을 가졌어.

하지만 무신들이 권력을 차지한 후 유학은 인기를 잃었어. 힘의 시대에 유학이 설 곳은 없었던 거야. 무신 정권이 끝나고 원나라 간섭기가 되자 유학은 다시 힘을 얻기 시작했어. 특히 안향이 원나라에서 유학의 하나인 성리학을 들여오자 유학자들은 성리학에 큰 관심을 보였어. 몇몇 유학자들은 직접 원나라로 가서 성리학을 배우기도 했어. 충선왕은 원나라 수도 연경에 독서당인 만권당을 만들어 유학을 지원하기도 했어. 백이정, 이제현, 박충좌 같은 학자들이 만권당에서 열심히 학문을 닦았고 후배들에게 학문을 전했어.

고려 말 이색이 성균관에서 성리학을 가르치고 연구할 수 있었던 것은 무신 정권기나 원 간섭기에도 유학이 후대로 이어졌기 때문이야. 그래서 정몽주, 정도전, 권근 같은 진정한 성리학자들이 탄생할 수 있었지. 성리학은 조선이 들어서며 활짝 꽃을 피워. 그러니 고려는 유학의 씨앗을 잘 심었다 할 수 있지.

98 한반도의 남쪽 끝섬 탐라국, 고려가 되다

제주도의 옛 이름은 탐라였어. 탐모라국·섭라·담라·탁라라고도 불렸는데, 모두 섬나라라는 뜻이야.

제주도의 설화를 보면 고을나, 양을나, 부을나 3성의 시조가 자손을 이루고 탐라를 다스렸다고 해. 지금도 제주에 선사 시대 유적이 많은 걸 보면 이미 오래전부터 사람이 살았음을 알 수 있어. 그들 중 가장 힘이 센 세 부족이 앞서 말한 3성의 시조가 이끄는 집단이었을 거야. 그들은 공동으로 탐라를 다스렸는데 점차 고씨 부족이 왕위를 독차지했어.

한반도에서 삼국 시대가 열리고 백제가 전라남도 남해안까지 세력을 넓히자 탐라는 사신을 보내 백제를 따르기로 했어. 백제는 탐라국왕에게 좌평이라는 벼슬을 내렸어. 그 뒤 신라가 삼국을 통일하자 탐라는 신라에 조공을 바치며 눈치를 보았어. 비록 신라의 눈치를 보았지만 중국과 일본에 사신을 파견하기도 하는 등 독립 국가를 이루고 있었지.

신라 말 고려가 후삼국을 통일하고 한반도의 새로운 주인이 되자 탐라국왕 고자견은 서둘러 고려에 신하를 파견해 고려의 마음을 사서 독립적인 상태를 유지할 수 있었어. 하지만 고려는 탐라를 그냥 두지 않았어. 1105년, 숙종은 탐라를 고려의 지방 도시로 포함시켰어. 50년 뒤 의종 때는 고려 관리를 파견해 탐라국의 왕과 왕자는 대접만 받을 뿐 정치에는 참여할 수 없게 됐지. 지도자가 사라진 탐라는 결국 완전히 고려에 속하게 됐어.

99 중국에까지 이름을 떨친 고려의 화가들

고려 제일의 화가는 누구였을까? 단연 《고려사 열전》에 실린 유일한 화가 이녕을 꼽을 수 있어.

인종 때 화가인 이녕은 그림 그리는 일을 하는 관청인 화국에 속한 화원이었어. 그의 그림 솜씨는 매우 뛰어났어. 이녕의 스승인 이준이는 "만약 다른 나라의 그림이었다면 천금을 주고서라도 사야 하는 명작"이라며 칭찬을 아끼지 않았어. 사실 누구보다도 그림에 자부심이 넘쳤던 이준이는 자신을 넘어설 화원은 없을 거라 여겼지만 어린 이녕에게 산수화를 가르치며 이녕은 다시없을 최고의 화원이 되리라 장담했지.

〈천산대렵도〉 고려 공민왕, 14세기 중엽, 21.8×24.5cm, 국립중앙박물관

스승의 바람대로 이녕의 실력은 날로 발전했고 인종은 이녕을 매우 아꼈어. 1124년 이녕은 수행화원이 되어 사신단을 따라 송나라에 갔어. 이녕의 솜씨를 몹시 궁금해 하던 송나라 황제 휘종은 이녕에게 그림을 그리도록 명했어. 직접 그림을 그리기도 한 휘종은 예술을 몹시 사랑하던 황제였어. 이녕은 고려의 아름다운 자연을 화폭에 담은 〈예성강도〉를 그려 바쳤지. 그림을 본 휘종이 감탄을 금치 못했다고 해. 휘종은 이녕에게 송나라 화원들에게 한 수 가르침을 달라 청하며 이녕을 귀하게 대접했어. 이녕의 명성은 하늘을 찔렀지.

이녕의 아들 이광필도 왕이 몹시 아낀 화가로 역사에 이름을 남겼어. 비록 그들의 그림은 전하지 않지만 당시의 평가를 보면 조선 후기의 김홍도 못지않았을 거라는 짐작을 할 수 있어. 고려 말에는 공민왕의 그림이 유명했어. 지금도 남아 있는 〈천산대렵도〉는 힘차게 달리는 기마인물의 모습이 섬세하면서도 생동감 있게 그려져 있지. 조선에 비해 기록과 작품이 부족하긴 하지만 고려 불화의 전통을 볼 때 고려의 미술 수준은 매우 높았음에 틀림없어.

100 원나라에서 보낸 관리가 100년이나 제주를 관리했다고?

고려 장군 최영은 300여 척의 전함을 이끌고 고려 땅인 제주를 공격했어.
제주를 관리하던 목호들을 섬멸하고 제주를 탈환했지.

고려 장군이 고려 땅을 공격하다니, 무슨 까닭일까? 원나라는 1277년(충렬왕 3) 제주에 대규모 목장을 만들고 목호를 보내 직접 관리해 왔어. 그러기를 100년, 원나라의 힘이 약해지고 명나라가 강해지자 명나라는 고려에 말을 요구해 왔지. 고려는 명나라의 요구를 들어 주기로 했지만 제주의 목호들은 원나라를 섬겼기 때문에 명의 요구를 거절했어. 오히려 교지를 들고 온 고려의 관리를 죽이고 반란을 일으켰어. 이를 심각하게 여긴 공민왕은 1374년(공민왕 23) 교지를 내려 제주를 공격했어.

"탐라(제주)는 본래 고려에 속해 5백 년간 대대로 공물을 바쳐 왔다. 근래에 목호(말을 관리하기 위해 원나라에서 파견한 관리) 시레르비스·촉투부카·관음보 등이 우리 사신을 죽이고 백성들을 노비로 부리니 그 죄악이 천지에 가득하다. 이제 최영에게 지휘권을 부여해 정벌하게 하노니 전 부대를 통괄해 정해진 기한 안에 적을 섬멸하라. 명령 복종 여하에 따라 상벌을 내리되 벼슬을 무시하고 군율을 집행하라."

최영은 전함 314척과 군사 2만 5천6백 명을 이끌고 제주로 향했어. 목호들은 최영을 당해 낼 수 없어 서귀포 남쪽의 범섬으로 숨었어. 최영은 40여 척의 배로 범섬을 포위하고 공격했는데 얼마나 잔인했던지 목호들의 시체가 섬을 덮었다고 해. 목호의 난은 끝났지만 그 과정에 제주도 양민들이 수없이 죽고 상처를 입어 오래도록 제주도 사람들은 육지에서 온 사람들을 무서워 했다고 해.

101 고려인들은 무엇을 하고 놀았을까?

**고려는 불교 국가답게 불교와 관련된 놀이가 많이 전해졌어.
특히 팔관회나 연등회 같은 대규모 행사 때 여러 놀이들이 함께 어우러졌지.**

만석중놀이는 대표적인 인형극이야. 절 마당에서 벌이는 만석중놀이는 만석중 인형과 십장생, 용, 잉어 등의 동물이 등장해 불교의 가르침을 이야기로 꾸민 공연이었어. 그런가 하면 아이들은 호기놀이를 많이 했어. 아이들이 종이를 붙인 장대를 들고 거리를 다니면서 큰 소리로 외치면 사람들은 쌀과 베 등을 선물로 주었다고 해. 고려의 여성들은 활달한 놀이를 좋아했어. 널뛰기뿐 아니라 말타기, 격구도 즐겼어. 승리를 위한 전략 게임인 바둑, 쌍륙, 고누 같은 놀이는 남자들이 즐겼지. 연날리기나 씨름은 명절날 모두가 즐기는 단골 놀이였어.

역사 속 사건을 놀이로 만든 것도 많이 있어. 대표적인 것이 차전놀이와 놋다리밟기야.

동채싸움으로도 불리는 차전놀이는 안동 지방에서 왕건이 견훤에 맞서서 승리한 사실을 놀이로 만든 거야. 각 마을은 대장이 타는 동채를 만들었어. 동채는 10미터쯤 되는 통나무 두 개를 사다리 모양으로 교차시킨 다음, 윗부분을 새끼줄로 단단하게 묶고, 판자를 얹어 고정시켜 만든 기구야. 한쪽 편이 다른 편의 동채를 눌러 땅에 닿게 하면 승리하는 놀이지.

놋다리밟기란 공민왕의 왕비인 노국 공주가 시내를 건널 때 마을 사람들이 몸으로 다리를 만들어 건너게 해 준 사실에서 유래한 놀이야. 화려한 복장을 한 소녀가 사람들이 엎드려 만든 놋다리(시냇물 위에 만든 다리)를 밟고 지나며 다 함께 노래를 부르며 놀았어.

102 지금 호두를 먹을 수 있게 된 건 악명 높은 친원파 덕?

나고 자란 고려를 배반한 간신 중 최고는 단연 유청신이야. 그래도 역사에 하나의 공적을 남기긴 했어.

고이부곡(지금의 전남 장흥)의 하급 관리 집안에서 태어난 유청신은 몽골어를 잘하고 눈치가 빨라 충렬왕에게 발탁됐어. 그 뒤 원나라와 고려를 오가며 승승장구했고 높은 관직에 올랐지.

유청신은 원나라 있을 때 원나라 황제에게 잘 보이고 싶었던 나머지 고려왕이 눈이 멀고 귀가 먹었으며 말을 못하게 되어 직접 나랏일을 할 수 없다고 거짓말했어. 게다가 원나라 조정에 글을 올려 고려에 성을 세워 원나라의 땅처럼 다스려 달라고 요청했지. 한마디로 고려를 원나라에 바치고 싶다는 말이었어. 이에 고려뿐 아니라 원나라 조정도 발칵 뒤집혔어. 왕관, 이제현 같은 고려 관리들은 글을 올려 유청신의 주장이 부당함을 조목조목 짚어 가며 반대했어. 원나라에서도 유청신의 뜻은 원과 고려의 관계를 오히려 멀게 한다며 받아들이지 않았지. 유청신은 자신의 말이 받아들여지지 않고 친원파로 비난을 받자 고려로 돌아가기가 두려웠어. 결국 원나라에서 9년을 살다가 고려 땅을 밟지 못하고 죽었지. 고려사에는 유청신을 다음과 같이 평가하고 있어.

"임기응변에 능해 권세를 믿고 국권을 농락하여 나라에 해독을 끼쳤다."

그런데 유청신은 원나라에 가서 맛본 호두를 아주 좋아했대. 그래서 묘목을 가져다가 천안 광덕산에 심고 가꾸었는데, 세월이 흘러 지금은 그곳이 우리나라 호두나무 최대의 산지가 됐어. 친원파의 대명사로 나라를 팔아먹으려 했던 유청신은 간신으로 역사책에 기록되었지만 그가 가져온 호두는 온 국민의 간식으로 거듭났으니 참 재미있는 일이지!

103 친원파, 나라를 판 친일파의 뺨을 치다?

고려사에는 특이하게 간신들의 이야기가 따로 실려 있어. 어떤 짓을 저질렀는지 들여다볼까?

간신이란 아첨으로 권력을 얻고 그 권력을 이용하여 자신의 재물과 지위를 높여 가는 데만 열을 올리는 간사하고 사악한 신하를 뜻해. 반역을 일으킨 반역자와는 다른 경우야. 앞서 보았던 유청신이 간신의 표본이지. 자신의 권력과 이익을 위해 나라를 넘길 생각까지 했으니 말이야. 그런데 고려 시대에는 이 같은 간신이 하나둘이 아니었어. 고려사에 적혀 있는 간신만 해도 무려 스물네 명에 달해.

인종 때 추밀원사였던 **박승중**은 이자겸이 국정을 맡아 권력을 휘두르며 위세를 온 나라에 떨치자 그 편에 붙어 아첨했는데 듣는 사람이 민망할 정도였어. 그의 아들 **박심조**는 이자겸의 난 때 궁궐의 변소를 통해 탈출한 후 옷에 똥물이 질펀히 묻은 채로 곧장 이자겸의 집으로 가 궁궐의 일을 고자질하여 이자겸을 도왔던 인물이야.

충렬왕 때 신하였던 **오잠**은 아첨으로 왕의 총애를 받으면서 왕과 왕자 사이를 이간시키고 충성스럽고 어진 신하를 모함했어. 이를 본 사람들이 모두 이를 갈았으나 보복이 두려워 말하는 자가 없을 정도였어.

고려 말의 간신인 **신예**는 어린 충목왕을 속이고 국권을 마음대로 휘둘렀어. 신예의 어머니가 남의 집 노비를 빼앗아가자 이를 항의하는 주인을 매질했고, 이에 관리가 찾아오자 관리마저 매질을 했을 정도야. 사람들은 신예를 두려워하며 신왕이라고 불렀지.

간신들의 공통점은 왕에게 아부하거나 왕을 속여 자신의 이익과 권세를 지켰고 필요하면 나라마저도 팔아먹는 인물들이었어. 역사서에 간신의 이야기를 모아 둔 것은 이런 인물들을 경계하라는 의미겠지?

특별한 역사책

104 고려를 쥐락펴락한 쿠빌라이의 딸, 제국 대장 공주

고려 왕실과 원나라 황실 간에 최초로 이루어진 결혼의 주인공은 충렬왕과 제국 대장 공주야.
제국 대장 공주는 원나라 쿠빌라이 칸의 딸로, 이름은 홀도로게리미실이야.

1274년 결혼 당시 제국 대장 공주는 16세, 충렬왕은 39세였어. 공주는 충렬왕과 결혼 후 고려로 왔지만 몽골식 생활을 고집했어. 몽골식 천막인 궁려를 만들고 흰 양의 기름으로 액막이 제사를 지냈지. 충렬왕과 사이도 좋지 않았어. 왕비이고 나이도 어리지만 충렬왕보다 높은 권력을 가지고 있었지. 아버지가 천하를 호령하는 원나라의 황제였기 때문이야.

외국에서 사신이 오면 제국 대장 공주는 왕보다 더 높은 자리에 앉았고, 원나라 사신은 제국 대장 공주가 없으면 고려 왕에게 인사조차 하지 않고 가 버리기 일쑤였어. 사실 충렬왕은 제국 대장 공주를 좋아하지 않았지만 고려의 안전과 미래를 위해 배필로 맞이한 것이었어. 게다가 충렬왕에게는 이미 왕비인 정화 궁주와 아들 강양공이 있었어. 이 점이 마음에 들지 않았던 제국 대장 공주는 횡포를 일삼았지. 정화 궁주는 두려움에 떨며 지냈고, 죽을 때까지 충렬왕을 볼 수가 없었다고 해.

제국 대장 공주의 횡포는 여기서 그치지 않았어. 자신의 권력을 이용해 무역을 했고 큰돈을 벌었는데 물건을 만들어 바쳐야 하는 백성들의 원성이 자자했어. 심지어는 왕의 정치에도 관여하고 마음에 들지 않으면 충렬왕을 때리기까지 했다니 놀라울 따름이야. 이렇듯 왕보다도 높은 힘을 가진 제국 대장 공주였지만 마음의 병을 얻어 서른아홉 나이로 갑자기 죽음을 맞이해 고려에서의 삶을 마감했지.

105 21세기 K-문화의 원조, 고려의 기술 문화

고려청자는 아름다운 예술품인 동시에 불과 유약을 다루는 수준 높은 과학 기술이 녹아 있는 작품이야. 중국과 더불어 유일하게 청자를 만들어 낸 고려의 과학 기술은 여러 분야에서 세계적 수준을 자랑했어.

고려의 천문학은 뛰어났어. 500여 년간 단 한 순간도 천체 관측을 멈추지 않았어. 독자적으로 일식과 월식을 예보할 수 있는 능력을 갖춘 보기 드문 국가였지. 1002년 제주에서 일어난 화산 폭발도 정확히 기록돼 있어.

뿐만 아니라 인쇄술도 뛰어났어. 세계 최초의 금속 활자를 만들었으니까. 또한 만드는 것에서 그치지 않고 인쇄와 관련된 《고금상정예문》, 《직지심체요절》 등 여러 책을 간행했어. 유네스코 세계 기록 유산이자 현존하는 세계 최초의 금속 활자본인 《직지심체요절》의 경우 600년이 넘었음에도 불구하고 책 상태가 매우 좋아. 이는 종이를 만드는 기술 역시 세계 제일임을 알려 주는 증거라 할 수 있어.

군사 과학에 있어서도 고려의 기술은 대단한 수준을 이루었어. 함선의 경우 200여 명의 수군이 탈 수 있는 거대하면서도 튼튼하고 안정적인 몸체를 자랑했는데, 《고려사》 기록을 보면 갑판에서 말을 달릴 수 있을 정도라 했어. 원나라 함선과 함께 작전을 펼칠 때 바다에 풍랑이 심하게 불어오자 원나라 함선은 깨지고 침몰한 반면 고려 함선은 거의 피해를 입지 않았다고 해. 어느 정도로 뛰어난 조선 기술을 가지고 있었는지 잘 알 수 있는 부분이야.

그 밖에 최무선의 화포 개발, 《향약구급방》 같은 의학 서적 제작, 세공 기술이 뛰어난 금속 공예품 등 역시 고려를 빛낸 과학 기술 유산이야.

조선의 역사는 임진왜란(1592)과 병자호란(1636)을
기준으로 조선 전기와 후기로 나눠.
조선 전기는 세종의 집안이 이룬 시대라고 할 수 있어.
먼저 할아버지 태조 이성계가 위화도 회군 후 조선을 세웠지. 아버지 태종은
호패법을 만들고 조선 8도 구석구석에 나라의 힘이 미치도록 사또를 보냈어.
이 덕분에 세종은 조선을 최고의 나라로 만들 수 있었어. 모든 분야에서 최고를
이뤘지만 그 중 으뜸은 21세기에도 빛을 발하는
훈민정음을 만든 거야. 평화로웠던 조선은 일본의 침략으로
위기를 맞이하지만 결국 극복해 내고 그 과정에
《동의보감》 같은 책이 탄생하기도 했어.

조선 전기

106 위화도 회군, 혁명일까? 반란일까?

이성계는 명나라와 싸우라는 우왕의 명령을 어기고, 위화도에서 군대를 조선으로 되돌렸어.

원나라를 북쪽으로 몰아낸 명나라는 원나라가 차지하고 있었던 철령 북쪽의 땅을 내놓으라고 고려에 요구했어. 고려는 원래 고려 땅이었던 이곳을 내줄 순 없었지. 고려 최고 권력자 최영은 오히려 이참에 명나라를 공격해 고구려의 옛 땅인 요동을 되찾자고 주장했어. 반대가 많았지만 최영은 우왕을 설득해 5만 명의 군사를 일으켰어. 그러고는 자신이 총사령관이 되어 조민수와 이성계에게 좌우도통사를 맡겼어.

그런데 우군도통사 이성계는 출발 전부터 명나라를 공격하는 전쟁을 반대하고 있었어. 이성계는 패배를 모르는 고려 최고의 장군이었지. 최영은 이성계가 선봉에 서야만 고려군이 승리할 수 있다고 믿었어. 내심 불안한 마음도 있었지만 자신이 사령관이 되어 군대를 이끌면 이성계를 다독일 수 있다고 생각했어. 그런데 문제가 생겨 버렸어. 우왕의 간곡한 만류에 최영은 전쟁터로 향하지 못하고 개경에 남게 된 거야.

결국 이성계가 고려군을 이끌고 출발했어. 국경인 압록강 위화도에 다다르자 이성계는 고민에 빠졌어. 강을 건너는 순간 전쟁은 돌이킬 수 없게 될지도 모른다고 생각했거든. 마침 비가 내려 강물이 불자 위화도에서 2주간 머물 수밖에 없었어. 그 동안 이성계는 고민에 고민을 했어. 강을 건너면 명나라와 전쟁을 벌이게 되고 군대를 되돌리면 왕명을 어긴 반역이 되기 때문이었지. 오랜 고민 끝에 이성계는 결심했어.

군대를 되돌렸지. 고려 최강의 군대 5만을 거느린 이성계는 아무도 막을 수가 없었어. 위화도 회군 소식을 들은 우왕과 최영은 깜짝 놀라 황급히 군대를 모았지만 이성계를 당해 낼 수는 없었어. 이성계는 우왕을 폐위시키고 최영을 처형했어. 그리고 고려 최고의 권력자가 되었지.

왕명을 어긴 이성계를 어떻게 보아야 할까? 단순히 권력을 탐낸 장군일까? 아니면 헛된 전쟁에서 고려를 구한 영웅일까?

107 건국을 주도한 정도전은 간신이고, 건국을 반대한 정몽주는 충신일까?

조선 후기 최고의 성리학자인 송시열은 "정몽주 선생이 나신 것은 고려의 행복이 아니라 우리 조선의 행복이다."라고 했어.

반면 정도전은 "위험한 말로 선동하고 사악한 꾀를 비밀리에 행한 자"라면서 나라를 어지럽힌 간신이라고 평가했어. 대부분의 선비들이 이 말에 공감을 했지.

어찌된 일일까? 정도전은 이성계를 도와 조선을 만든 공신이고, 정몽주는 이성계에 반대해 끝까지 고려를 지킨 인물인데 말이야. 여기에는 이유가 있어. 정몽주는 학문이 깊어 훗날 조선의 기본 통치 이념이 되는 성리학의 기초를 다져 놓았어. 게다가 성리학을 온몸으로 실천하여 모범을 보였지. 자신이 섬기던 고려가 망해 가는데도 끝까지 나라에 충성함으로써 선비가 보여야 하는 참된 자세를 보였던 거야. 나라는 흥하고 망하는 것이지만 사람의 자세는 한결같아야 함을 신념으로 가졌던 선비들에게 정몽주의 죽음은 장한 죽음으로 보였지.

반면 정도전은 조선을 세우기 위해 스승과 제자는 물론 부모 형제 간에도 피를 뿌릴 각오가 되어 있었지. 선비들은 큰 뜻을 위해서라면 효와 우애, 의리마저 버릴 수 있었던 정도전의 행동은 정의롭지 못하다고 여겼어. 결국 나라를 세운 공으로 평가를 받는 것이 아니라 성리학을 실천하는 선비의 자세로 평가를 받은 셈이야. 우리는 어떨까? 정도전과 정몽주, 두 사람의 길을 역사는 어떻게 평가해야 할까?

108 유교의 가르침을 적용해 만든 신도시, 한양

조선의 도읍지 한양의 정확한 이름은 한성이야. 한양은 '한강 북쪽의 땅'이라는 뜻의 별칭이야. 옛 사람들은 강의 북쪽에 '양'이라는 글자를 붙였거든.

한양은 철저하게 계획된 도시였어. 우선 풍수지리적으로 좋은 곳이었어. 풍수지리란 자연을 살펴 사람이 머물 곳을 정하는 원리였지. 한양은 북한산과 한강으로 둘러싸인 곳으로 한반도에서 가장 좋은 자연의 기운을 가진 곳이라 여겼어. 특히 한양의 위치는 조선 전체로 봤을 때 무게 중심 같은 곳이었지. 예로부터 천년의 기운을 가진 개경이 기운의 반을 한양에 나누어 준다는 이야기가 있었을 정도였어. 그래서 이성계는 이곳을 도읍으로 택했지.

두 번째는 모든 공공건물에 유교 원리를 일상생활에서 만날 수 있게 이름을 붙였어. 예를 들면 한양의 사대문을 유교의 근본 원리인 **인의예지**를 넣어 지었어. 동쪽은 흥인지문, 서쪽은 돈의문, 남쪽은 숭례문, 북쪽은 숙정문이야. 그런데

왜 북쪽에 '지'가 아니라 '정'을 붙였을까. 그것은 어둡고 추운 이미지인 북쪽과 밝고 따뜻한 뜻을 지닌 지(智,지혜로움)가 기운이 맞지 않았기 때문이야. 그래서 '지'와 비슷한 뜻을 가진 '정'자로 대신했다고 해.

경복궁, 창덕궁, 창경궁 등 궁궐의 이름 역시 유교 경전에 나오는 시구를 따다 썼지. 심지어 왕이 머무는 건물의 이름마다 왕이 가져야 할 자세를 새겨 두었어. 근정전(노력을 기울여 정치하라.), 사정전(깊이 생각하여 정치하라.), 인정전(어진 정치를 하라.), 명정전(밝은 정치를 하라.) 등이 그렇지. 이런 노력 때문이었을까? 삼국 시대에서 고려 때까지 1000년 가까이 불교를 믿어 왔음에도 조선의 백성들은 빠르게 유교의 가르침을 받아들였어.

109 조선의 첨단 과학자들! 이순지, 장영실, 그리고 류방택

조선의 왕은 하늘의 움직임을 살펴 백성들의 생활에 도움을 주어야 할 의무가 있다고 여겼어.

그래서 어느 시대보다도 더 천문학이 발달했어. 천문학의 발달은 태양과 달의 움직임, 별자리의 움직임을 살펴 하루와 일 년의 길이를 정확히 재는 것으로부터 시작해. 그러기 위해서는 정확한 달력이 필요한데 중국에서 만든 달력은 우리나라와 맞지 않았어. 이를 완벽하게 해결한 과학자가 **이순지**야. 달력을 만들려면 지구와 태양을 비롯한 별자리의 움직임을 정확히 계산해 내는 역법이 필요해. 세종은 이순지를 시켜 역법을 만들게 했고 이순지는 완벽하게 해냈지. 이순지는 처음으로 한양의 위도를 정확히 계산해

앙부일구

천상열차분야지도

냈고 일식과 월식을 1초도 틀리지 않게 계산해 내는 등 천문학에 천부적인 소질을 보였어.

이순지가 연구를 했다면 **장영실**은 천문 기구를 제작했지. 세계적인 수준의 시계를 만든 사람도 장영실이었어. 앙부일구와 자격루가 장영실의 대표 작품이야. 그런데 사실 이들은 갑자기 하늘에서 뚝 떨어진 것은 아니야. 조선의 천문학이 그만큼 발달해 있었고 그 뒤를 이어받아 더욱 빛을 낸 인물들이라 할 수 있지.

이미 조선 초 별자리의 움직임을 정확히 계산해 내는 과학자들이 있었어. 고구려의 별자리를 조선의 별자리로 바꾼 **류방택**이 대표적이지. 그는 천상열차분야지도를 만든 과학자이기도 해. 조선은 이 같은 과학자들의 활약으로 세계 최고 수준의 천문학과 과학 기술을 가진 나라가 되었어.

110 고려의 장례 풍습은 화장, 조선의 장례 풍습은?

불교 국가 고려와 유교 국가 조선은 여러 가지 면에서 아주 다른 생활 방식을 보여주고 있어.

풍수지리를 봐도 고려는 집을 지을 때 자연의 기운을 살폈다면 조선은 조상의 무덤을 만들 때 살폈지. 입는 옷도 달랐어. 고려 귀족이 화려한 비단옷에 비단 모자를 썼다면 조선 선비들은 수수한 비단에 갓을 썼어. 먹거리도 고려가 불교 가르침에 따라 채식을 주로 했다면 조선은 고기를 먹는 것에 거리낌이 없었지.

하지만 가장 다른 점은 뭐니 뭐니 해도 장례 풍습이라 할 수 있어. 고려는 간혹 기다란 네모 모양의 무덤을 만들기도 했지만 주로 불교식에 따라 화장을 했어. 그런데 조선 시대에 들어오면 화장은 완전히 사라져.

유교의 가르침 중 가장 중요한 것은 '효'인데, 최고의 효는 돌아가신 조상을 유교 제사법에 따라 잘 받드는 것이거든. 장례 기간은 3년, 절차는 정해진 방법을 그대로 지켜야 했어. 조상의 무덤도 반드시 정해진 원칙에 따라 만들었어. 무덤 모양은 원형, 무덤 앞에는 망주석과 혼유석, 동자석 등을 세웠지. 제사는 4대 조상까지 지내야 했고 조상의 이름을 담은 신주를 집 안에 잘 모셔야 했어.

이렇듯 장례 절차와 제사가 매우 복잡해졌지만 이를 잘 따르는 것이 조선의 풍습이 되었어.

고려

조선

111 경복궁을 북촌 한옥 마을로 옮겨야 조선이 산다?

세종 15년, 한 장의 상소문이 조정을 발칵 뒤집어 놓았어. 서운관 관리 최양선이 올린 상소였지.

"향교동 아래 승문원 자리가 명당인데 도읍을 정할 때 어찌하여 북악산 아래에 했을까요? 지금이라도 궁궐을 그곳으로 옮겨야 합니다!"

세종은 물론 신하들도 깜짝 놀랐어. 최양선은 태종 때부터 이름을 떨치던 지관(왕실의 풍수지리를 살피던 관리)이었거든. 게다가 최양선이 말한 승문원 자리는 현재 북촌 한옥 마을로, 당시 관리들이 많이 모여 살고 있었지.

최양선의 말이 맞다면 궁궐이 있어야 할 좋은 터를 관리들이 차지한 셈이 되니 경복궁 건설에 참여했던 많은 신하들은 큰 벌을 받을 것이 분명했어. 벌을 받지 않더라도 이사를 가야 할 판이니 최양선의 상소는 단순한 문제가 아니었지. 신하들은 벌 떼처럼 일어나 최양선을 비난했어. 믿을 수 없는 주장을 펼쳐 조정을 어지럽힌다며 최양선을 처벌하자 입을 모았지.

하지만 세종은 최양선의 말에 귀를 기울였어. 신하들은 초조했어. 세종은 직접 신하들을 이끌고 북악산에도 오르고 찬성과 반대 의견을 모두 보고서로 만들어 올리라고 했어. 그런데 신하들은 똘똘 뭉쳐 세종의 명을 어겼어. 결국 두 달가량 끌다가 없던 일이 되었지. 더 정확히 말하자면 세종이 두 손 두 발 다 든 거야.

신하들이 결코 양보할 수 없었던 북촌은 정말 살기 좋은 최고의 명당이었을까?

112 백성들이 낸 세금, 어떻게 한양까지 갈까?

조선 백성들은 보통 3가지 종류의 세금을 냈어. 가장 많은 부분을 차지한 것이 '전세'였어. 농사를 지어 수확한 곡식 중 일정한 양을 나라에 바치는 세금이었지.

시대마다 토지의 비옥함과 농사가 잘되느냐 안 되느냐에 따라 다르긴 했지만 **전세**는 수확량의 10~20% 정도가 공식적인 세율이었어. 물론 실제로는 이런저런 이유를 달아 더 많이 가져가서 백성들이 매우 힘들었다고 해.

전세 외에도 각 지방의 특산물을 구해서 바치는 세금인 공물, 군대를 가거나 군대 가는 대신 내는 세금도 있었어. 그런데 세금의 대부분을 쌀과 콩 같은 곡식으로 받다 보니 전국에서 걷힌 세금을 한양까지 가져가는 게 큰 문제였어. 육지로 가자니 수레에 싣고 갈 곡식의 양이 너무 많아 수백 대의 수레로도 어려웠고, 산이 많고 길이 험해 운반비가 너무 많이 들었어. 그래서 선택한 게 물길을 통한 운반, **조운**이었어. 우리나라는 3면이 바다로 둘러싸여 있고, 강이 많아서 배로 나르기가 편했어. 한양은 서해를 통해 한강으로 배가 드나들기 좋은 장소였거든. 조선 전체 곡식의 대부분을 차지하는 지방이 3남 지방(경상, 전라, 충청)이기에 조운의 필요성은 더욱 커졌지.

그런데 문제도 있었어. 서해안 안면도 부근의 물살이 심해 조운선이 침몰하는 경우가 잦았거든. 고민 끝에 천수만에 운하를 팠어. 그 결과 한양에 닿는 일정도 앞당기고 좀 더 물길이 안전해졌어. 그렇게 탄생한 섬이 바로 안면도야.

세금을 걷는 것보다 무사히 한양까지 가져오는 게 중요했으니 없던 섬도 탄생하게 됐지.

113 조선 시대에도 주민등록증이 있었다?

바로 호패였어. 조선 사람임을 증명하는 신분증이었지!

조선의 3대왕 태종은 조선의 기틀을 다지기 위해 가장 먼저 호패법을 만들었어. 호패는 지금의 주민등록증이라고 할 수 있어. 어느 고을에 누가 얼마나 살고 있는지를 알아야 세금을 매길 수 있고 군인을 뽑을 수도 있거든.

고려 말 조선 초, 혼란을 겪으며 많은 백성들이 산으로 숨거나 태어난 아이들을 신고하지 않은 채 살곤 했어. 신분을 속이고 사는 백성도 수없이 많았어. 이제 나라가 안정되었으니 더 이상 숨어 사는 사람도, 신분을 속이는 사람도 있어서는 안 되는 거였지. 그래서 노비에서 왕족에 이르기까지 16세 이상 남자라면 누구나 호패를 만들어 차고 다녀야 했어. 이를 어기면 곤장을 맞았어. 호패를 위조해 신분을 속여도 사형이었지.

호패

호패에는 이름과 사는 곳, 관품 외에도 키와 얼굴색, 수염이 있는지 없는지도 적어 두었어. 노비는 누가 주인인지도 적어 두었지. 하지만 생각 외로 호패법은 잘 시행되지 않았어. 세종 대에 이르러서도 전체 인구의 10~20%만 호패를 만들었고, 거의 200여 년이 지난 숙종 대에 이르러서야 제대로 시행되었어. 정책 하나가 전체적으로 이루어지는 것이 얼마나 어려운 일인지 호패법만 보더라도 잘 알 수가 있어.

114 경기도, 강원도! 조선 팔도의 이름은 어떻게 만들었나?

태종은 호패법을 시행한 뒤 지방 행정 체계를 완성하는 데 노력을 기울였어.
나라를 제대로 관리하려면 이 부분이 더 중요하다고 할 수 있지.

고려 시대는 전국 모든 고을에 수령을 보낼 수가 없었어. 호족이 세운 나라답게 도읍지에서 멀면 멀수록 호족은 수령을 대신해 주인 노릇을 했지. 고려의 백성들은 임금이 보낸 수령보다 향리(지방에 뿌리를 내린 호족)를 더 두려워했어.

조선 초기 태종은 이래서는 왕의 명령과 정책이 제대로 이루어질 수 없다고 여겼어. 그래서 전국 모든 고을에 수령을 파견했어. 수령은 곧 임금으로 여겨졌고 모든 관아에는 임금에게 예를 올리는 객사가 마련되었어. 객사는 감히 수령이라 할지라도 함부로 올라갈 수 없게 했어. 임금의 명을 받아 지방에 파견된 관리들만 객사에서 잠을 잘 수 있었어.

이렇듯 지방의 모든 고을을 손아귀에 넣은 태종은 조선 팔도의 이름을 새롭게 지었어. 고려 때부터 부르던 이름도 있었지만 원칙을 세워 팔도의 이름을 만들었지. 원칙은 간단해. '도'를 대표하는 고을 두 개의 앞 글자를 따서 이름을 붙였지.

예를 들면 경상도는 대표 고을 경주와 상주의 앞 글자를 딴 거야. 전라도는 전주와 나주, 충청도는 충주와 청주지. 그럼 강원도는 어떤 고을의 이름을 가져왔을까? 맞아 강릉과 원주야. 함경도는 함흥과 경성, 황해도는 황주와 해주, 평안도는 평양과 안주지. 다만 경기도는 달라. 경기도는 중국의 행정 제도를 빌려 와서 도읍지를 둘러싼 지역을 경현과 기현으로 불렀는데, 여기서 따온 말이야.

이렇듯 팔도의 이름을 지었지만 가끔 이름이 바뀌는 경우가 있었어. 특히 충청도에서 그런 일이 잦았는데, 예컨대 충주에서 큰 범죄가 일어나거나 반역자가 나오면 충주 대신 충청도의 또다른 큰 고을인 공주의 이름을 따서 '공청도'라고 불렀지. 홍주(지금의 홍성)의 이름을 따서 '공홍도'라고 부른 적도 있어.

지금도 팔도의 이름에 들어가는 고을들은 지역을 대표하는 역사 도시라는 자부심이 커.

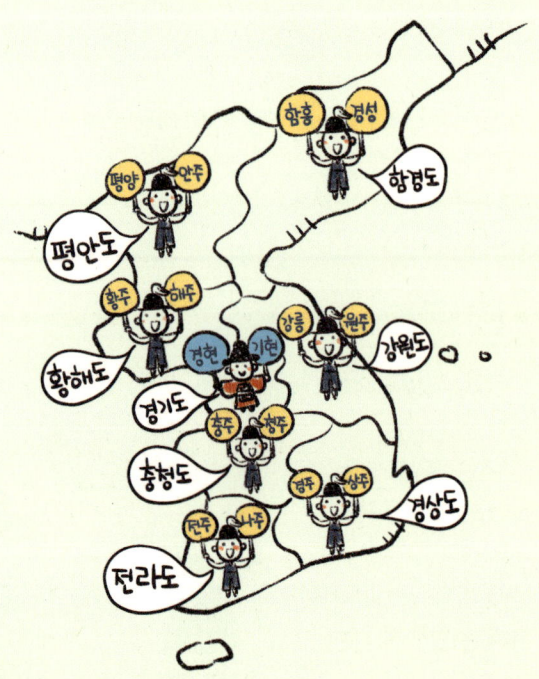

115 사극에 등장하는 단골 악역은 좌의정과 병조 판서?

사극을 보면 임금을 무시하고 음모를 꾸미는 사람은 항상 좌의정과 병조 판서야.

가끔 이조 판서도 나오지만 왜 늘 악역은 그들이 맡을까? 좌의정보다 높은 영의정도 있고 판서도 예조, 형조 등 더 있는데 말이야.

거기에는 이유가 있어. 의정부와 6조는 조선을 이끌어 가는 중요한 두 기관이었어. 의정부는 국가의 가장 중요한 일을 결정하고, 6조는 분야를 나누어 세부적인 일을 맡는 기관이었지.

의정부는 영의정, 좌의정, 우의정 세 사람이 협의를 해서 국가의 일을 결정하는 기관이야. 법적으로는 영의정이 가장 높은 품계를 가졌지만 실제로는 좌의정이 일을 주도했어. 관리들은 누구보다 좌의정의 눈치를 많이 봤지. 그래서 드라마나 영화에서도 좌의정이 왕에 맞서는 권력자로 많이 나오는 거야.

6조를 이끄는 수장을 판서라고 해. 이조, 호조, 예조, 병조, 형조, 공조가 있는데 순서가 곧 서열이었어. 태종 때까지는 병조가 서열 2위였는데 그나마 세종 때 권력을 줄인 거야. 병조는 군대를 통솔하는 기관이야. 그래서 힘이 매우 막강했지. 병조 판서가 누가 되느냐에 따라 힘이 한쪽으로 기울기도 했어. 병조 판서가 왕의 말을 잘 들을 때는 문제가 없지만 그렇지 않다면 병조 판서는 두려운 존재가 돼. 그래서 병조 판서가 악역일 경우 사극의 긴장감이 커지지.

물론 사극에서 보는 것처럼 항상 좌의정과 병조 판서가 반란의 음모를 꾸민 것은 아니라는 사실, 그 정도는 알고 있겠지?

116 동양에서 가장 오래된 세계 지도는 혼일강리역대국도지도

'조선은 세계 여러 나라들과 얼마만큼 교류를 했을까?'라는 질문을 받는다면 어떤 대답을 해야 할까?

대부분의 학생들은 '고려에 비해 세계와 교류가 적다.'거나 '중국과 일본을 제외한 다른 나라와는 교류가 없는 나라'라는 답을 가장 많이 내놓을 거야. 실제 조선의 이미지는 개방적인 고려에 비해 좀 답답한 면이 있지.

하지만 조선은 유럽과 아프리카, 지중해까지도 이미 알고 있었어. 그것도 조선 초기에 말이야. 실제 유럽에 가 보지는 않았지만 중국에서 전해진 책과 지도에는 유럽이나 아프리카의 모습과 이야기가 담겨 있었지. 그래서 조정에서는 이것을 바탕으로 세계 지도를 만들었어.

이때 세계 지도가 여럿 만들어졌지. 그중 전해 오는 가장 오래된 지도가 **혼일강리역대국도지도**(1402)야. 이 지도에는 중국과 일본, 인도는 물론 아라비아 반도와 지중해, 유럽, 아프리카, 심지어 나일 강까지 그려져 있어. 아메리카나 오세아니아 대륙이 알려져 있지 않을 때라 그 정도가 우리가 알 수 있는 전 세계였지.

재미난 것은 있는 그대로를 축척에 따라 그린 것이 아니라 우리가 알고 있는 것은 크고 가깝게, 잘 모르는 것은 작고 멀게 그렸다는 점이야. 예컨대 일본은 우리나라보다 작게, 위치도 우리나라 동쪽이 아니라 남쪽에 그려 놓았어. 그 당시 일본에 가려면 남쪽인 부산에 가서 배를 타고 갔기에 조선보다 남쪽에 있다는

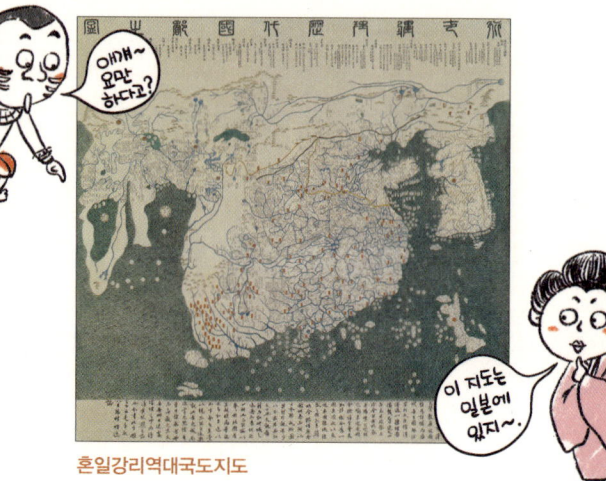

혼일강리역대국도지도

인식이 반영된 거지. 인도 역시 중국 서남부 지역에 조그맣게 표시되어 있어.

하지만 이 지도에 나타나는 유럽 지명과 아프리카 지명이 100여 개가 넘는 걸 보면 그 지역을 적극적으로 이해하려고 노력한 듯해. 비록 진품은 일본에 남아 있지만 세계 지도로는 동서양을 막론하고 가장 훌륭한 지도의 하나로 평가 받고 있지.

117 조선 최대의 외교 숙제, 200년 만에 해결한 종계변무 사건

"조선 왕의 집안 족보에 잘못 기재된 것이 있으니 내용을 바로잡아 주시오!"

고려 말 이성계의 적이었던 윤이와 이초가 명나라로 도망을 쳤어. 그들은 이성계를 골탕 먹이기 위해 이성계의 아버지가 이인임이라는 잘못된 사실을 명나라에 알려 주었어. 이인임은 이성계의 또 다른 적이자 고려의 간신이었어.

문제는 이성계가 조선을 세운 후에 일어났어. 명나라에서 온 국서에 위에서 말한 내용이 그대로 쓰여 있음을 알게 된 조선은 항의했지.

잘못된 사실을 바로잡아 달라고 말이야. 조선을 건국한 태조의 조상이 엉뚱한 사람으로 명나라 법전에 기록된 것은 보통일이 아니었거든. 종계(집안의 족보)를 변무(올바르게 바꾸는 일)하는 일은 시급한 문제였어. 조선의 정통성과도 관련된 중요한 외교 문제였지.

조선은 왕실의 족보와 이인임의 족보를 가져가 명나라 법전의 내용을 바로잡아 줄 것을

요청했지만 명나라는 본체만체했어. 오히려 이를 악용해 조선을 압박했지. 급한 건 조선이지 명나라가 아니었거든. 결국 종계변무 사건은 해결되지 못한 채 다음 왕대로 넘겨졌어. 명나라의 입장은 한결같았어. 조선의 억울함은 충분히 이해하지만 그것 때문에 명나라 법전을 바꿀 수는 없다는 거였지.

100년간 조선은 사신을 보낼 때마다 요청했고 중종 때에 드디어 명나라 황제 무종은 명나라 법전이 잘못됐음을 공식적으로 인정했어. 하지만 그뿐! 바꿀 수 없다는 입장은 변하지 않았지. 그러다 명나라에서 법전을 개편한다는 소식을 듣게 됐어. 이때가 기회라고 생각한 조선은 사신단을 보내 적극 요구했지.

어떻게 되었을까? 마침내 200년 만에 문제를 해결하게 됐지. 뛸 듯이 기뻤던 선조는 친히 궁궐 밖에 나가 사신단을 맞이하고 종묘에 제사를 올렸어. 감옥의 죄수들을 풀어 주고 관리들의 벼슬도 올려 주었어. 200년을 끌어오던 종계변무 문제의 해결은 조선 역사상 최고의 외교적 성과로 손꼽혀.

118 집현전의 젊은 학자들은 휴가를 가서 책을 읽으시오!

세종 대왕은 일을 많이 시키기로 둘째가라면 서러워 할 왕이야. 세종과 함께 일한 관리들은 모두 혀를 내두를 정도였지. 이는 그만큼 세종이 백성들을 위한 일을 많이 했다는 증거기도 해. 하지만 끝없는 업무에 신하들은 지쳐 갔어. 특히 젊은 신하들은 일에 지쳐 더 이상 멋진 아이디어가 샘솟지 않았지. 이를 안타까워한 세종은 고민 끝에 **사가독서제**를 내놓았어. 독서를 하기 위한 휴가를 준 거지.

"내가 너희들을 집현전 관리로 뽑은 것은 나이가 젊고 장래가 기대되므로 글을 읽혀서 실제 효과가 있게 하고자 함이었다. 그러나 각각 맡은 일로 인하여 아침저녁으로 독서에 전심할 겨를이 없으니, 지금부터는 조정에 출근하지 말고 집에서 온 마음으로 글을 읽어 성과를 나타내어 내 뜻에 맞게 하라. 그리고 글 읽는 규범에 대해서는 대제학 변계량의 지도를 받도록 하라."
조선왕조실록 세종 8년 (1462년) 12월 11일

독서당계회도

처음에는 집에서 책을 읽게 했는데,

찾아오는 손님도 많고 집안일도 끊이지 않아 독서에 전념할 수 없었대. 그래서 산속이나 한강 가의 사찰을 개조해 독서당을 만들어 그곳에서 머물며 책을 읽게 했어. 사가독서제는 보통 6명이 정원인데 적을 때는 1명에서 많을 때는 12명까지 있었어. 재충전하며 독서에 전념할 수 있었던 신하들은 다시 조정에 나와 열심히 일할 수 있었지. 이 제도는 영조 때까지 350년 동안 이어져 인재의 역량을 키우는 데 도움이 됐어.

119 24시간이 부족한 세종의 하루

누구보다도 백성을 사랑한 세종. 그래서 더욱 할 일이 많았던 세종 대왕의 하루를 살펴볼까?

세종 대왕의 하루는 독서로 시작해 독서로 끝난다 해도 틀리지 않을 만큼 책을 읽는 데 시간을 많이 보냈어. 하루에 5시간은 꼬박 책을 읽었지. 업무 시간은 10시간, 취침 시간은 5시간, 나머지 4시간이 밥 먹고 잠시 휴식을 취하는 시간이었다고 해.

자세히 살펴볼까? 세종 대왕은 항상 12시에 자고 새벽 5시쯤 일어났지. 일어나자마자 준비를 하고 6시부터 신하들과 책을 읽고 토론을 했어. 그 시간에 맞춰 궁궐로 출근해야 하는 신하들도 참 괴로웠을 거야. 독서와 토론이 끝나면 밥을 먹고 왕실 어른들께 문안을 드린 다음 9시부터 3시간 정도 신하들에게 업무 보고를 받았지. 듣기만 한 것이 아니라 내용을 잘 살펴 꼼꼼하게 지시를 내렸다고 해. 보고하는 신하들에게는 매우 긴장되는 시간이었지.

업무 보고가 끝나면 간단히 점심을 먹고 1시간가량 조정 회의를 열었어. 조정 회의에서는 국가의 중대한 문제를 서로 이야기했어. 회의가 끝나면 2시간 정도 독서를 했지. 오후 3시가 되면 전국에서 올라온 상소문을 검토하고 답을 내렸어. 5시가 되면 집현전 등을 돌아보며 숙직하는 관리들을 점검했지. 그리고 6시부터 9시까지는 다시 독서를 하고, 저녁을 먹은 뒤에 어른들께 인사를 드렸어. 10시가 되면 백성들의 의견을 직접 듣고 살피는 **구언** 시간을 가졌어. 그리고 마지막으로 책을 읽고 잠을 잤어.

정말 책으로 시작해 책으로 끝나는 하루지. 듣기만 해도 힘든 하루이지만 세종은 거의 밤을 새다시피 하며 책을 또 읽고 나랏일을 고민했어. 세종은 타고난 재능도 대단했지만 끝없는 노력파라는 사실을 기억해.

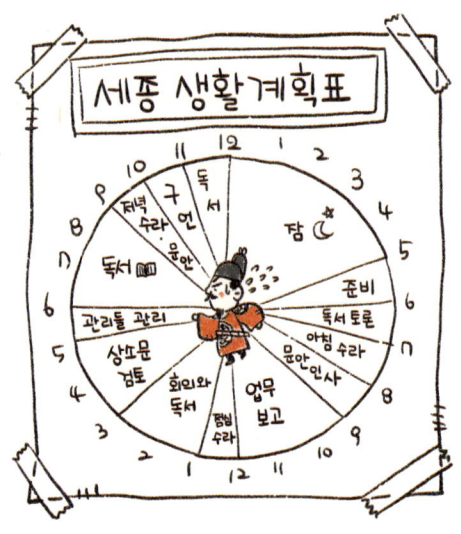

120 훈민정음이라니, 아니 되옵니다

세종 대왕 하면 훈민정음이 가장 먼저 떠오르지만 어찌된 일인지
《세종대왕실록》에는 훈민정음에 관한 내용이 하나도 기록되어 있지 않아.

그나마 기록된 이야기도 대부분 훈민정음 창제를 반대한 신하들의 이야기야. 신하들의 반대에 부딪혀 억울해 하며 눈물을 흘렸다는 이야기는 있어도 훈민정음이 얼마만큼 뛰어난 글이고, 어떻게 만들어졌는지에 대해서는 이상하리만치 기록으로 남아 있지 않아. 아마 실록을 편찬하는 사관도 당시 다른 신하들과 마찬가지로 훈민정음 창제가 못마땅했기 때문인 것은 아닐까? 세종이 가장 아낀 신하인 집현전 학사들도 한목소리로 훈민정음 창제를 반대했지.

특히 집현전 부제학인 최만리는 적극적으로 반대했어. 최만리는 집현전에서만 25년을 근무한 집현전의 실질적인 지도자였지. 최만리의 반대는 세종에게 큰 충격이었어. 최만리는 학문이 깊고 청백리에 선정될 만큼 욕심이 없고 깨끗한 사람이니 더욱 그랬지. 최만리의 반대 상소에 수많은 집현전 학자들이 동의했어.

최만리가 반대한 이유는 여러 가지야. 훈민정음을 만들고 쓰면 오랑캐와 같아지고 중국의 문화를 잘 배우던 나라의 기풍이 흩어지며 편한 글자가 있으면 선비들이 힘들여 공부하지 않을 것이라고 했지. 또한 중요한 일은 성급하고 비밀스럽게 하면 안 된다는 뜻도 담았어. 최만리의 말은 당시로서는 틀린 말이 아니었어. 다만 세종의 깊은 뜻을 다 헤아리지는 못한 것이었지. 최만리는 누구보다도 조선의 발전을 위해 노력했고 최고의 지식인이었어.

'작은 잘못이 하나라도 있으면 반드시 간언하는' 참된 선비이기도 했어. 그러나 최만리는 이 상소로 관직에서 물러났고 이듬해 세상을 떠나며 역사에서 사라졌지.

최만리 이후에도 많은 선비들은 훈민정음을 만든 것만큼은 세종이 잘못한 일이라 여겼어. 그래서 훈민정음이라는 당당한 이름을 사용하지 않고 언문이라 부르며 얕잡아 보았지. 한글의 우수성이 전 세계적으로 인정되고 있는 지금의 상황을 보면 믿지 못하겠지만 말이야.

121 훈민정음은 여성 전용 글자라고?

언문이라 불린 훈민정음. 여자들이나 쓰는 글자라며 '암클'로도 불렸어. 그럼 정말 여자들만 사용했을까?

아니 그렇지 않았어. 선비들은 이중적이었어. 겉으로는 훈민정음을 한자보다 못하다고 업신여기면서도 훈민정음의 유혹을 떨칠 수 없었지. 제 아무리 학식이 뛰어난 학자라 해도 훈민정음으로 쓰는 것만큼 자신의 감정을 정확하게 드러낼 수는 없었거든.

세종이 말한 것처럼 훈민정음은 바람소리, 닭울음소리, 개 짖는 소리도 표현할 수 있기 때문이지. 그래서 선비들은 가족에게 편지를 보낼 때 훈민정음을 자주 사용했어. 또한 아들에게 한자를 가르칠 때도 훈민정음을 썼어. 한자의 뜻과 소리를 훈민정음으로 적어 두면 공부하기가 훨씬 편했거든. 백성들 역시 훈민정음으로 하고 싶은 말을 써서 상소로 올리기도 했고 벽에 붙이기도 했어. 훈민정음으로 일기를 쓰는 사람도 있었지. 재미난 이야기책도 훈민정음으로 만들어 주면

누구나 사서 보거나 읽어 줄 수 있었어. 특히 궁궐의 궁녀들이 훈민정음으로 이야기책을 많이 만들었다고 해.

그럼에도 훈민정음은 언제나 2등 취급을 받았어. 그래도 워낙 배우기 쉬운 글자라 세종의 바람대로 남녀노소 구분 없이 노비에서 양반, 왕족에 이르기까지 널리 퍼져 일상생활 속에 깊이 자리 잡았지.

122 세계 최초의 강우량 측정 기구인 측우기가 특별한 이유

세종 대에 과학 기술이 세계적인 수준에 오른 것을 증명해 주는 훌륭한 과학 기구가 많지만 측우기는 그 중에서도 아주 특별해.

측우기는 말 그대로 비의 양을 재는 기구야. 세종의 세자였던 문종이 아이디어를 내 만들었어. 물론 그 전에도 비의 양을 재는 방법은 있었지만 정확도가 많이 떨어졌어. 측우기가 없을 때에는 비의 양을 잴 때 비가 그치고 나면 땅에 스며든 빗물의 깊이를 보고 강수량을 쟀어. 땅이 젖은 부분까지를 빗물의 양으로 본 거지.

그런데 이 방법은 측정하기가 힘들 뿐만 아니라 정확도도 떨어졌어. 비가 잘 스며드는 땅이 있는가 하면 그렇지 않은 경우도 있기 때문이지. 지역마다 재는 방법이 다른 것 또한 정확도를 떨어뜨렸어. 하지만 문종이 만든 이 원통 모양 측우기는 만들기도 쉽고 강수량을 측정하기도 편했지. 고을마다 설치해 비가 올 때마다 기록해 보니 농사에 활용하기가 아주 편리했어. 문종은 처음에 측우기를 구리로 만들었지만 지방에서는 철이나 도자기로 만들었어. 비의 양을 재는 자는 주로 대나무로 만들었어.

1442년부터 20세기 초까지 측우기를 사용해 꾸준히 강수량을 측정한 사실은 우리 기상 역사에서 아주 뿌듯한 일이야. 다만 오랜 세월 기록한 자료가 임진왜란과 병자호란을 거치며 대부분 사라졌다는 게 아쉬울 따름이지. 하지만 1639년 시작된 유럽의 측우기보다 무려 200여 년 빨리 만들었고 강수량을 꾸준하게 측정했다는 자부심은 영원히 기억될 거야.

123 중국과 여진족을 떨게 한 조선의 신무기

세종 30년, 드디어 최고의 신무기가 개발되었어.
'달리는 불'로 불렸던 '주화'를 개량해 만든 '신기전'으로, 당대 최고의 로켓형 화살이었어.

신기전은 크기에 따라 **대신기전, 중신기전, 소신기전**으로 불렸어. 소신기전은 150미터, 중신기전은 250미터, 대신기전은 600미터 이상 날아갈 수 있었어. 단순히 빠르게 멀리 날아가기만 한 것이 아니라 목표물에 떨어지면 점화선이 작동해 자동으로 폭발하게 만들었어.

신기전의 형태와 제조법은 자세한 기록이 남아 있어서 2009년에 복원하여 실제 위력을 실험해 보기도 했어. 놀랍게도 기록에 나온 그대로여서 또 한 번 전 세계 학자들의 주목을 받았어.

그럼 신기전의 실전 위력은 어땠을까? 조선왕조실록에는 신기전을 사용해 여진족을 무찌른 기록이 남아 있어. 3년 동안 약 4만 발을 만들었고 실전에 사용했는데, 신기전을 쏘면 적이 겁에 질려 스스로 항복했다고 해. 굉음을 내고 불을 뿜으며 날아가는 모습만으로도 공포의 대상이었지.

그런데 문종 1년에 신기전을 한 번에 100발씩 쏠 수 있는 화차를 개발했어. 문종은 화약 무기 개발에 관심이 아주 많아서 화차 개발에

특별한 역사책 117

직접 참여했어. 문종 1년 동안에만 700여 대의 화차를 만들어 전국 각지에 보내 국방력을 튼튼히 했지. 단 한 발로도 적을 공포에 몰아넣은 신기전을 한꺼번에 무려 100발씩 쏘게 되었으니 그 위력은 말로 다 표현하지 못할 정도였어. 신기전, 화차 같이 강력한 화약 무기는 조선의 국력을 튼튼히 했고 주변 국가들이 감히 조선을 함부로 할 수 없게 만드는 든든한 힘이었어.

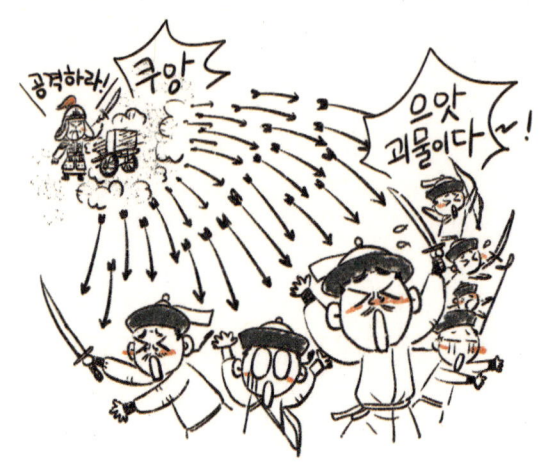

124 이름 안에 담긴 왕들의 업적

태조, 태종, 세종, 세조…. 조선 시대 왕의 이름은 종, 또는 조로 끝나. 예외는 없지. 이런 이름은 누가 어떻게 지은 것일까?

왕의 이름인 세종, 정조 등은 모두 왕이 죽은 후 종묘에 신위를 모실 때 붙이는 이름이야. 묘호라고 하지. 살아 있을 때는 부르지 않은 이름이라 세종 대왕은 정작 자신이 세종인지 알 수는 없다. 왕이 죽으면 왕의 업적을 정리해 가장 어울리는 글자 하나를 신하들이 의논하여 선택하는데, 그것이 조나 종 앞에 붙는 글자야. 예들 들어 '문(文)'은 '천하를 경륜하여 다스린다.' 는 뜻을 가지고 있고 '성(成)'은 '백성을 편하게 하는 정책을 세운다.'는 뜻을 품고 있지.

'조'와 '종'에도 원칙이 있어. '조(祖)'는 나라를 세운 공이 있는 왕에게만 허락되고 나머지는 모두 덕이 있다는 뜻을 가진 '종(宗)'을 쓰는 것이 법도야. 고려는 이를 철저하게 지켰지.

그런데 조선 시대에는 이 원칙이 깨지고 말았어. 세조가 첫 번째였지. 세조가 죽은 후 신하들은 고민에 빠졌어. 세조의 일생을 정리하려니 조카인 단종을 쫓아내고 목숨마저 빼앗은 일을 쓰지 않을 수 없었어. 이는 세조의 업적에 흠결이 되는 것이기에 빼 버릴까 싶기도 했지만 오히려 이를 반드시 해야만 할 일로 바꾸어 버려서 '조'를 붙인 거야. 즉, 어린 나이에 신하들에 휘둘린 단종 때문에 무너질 뻔한

왕실을 세조가 지켜 낸 것이니 이것은 오히려 나라를 세운 공에 버금간다는 논리였지. 선조는 임진왜란을 이겨 낸 공, 인조는 병자호란을 이겨 낸 공으로 '조'를 붙였어.

이처럼 왕의 이름에는 그 시대의 이야기가 담겨 있어. 다른 왕들의 이름에는 또 어떤 뜻이 담겨 있을까? 한번 찾아보길 바라.

125 남양주의 소나무, 영월의 단종이 그리워 고개를 숙이다

열넷과 열다섯 나이에 부부가 되었던 단종과 정순 왕후, 죽어서도 그리워했을까?

1521년(중종 16년), 여든둘의 나이로 정순 왕후는 비운의 생을 마감했어. 정순 왕후는 세조에게 죽임을 당한 단종의 비였지. 열넷과 열다섯 나이에 부부가 되었던 단종과 정순 왕후는 서로를 아끼며 위로했어. 그러나 그 시간은 길지 않았어.

정순 왕후는 불과 1년여 세월 왕비 자리에 있다 물러났고 단종의 죽음 이후 노비가 되어 60년을 홀로 살았어. 그러다 1698년(숙종 24년), 단종과 정순 왕후의 지위가 회복되었고 무덤도 왕릉으로 재정비되었어. 하지만 단종의 능인 장릉은 단종이 죽임을 당한 영월에 있고, 정순 왕후의 사릉은 남양주에 위치해 있어. 죽어서도 서로 멀리 떨어져 만날 수가 없었지.

그런데 신기하게도 남양주에 있는 사릉의 소나무들이 고개를 숙인 방향이 영월의 장릉을 향하고 있었다고 해. 남양주의 역사를 연구하고 지키는 남양주문화원에서는 이 사실을 영월에 알렸지. 소나무도 서로를 그리워하는데 후손들이 가만있을 수는 없었던 거야. 남양주시와 영월군은 두 사람의 능을 합하는 것은 어떨까 고민을 했어. 하지만 이미 수백

정령송

년의 세월이 지나 문화유산이 된 두 능을 함부로 합칠 수는 없었어.

논의 끝에 두 능의 소나무를 결혼시키기로 했어. 1999년 4월 9일, 사릉의 소나무 한 그루를 장릉으로 가지고 가서 심었어. 소나무 이름은 정령송이 되었지. 말 그대로 사랑하는 영혼이 담긴 소나무라는 뜻이야. 정령송은 지금도 영월에서 잘 자라고 있어. 그리고 어느 날부터인지 정령송은 단종의 무덤인 장릉을 향해 가지를 뻗기 시작했어. 영월에 간다면 꼭 정령송을 찾아 두 사람의 애틋한 마음을 기억해 주었으면 해.

126 한강 가 압구정에서는 한명회를, 임진강 가 반구정에서는 황희를!

한강 가 아름다운 경치를 자랑하는 곳이라면 이름난 정자들이 많았어. 그중 말도 많고 탈도 많았던 곳은 단연 압구정이야. 강남의 중심지 압구정동의 이름은 거기에서 유래되었지.

압구정은 성종 때 최고 권력자 한명회가 은퇴하며 만든 정자 이름이야. '물새들이 노니는 정자'라는 뜻이지. 한명회는 권력을 멀리하고 자연을 벗 삼아 살겠다고 했지만 사실은 화려한 정자를 짓고 권력자들과 어울렸어. 심지어는 일본과 중국 사신을 초청해 잔치를 벌이느라 궁중에서만 쓰는 용봉 차일을 빌려 쓰려고까지 했어. 성종은 자신을 무시하는 한명회를 괘씸히 여겼고 이를 눈치 챈 신하들이 상소를 올려 한명회를 조정에서 내쫓았어. 한명회가 죽은 뒤에도 압구정은 한강 가 가장 아름다운 정자로 손꼽혔지만 사람들은 정자에 오를 때마다 권력을 탐했던 한명회를 떠올리며 혀를 찼어.

반면 반구정은 전국의 선비들이 꼭 한 번은 가고 싶어 했던 명소였어. 임진강 가에 있는 이 정자는 세종 대왕의 오른팔이었던 황희 정승이 마지막을 보낸 장소였거든. 황희는 죽을 때까지 온 힘을 다해 세종을 모신 충신 중에 충신이야. 그러한 황희가 은퇴 후 갈매기를 벗 삼아 여생을 보내겠다며 만든 곳이 반구정이었지.

이곳에서는 날씨가 좋은 날 개성 송악산까지 볼 수 있어. 비록 6·25전쟁 때 불타 버려 후손들이 다시 지은 것이지만 반구정에 오르면 황희가 보았던 경관을 그대로 볼 수 있는 멋진 곳이야.

〈압구정〉 정선, 비단에 채색, 20×31.5cm, 간송미술관

127 세조의 등을 밀어 준 목욕 동자의 비밀

조카 단종과 신하들을 죽이고 왕위에 오른 세조는 과연 죄책감에 시달렸을까?

세조는 평소 몸에 난 종기가 낫질 않아 시달렸는데, 단종과 형수인 현덕 왕후 권씨의 원한 때문이라 여겼어. 이를 치료하기 위해 세조는 전국의 온천과 사찰을 찾아다녔어. 속리산 법주사를 찾아 법회를 열기도 했고, 온양 온천에도 자주 갔지. 금강산을 가는 길에 찾은 낙산사에서는 절이 쇠락함을 안타깝게 여겨 곳곳을 새로 만들어 주었어. 이때 강원도 스물여섯 개 고을 수령들이 갖다 바친 화강암으로 출입문인 홍예문을 만들기도 했어.

평창 월정사와 상원사를 찾았을 때는 신비한 이야기도 남겼어. 상원사를 오르던 중 종기가 난 곳이 가려워 계곡에서 목욕을 했어. 그때 웬 아이가 나타났어. 세조는 아이에게 자신의 등을 밀어 달라고 했지. 그러고는 이렇게 말했어.

"아이야! 혹시 어디 가더라도 임금의 등을 밀었다는 말은 하지 말거라."

그런데 이 말은 들은 아이는 빙그레 웃으며 다음과 같이 말했어.

"주상께서도 어디 가서 문수 보살을 만났다고 말하지 마시오."

그러고는 흔적도 없이 사라졌다고 해. 그 뒤, 세조는 놀라서 서둘러 상원사로 올라갔는데, 웬 고양이 한 마리가 세조의 옷을 물고 놓지 않는

거야. 수상함을 느낀 세조가 명을 내려 살펴보니 법당 안에 세조를 해치려는 자가 몰래 숨어 있었지.

이처럼 세조는 전국 곳곳의 사찰을 다니며 많은 이야기를 남겼어. 그런데 다른 왕들과 달리 세조는 왜 이렇듯 여러 사찰을 찾아 다녔을까? 조카를 죽이고 왕위에 오른 자신을 미워하는 백성들과 양반들에게 반성하는 모습을 보이기 위함은 아니었을까?

128 연산군, 한글 사용을 금지시켰다가 허용했다가…

폭군으로 이름을 떨친 연산군은 왜 한글 사용을 금지시켰을까?

1504년(연산군 10년) 7월, 우연히 알게 된 투서(비밀리에 올린 글)를 보다 화가 잔뜩 난 연산군은 다음과 같은 명을 내렸어.

"한양에 사는 사람들의 필적을 모두 모아 조사하라. 이 투서를 쓴 자를 잡아 내라!"

하지만 범인을 잡지 못하자 전국의 한글 필적을 다 올려 보내 조사하게 하고 백성들이 모두 볼 수 있게 방(벽보)을 붙였어.

"언문(한글)은 가르치지도 배우지도 말고, 배운 자는 쓰지 못하게 하라. 언문을 아는 사람을 모두 조사해 보고하고, 만약 고하지 않는 경우 이웃 사람까지 처벌하라."

방을 본 사람들은 속으로 비웃었어. 한글을 쓰지 말라는 방을 한글로 썼기 때문이지. 또한 이로 인해 연산군이 얼마나 포악한지 소문은 더 멀리 퍼져 갔어. 연산군은 자기의 잘못을 하나하나 고발하는 투서에 매우 분노했는데, 잘못을 고치기는커녕 사람들이 이 일을 함부로 입 밖에 내지 못하게 하려고 한글 사용을 금지시켰던 거야. 한글을 쓰다가 잡히면 사형, 다른 사람이 한글을 쓴 것을 알고도 고발하지 않으면 곤장 100대를 쳤지.

사람들은 겁이나 한동안 한글을 쓸 수가 없었어. 세종 대왕이 한글을 만든 후 왕이 한글을 금지한 것은 이번이 처음이었어. 그렇다고 한글이 사라지지는 않았어. 연산군 역시 한글의 편리함을 잘 알고 있었기에 임시로 금지시켰던 거야. 오히려 시간이 지난 다음 연산군은 한글을 더 널리 쓰도록 정책을 바꾸었어. 한글은 다시 살아날 수 있었지.

129 어느 선비의 유배로 본 조선 시대 형벌 제도

조선 선비들이 가장 두려워 한 형벌은 무엇이었을까? 바로 유배였어.

유배는 한양에서 먼 곳으로 쫓겨나는 거야. 다시 임금이 부르기 전까지는 고향이든 한양이든 돌아올 수가 없었어. 게다가 죄인의 신분이니 좋은 집에 살거나 마음대로 돌아다닐 수도 없었어. 게다가 위리안치(울타리로 친 구역 안에만 있게 만든 형벌)까지 받으면 그야말로 독안에 든 쥐처럼 꼼짝할 수 없었어. 그러다 보니 건강이 나빠져 죽는 경우도 많았어.

하지만 더 두려운 것은 임금으로부터 버림받았다는 사실이었어. 임금과 함께 나랏일을 돌보며 자신의 뜻을 펼치고 싶은 것이 선비의 가장 큰 바람이었지. 차라리 임금의 잘못된 행동을 충고하다가 죽는 것을 영광으로 여겼어. 선비의 역할을 다한 기개가 역사에 남을 테니까. 유배를 가 버리면 사람들에게서 서서히 잊히고 역사에 기록되지도 않으니까 말이야. 물론 힘든

유배를 이겨 내고 더 큰 인물이 되어 역사에 이름을 남기는 경우도 있었어. 정도전, 정약용, 김정희 같은 인물들이 바로 그 주인공이야.

자, 그럼 말이 나온 김에 조선의 형벌이 사형과 유배 말고 무엇이 더 있었는지 알아볼까? 조선 시대에는 다섯 가지 형벌 제도가 있었어. 태형, 장형, 도형, 유형, 사형. 그 중 유배를 보내는

유형과 죽임을 당하는 사형은 보았으니 나머지를 살펴볼까? 태형과 장형은 죄인의 엉덩이를 때리는 형벌인데 집행 도구가 회초리와 굵은 나무라는 차이가 있어. 흔히 곤장이라는 말이 이 장형이었어. 곤장을 맞으면 심한 경우 뼈가 부러질 수도 있기에 70세 이상의 노인과 15세 이하의 어린이, 병자는 벌금으로 대신할 수 있었어. 도형은 옥사에 가두는 형벌이야. 보통 3년 이상 가두지는 않았어. 지금과 비슷한 듯 다른 듯 조선은 다섯 가지 형벌 제도로 나라를 이끌어 갔어.

130 조선 시대 가장 낮은 계층인 노비의 가격은 얼마?

**노비란 남자인 '노'와 여자인 '비'를 합한 말이야.
사람 대접을 받지 못하고 물건처럼 다루어진 사회 계층이었어.**

신분 제도가 생겨난 이후 항상 가장 낮은 계층이었던 노비는 수가 얼마나 되었을까? 놀랍게도 조선 시대 전체 인구의 3분의 1 이상이 노비였어. 남쪽으로 내려갈수록 노비의 비율은 높아져서 울산은 2분의 1, 경남 산청은 3분의 2가 노비였다고 해. 노비의 대우는 전적으로 주인 마음이었어. 좋은 주인을 만나 큰 어려움 없이 열심히 일하다가 돈을 벌어 노비 신분에서 풀려난 사람이 있는가 하면, 먼 곳에 팔려가 가족이 뿔뿔이 흩어지는 경우도 많았지. 주인의 기분에 따라 매를 맞고 목숨을 잃어도 아무도 나서서 말릴 수가 없었어. 재산 취급 받았기에 노비의 목숨을 빼앗는 것은 법에도 어긋나지 않았거든.

그런데 노비가 돈을 벌 수 있었느냐고? 노비마다 처지가 조금씩 달랐어. 주인집에 살면서 하루 종일 일을 하는 노비가 있는가 하면, 따로 살면서 정해진 시간에 주인집에 가서 일하는 노비도 있었어. 아무튼 노비는 사람이 아니라 재산으로 취급되다 보니 국가에 세금을 내거나 군대를 가는 일은 없었어. 다만 주인을 대신해 군대에 가는 경우는 꽤 많았어. 어떤 군대는 노비로만 이루어져 있기도 했지.

노비의 가격은 법에 따라 처음에는 100냥, 말 1마리 가격이었어. 달리 말하면 100냥을 내면 노비에서 풀려날 수 있었지. 하지만 1년을 꼬박 일해도 100냥은 엄두도 낼 수 없을 만큼 큰 금액이었어. 다행히 조선 후기로 갈수록 노비 가격이 떨어져 10냥이면 노비 신분에서 벗어날 수도 있었어. 조선 후기에 노비의 숫자가 반으로 줄어드는 것을 보면 백성으로 신분이 변하는 노비가 많아지는 것을 알 수 있어.

131 조선 시대에는 하루 두 끼만 먹었다고?

**하루에 세 끼를 먹기 시작한 것은
동서양을 막론하고 불과 100여 년밖에 되지 않아.**

그 이전에는 아침과 저녁 두 끼만 먹는 게
일반적이었어. 다만 왕과 양반은 아침과 저녁
외에도 새벽에 죽이나 낮에 간단하게 국수를
간식 수준으로 먹었지. 농사를 짓는 농민들은
농번기에 중간중간 간단히 새참을 먹기도 했어.
하지만 여성이나 어린이, 노인, 상인, 군인, 스님
등은 두 끼가 기본이었어.

김홍도, 〈점심〉, 18세기, 종이에 옅은 채색, 27.0×22.7cm,
국립중앙박물관

그럼 배가 많이 고팠을까? 그렇지는 않아.
식사 횟수가 적은 대신 한 끼에 먹는 밥의 양은
엄청났거든. 중국과 일본은 물론 서양에도
알려질 만큼 우리가 먹었던 식사량이 대단했지.
김홍도의 〈점심〉 그림을 보면 짐작해 볼 수
있어. 어린아이는 지금 어른이 먹는 공기밥
이상의 양을 먹었으니 과연 배가 고팠을까?

그럼 점심은 무엇일까? 순우리말인 아침, 저녁과
달리 점심은 한자말이야. 마음에 점을 찍듯
간단한 요기로 배고픔을 넘겼다는 뜻이지.
점심은 불교 용어이기도 해. 스님들이 수행을
하다가 시장기가 돌면 마음에 점을 찍듯 간단히
음식을 차려먹고 수행을 계속했거든. 그런데
재미난 것은 동양만 그런 것이 아니라 서양의
점심인 '런치' 역시 비슷한 뜻을 가지고 있어.
낮에 간단히 먹는다는 뜻이거든. 수프와 디저트
커피 정도 먹는 것이니 말 그대로 간식인 거지.

점심이 정식 식사가 된 것은 사회가 산업화된
뒤부터야. 아침을 먹고 출근해서 직장에서
점심을 먹고 집에 와서 저녁을 먹는 생활 방식이
문화로 정착한 거야. 그러다 보니 먹는 양에도
변화가 생겼어. 아침을 먹고 저녁까지 하루를
버틸 때와는 다른 시대가 되었으니까.

132 조선 관리의 근무 시간은 해 뜰 때부터 해질 때까지

어느 날, 숙종은 관리들이 출퇴근 시간을 잘
지키지 않는다는 소리를 듣고 이렇게 명했어.

"관원들은 묘시(오전 5~7시)에 출근하고
유시(저녁 5~7시)에 퇴근하도록 법전에 적혀
있는데 갈수록 출퇴근 시간이 제멋대로이니
이는 매우 잘못된 것이다. 이제부터는 법전에
따라 출퇴근을 하도록 하라. 이처럼 엄하게

일렀는데도 받들어 행하지 아니하면 마땅히 무거운 벌이 있을 것이다."

이는 여름철 관리들의 근무 제도였어. 여름에는 해가 길어서 하루 10시간에서 14시간을 일하니 관리들도 매우 힘들었을 거야. 하루 평균 8시간 일하는 지금과 비교하면 매우 길었지.

그런데 매일같이 12시간 이상 일한 것은 아니었어. 겨울철에는 진시(오전7~9시)에 출근하고 신시(오후3~5시)에 퇴근했어. 짧게는 6시간에서 길게는 10시간을 근무했지. 이를 잘 살펴보면 해가 뜰 때부터 해가 질 때까지임을 알 수 있어. 자연의 시간에 맞추어 생활했던 거지. 그렇다고 관리들만 고생스러웠던 것은 아니야.

백성들도 새벽 3시쯤 일어나서 해가 질 때까지 농사일을 했으니 말이야. 임금은 어땠을까? 임금도 새벽 5시쯤 일어나 10시가 넘도록 일을 했으니 조선은 일벌레의 천국이라 해도 지나치지 않겠지?

133 양반, 그림으로 일생을 남기다

벼슬을 한 양반이라면 누구나 한 번쯤은 초상화를 남기는 게 트렌드였어.

'털 한 오라기라도 다르면 그건 그 사람이 아니다.'

이런 정신으로 초상화를 그렸는데, **상, 영정, 진영**이라고도 했어. 어둡고 탁한 피부에 흰 머리, 검버섯, 깊게 파인 주름, 꽉 다문 입술에 잘린 눈썹까지 마치 눈앞에 살아 있는 듯이 그려 내는 것이 조선 시대 초상화의 특징이야. 제 아무리 벼슬이 높고 권세가 하늘을 찌른다 해도 초상화만큼은 있는 그대로 그려 냈지. 결코 부족한 부분을 보정해 주지는 않았어.

〈이인상 초상〉, 종이에 담채, 94.7cm×46.1cm, 국립중앙박물관

〈약산 강이오 초상〉, 종이에 담채, 63.9cm×40.3cm, 국립중앙박물관

〈윤두서 자화상〉, 종이에 담채, 38.5cm×20.5cm, 국보 제240호, 고산윤선도유물전시관

초상화는 그 사람의 인격이자 전부라고 믿었기 때문이야. 안경을 낀 모습, 눈이 사시이거나, 딸기주먹코, 병을 앓아 곰보가 된 얼굴 등 초상화는 재미난 이야기를 많이 담고 있지.

특별한 역사책

다채로운 표정과 얼굴 모습에 비해 옷은 주로 관복이었어. 호랑이가 있으면 무신, 학이 있으면 문신이지. 드물게 선비들이 입는 도포 차림도 있었어.

그림 초상화는 언제부터 왜 그렸을까? 기록상으로는 삼국 시대부터지만 남아 있는 작품은 거의 없어. 고려 시대의 작품도 손에 꼽을 정도지. 고려 말 유학자인 이제현이나 이색, 정몽주 등의 초상화가 자세하게 그려진 작품들이야. 초상화의 전성기는 누가 뭐래도 조선 시대야. 초상화는 유교와 관련이 깊기 때문이야. 제사를 최우선으로 여긴 사회 분위기 탓에 조상의 초상화를 그려 사당에 모시는 것이 풍습이 되었거든. 특히 임금에게 직접 높은 벼슬을 받거나 공신이 되었을 때, 70살이 넘어 기로소에 들어갔을 때 나라에서 그려 주는 초상화는 가문의 영광이었지. 도화서 화원의 솜씨가 돋보이는 초상화들은 지금도 보물로 지정되어 보존되고 있어.

134 지금과 비교해도 막상막하, 조선의 교육열

고려 시대에 최고의 사교육 열풍으로 문헌공도와 이를 흉내 낸 12사학을 이야기했지만 조선의 교육 열풍에는 발끝에도 미치지 못할 거야.

조선 시대에 교육을 이끄는 기관은 무엇이었을까? 지금의 초중고 기초 과정에 해당하는 **서당**과 대학 과정에 해당하는 **향교, 서원**으로 나눌 수 있어. 물론 최고 기관인 **성균관**도 있지. 고려와 달리 본격적인 유교 국가인 조선은 초기부터 교육에 엄청난 정성을 쏟았어. 세종은 백성들에게 유교 원리를 쉽게 알리기 위해 〈삼강행실도〉를 그림책으로 만들었지. 1,000년간 익숙해졌던 불교를 대신해 유교의 가르침을 생활 속에 정착시키는 것은 만만치 않은 일이었거든. 각 지역에는 선비나 퇴임한 관리들이 서당을 만들어 백성과 양반의 자녀들에게 유학을 가르쳤지. 서당이야말로 조선을 조선답게 만든 가장 중요한 학교였어.

그런데 명종 때 서원이 생기면서 교육열은 하늘을 찌르기 시작했어. 서원은 학문을 연구하고 선현을 기리던 서원은 금세 양반들의

과거 준비를 위한 입시 학원이 돼 버렸어. 전국에 수백 개의 서원이 생겨났고 같은 서원 출신들이 나라의 중요한 직책을 차지하는 일도 많아졌어. 서원에 들어가기 위해 건물이나 노비를 바치고 땅을 내놓는 일도 많았어.

이처럼 서원은 조선 시대 교육을 대표하는 곳이 되었어. 치열한 경쟁 속에 본래 목적이 일부 변질되어 버린 거지. 그래도 조선의 학문이 중국과 어깨를 나란히 할 정도로 수준이 높아진 것은 다 이런 교육열 덕분이지.

135 성균관 학생들, 궁궐 앞에서 시위하다

조선 최고의 학교인 성균관의 학생들은 공부만 열심히 한 것은 아니야.
나랏일에 관심을 갖고 잘못된 일은 집단 행동을 해서라도 바로 잡으려 했어.

"전하, 궁궐 안에 불당을 짓는 것은 결코 아니 되옵니다. 어명을 거두어 주십시오!"

1448년(세종 30년) 궁궐 안에 불당을 지으려는 세종의 뜻이 전해지자 성균관 유생은 벌 떼처럼 일어나 반대를 했어. 이를 **권당**이라고 해. 상소를 올려서도 일이 해결되지 않으면 유생들은 단체로 집단 행동에 나섰어. 때때로 권당을 벌여 자신들의 주장을 펼쳤어.

권당의 첫 번째는 **청맹권당**이야. 수업에 들어가되 앞이 보이지 않는 사람인 척 글을 읽지 않는 것이지. 일종의 수업 거부였어. 또한 **권식당**이라 해서 성균관 식당에서 밥 먹기를 거부하기도 했어. 급식 거부라고 할 수 있어. 그래도 뜻이 받아들여지지 않으면 **호곡권당**을 펼쳤어. '아이고, 아이고!'라고 곡소리를 내며 궁궐까지 행진하는 것이었어. 이 또한 받아들여지지 않으면 아예 성균관을 나가 버리기도 했어. 성균관을 텅텅 비게 만드는 방법인 **공관**을 행하는 거야.

세종은 성균관 유생들의 상소에 화를 내며, "내가 대신의 말도 듣지 않았는데 하물며 너희 말을 듣겠느냐!" 하고 호통을 쳤어. 그러자 성균관 유생들은 공관으로 답했어. 세종은 더욱 화가 나 이렇게 말했지. "너희가 날 임금으로 여기면 출근하라. 그러지 않으면 모두 붙잡아 엄히 국문하라!"

하지만 유생들은 겁먹지 않았고 오히려 당황한 대신들이 세종을 뜯어 말리고 유생들을 설득해 화해를 시켰어.

나랏일을 바로 잡고자 뭉친 성균관 유생들의 권당은 조선 마지막까지 역할을 톡톡히 했어.

136 난장판이 된 과거 시험장

조선 시대 양반들의 꿈은 과거에 급제해 나랏일을 하는 거였어.
아니 양반의 신분을 유지하기 위해서라도 과거에 반드시 급제해야 했지.

〈평생도〉 중 소과응시 장면, 국립중앙박물관

4대에 걸쳐 급제자가 한 명이라도 나와야만 양반 집안으로 대우를 받았기 때문이야. 그러다 보니 과거 시험장은 경쟁이 치열했어. 엄숙하고 조용할 것 같지만 천만의 말씀, 난장판도 이런 난장판이 없었어. 일단 과거 시험장에 들어가기 위한 싸움이 얼마나 치열했는지 문턱도 넘어 보지 못하고 발길을 돌리는 사람도 많았어. 노비를 보내거나 사람을 사서 차지하는 경우도 있었어. 어느 날은 몰려든 사람들이 넘어지면서 아수라장이 되었는데, 몇몇 사람들은 목숨을 잃기도 했다고 해.

날이 갈수록 시험장 안에 사람이 많아지다 보니 물건과 먹거리를 판매하는 장사꾼들로 과거장인지 시장인지 알기 어려울 정도였다고 해. 시험장에 들어온 응시생들의 부정행위도 무척 많았어. 《중종실록》에도 다음과 같은 말이 실렸지.

'요즘에는 참고서를 작게 베껴서 머리털 속에 감추기도 하고 입속에 넣기도 합니다.'

부정행위를 하다가 들키면 곤장 100대 등 처벌을 강화했지만 부정행위는 줄어들지 않았어. 그래서 실록에는 답안지를 외워 보게 하는 등 여러 방법으로 합격자의 실력을 다시 확인해 보는 황당한 이야기도 자주 나오곤 해.

과거 급제는 평생을 걸더라도 이루고 싶다 보니 난장판이 된 과거 시험장을 흔히 볼 수 있었지.

137 조선 인삼의 역사를 개척한 사또

산삼을 공물로 바쳐야 하는 백성들을 위해 산삼의 씨를 구해 인삼을 재배한 인물이 있었어.

조선의 백성들은 여러 종류의 세금을 냈지만 그 중 가장 힘든 것은 **공물**, 즉 지역의 특산물을 바치는 일이었어. 여러 종류의 공물이 있었지만 백성들을 가장 힘들게 한 것은 산삼이었지. 산삼을 구하려면 직접 산으로 가서 캐야 하는데 몇 개의 산을 뒤져야 한두 개 나올까 말까 한 산삼을 찾기란 너무 힘들었어. 게다가 산에는 산적도 있지만 늑대와 곰은 물론 호랑이도 살던

때라는 것을 생각한다면 단순히 등산을 하는 것과는 아주 다른 상황이었지. 말 그대로 목숨을 걸어야 하는 일이었어. 또한 직접 갈 수 없는 사람은 아주 비싼 값을 주고라도 사서 바쳐야 하니 어려움이 이만저만이 아니었지.

참다못한 백성들은 산에 불을 지르기도 했어. 산에 불이 나면 산삼을 찾을 수 없을 테니까. 그럼에도 조정에서는 세금을 면제해 주지 않았어. 오히려 처벌을 했어. 그러자 풍기(오늘의 경북 영주) 군수 주세붕은 산삼의 씨를 구해다 연구해 재배가 가능한 인삼으로 만드는 데 성공했어. 목숨 걸고 소백산을 넘나들어야 했던 백성들은 눈물을 흘리며 기뻐했지. 더 이상 산삼을 구하러 산에 오를 필요가 없었던 거야.

주세붕은 풍기 군수를 마치고 개성으로 자리를 옮겼어. 그곳에서도 인삼 재배에 관심을 쏟았어. 그 덕분일까? 우리나라에서 가장 유명한 인삼 생산지 세 곳 중 두 곳이 풍기와 개성이야. 인삼 재배법을 널리 퍼뜨린 주세붕은 인삼 선생님, 인삼사또라고 할 수 있지 않을까?

138 외국 사신도 감탄한 조선의 자랑, 불꽃놀이

화약을 발명한 것은 중국이지만 14세기 말 조선의 화약 다루는 기술은 이미 중국을 넘어섰어.

조선에서는 신기전, 화차 같은 무기도 만들었지만 놀이용 불꽃도 그에 못지않게 발달했어. 외국 사신들은 불꽃놀이를 보고 너무 놀라워서 기가 죽었다고 해. 1399년(정종 1년), 조선에 온 일본 사신은 불꽃놀이에 너무 놀라 '이것은 사람의 힘이 아니라 천신의 힘으로 이루어진 것'이라며 감탄했어. 북쪽에서 온 여진족 사신들 역시 하늘로 쏘아 올린 불꽃이 별똥별처럼 뿌려지는 것을 보며 놀라다 못해 두려움에 떨었어. 화약 종주국이라 자부했던 명나라 사신들은 궁궐 전체를 수놓은 압도적인 불꽃 쇼를 보며 중국에서도 볼 수 없는 신비로운 광경이라며 찬사를 보냈지.

화약으로 만든 불꽃놀이를 가장 좋아한 왕은 성종이었어. 평소에도 기회만 있으면 불꽃놀이를 하고 싶었던 성종은 신하들의 반대에도 자주 불꽃놀이를 열었어. 군사 훈련이라고 핑계를 대기도 하고, 어떨 때는 귀신을 쫓기 위해 필요하다고도 했지. 결국 신하들도 고개를 절레절레 흔들었어.

성종의 아들 중종도 화살로 하늘에서 유성우가 떨어지는 듯한 불꽃이나 거북 모형의 입에서 불꽃이 나오는 장면을 연출하기도 했어. 그러면 불꽃이 일어나는 동안 주변이 환해지면서 거북 입에 꽂아 둔 멋진 글씨를 감상 할 수 있었지. 이토록 뛰어난 화약 기술이 있었기에 훗날 위기의 임진왜란을 버텨 낼 수 있지 않았을까?

특별한 역사책 129

139 아들과 딸이 동등하게 재산을 물려받는 나라?

조선 시대는 고려 시대와 달리 남자가 대우를 받고
여자는 차별 받았다고 여겨지는데, 사실 그것은 조선 후기의 일이야.

조선 전기는 고려 때처럼 여성의 권리가 존중되었어. '장가간다.'는 표현처럼 남자가 여자의 집에 들어가 사는 경우도 많았고, 부모의 재산은 아들과 딸이 똑같이 물려받았지.

세계 문화유산이기도 한 경주 양동마을은 대표적인 외손 마을이야. 장가 든 사위들이 부인의 고향 마을에 터전을 잡고 살면서 이루어진 마을을 뜻해. 신사임당도 결혼 후 시집인 파주가 아니라 친정인 강릉에서 머물며 율곡을 낳기도 했어. 시집가면 다시는 친정집에 가기 힘들었던 조선 후기와는 많이 달랐어.

교육에 있어서도 조선 전기는 여성에 대한 차별이 적었어. 아들 못지않게 딸의 교육도 부모가 관심을 갖고 지원했어. 신사임당이나 허난설헌은 어릴 적부터 집안 어른이나 오빠, 스승에게 직접 교육을 받아 이름난 선비조차 따를 수 없는 학문과 예술을 뽐내기도 했어.

부모는 딸을 위해 당대 최고의 스승을 구해 주기도 했지. 배우기만 하고 끝나는 게 아니라 당대 선비들에게 인정받으며 자신의 학문과 예술 세계를 꽃피울 수 있었어.

그러나 유교가 조선 사회 전체에 뿌리를 내리며 남녀의 역할을 철저히 구분하기 시작했고, 여성의 지위는 후기로 갈수록 낮아졌어. 임진왜란과 병자호란을 거친 후 조선 사회는 더욱 남자 중심의 사회가 되었어. 여성의 입장에서 보자면 조선 전기와 조선 후기는 아예 다른 나라였어.

140 조선에게 독이 된 200년 동안의 평화

우리 역사 전체에서 가장 오랜 기간 전쟁이 없어서 평화로웠던 시대는 언제였을까?
6·25전쟁 이후 70여 년간 평화로운 지금일까?

삼국 시대는 1년이 멀다 하고 나라 안팎에 전투가 벌어졌고, 고려 시대에는 거란, 여진, 몽골, 왜구와 홍건적까지 외세의 침입이 끊이지 않았어. 아마 역사 속 가장 평화로운 시대는

조선 시대일 거야. 조선이 건국(1392년)된 이후 임진왜란(1592년) 때까지 200년간 이렇다 할 전쟁은 일어나지 않았거든. 여진족과 왜구들의 노략질은 간간이 있었지만 세종 때 김종서,

최윤덕, 이종무 등의 활약으로 다 정리되었지. 과학이 발달하고 신무기가 개발되면서 국방은 더욱 튼튼해졌고, 어느 때보다도 중국과 관계가 좋아 외교적으로도 든든한 상황이었어.

하지만 달이 차면 기울 듯 자신만만함은 오히려 조선에 큰 독이 되었어. 평화가 계속되자 나라를 지키는 데 들어가는 국방비가 아깝고 장군과 병사들의 존재가 쓸모없게 여겨졌어. 장군들 역시 국경 지역에 나가기보다는 한양과 가까운 곳에 있고 싶어했어. 공을 세운 자보다는 권력을 가진 대신들과 친한 자들이 승진하기가 더 쉬웠거든. 부하를 아끼고 원칙을 지키면서 바른말을 하는 이순신 같은 사람은 항상 승진에서 제외되거나 상관의 눈 밖에 나기 일쑤였어.

이런 분위기 속에서 백성들은 군대에 가기 싫어했고 뇌물을 바치고 군대를 면제 받았지. 성벽은 무너지고 무기는 녹슬고 훈련은 제대로 이루어지지 않았지만 누구도 이것을 문제라고 여기지 않았어. 이를 보다 못한 율곡 이이가 나라가 병들었음을 한탄하며 상소를 올렸지만 받아들여지지 않았어. 결국 조선은 모래 위에 쌓은 집처럼 위태로워졌어.

141 동아시아 국제 전쟁, 임진왜란! 한·중·일 삼국의 운명을 가르다!

조선이 건국된 지 200년 만에 일어난 임진왜란은 조선, 중국, 일본의 관계를 어떻게 바꾸었을까?

임진왜란을 부르는 용어는 한·중·일이 달라. 우리는 **임진왜란**. 일본은 **분로쿠 게이초의 역**, 중국은 **만력조선전쟁**이라 불러. 한국에서는 임진년(1592)에 일어난 '왜구의 소란'이지만, 일본에서는 분로쿠(1592~1595년)와 게이초 (1596~1614년) 시기에 있었던 조선과 명나라 정벌이라는 의미를 담고 있어. 중국은 만력 황제가 조선을 구하기 위해 동쪽 왜구를 정벌한 전쟁이라고 보고 있어. 각각 자신의 기준으로 전쟁을 이해하는 것이지.

지금은 조일 7년 전쟁으로 부르자는 주장도

있어. 조선과 일본이 7년간 싸운 전쟁이라는 뜻이지. 어떤 이름으로 부르든 간에 임진왜란은 동아시아의 세 나라가 직접 얽힌 전쟁이었고, 그 사이 북쪽의 여진족이 세력을 키워 후금을 세우는 계기가 되었어.

임진왜란이 끝나자 중국은 곧 명에서 청으로 주인이 바뀌었어. 일본은 도요토미 히데요시 가문이 멸망하고 임진왜란을 반대했던 도쿠가와 이에야쓰 가문이 일본을 지배하게 되었어. 에도 바쿠후의 시대가 열렸지. 반면 조선은 가장 많은 피해를 입었음에도 왕조도 지배층인 양반도 무너지지 않았어. 대신 충효를 중요시하는 사회 분위기로 바뀌게 되면서 조선 전기와는 아주

다른 모습의 나라가 되었지. 동아시아 최대의 국제 전쟁이었던 임진왜란. 과연 어떤 이름이 가장 정확한 전쟁 명칭일까?

142 조선의 첨단 통신 수단, 봉화! 얼마나 빨랐나?

국경에 적이 쳐들어오면 과연 얼마만큼의 시간이 지나야 이 사실을 조정에서 알게 될까?

한양에서 압록강이나 두만강, 남해안까지는 500킬로미터 이상 떨어져 있어. 좁고 험한 길과 당시의 교통 수단을 생각하면 며칠이 걸릴 법도 하지만 놀랍게도 12시간 안에 소식이 궁궐에 닿을 수 있었어. 이처럼 빠르게 국경의 위급함을 알 수 있었던 것은 봉화 덕분이야.

화성봉돈

산이 많은 우리나라는 소식을 전달하는 데 봉화가 제격이야. 하지만 봉화만으로는 대강의 상황만 전할 수 있을 뿐 자세한 내용은 파발(병사가 말을 타고 소식을 전하는 방법)을 통해 보냈어. 파발과 봉화는 한 묶음의 연락 체계였지. 평상시 훈련을 통해 봉화는 12시간 안에 한양에 도착할 수 있었어.

낮에는 연기를, 밤에는 불을 피워 소식을 알리는 봉화는 평상시 아무 일이 없을 때는 한 줄을 피웠어. 연기나 불이 나지 않으면 사람이 있는지 없는지 알 수 없기에 항상 한 줄은 피워 두었어. 그러다 적이 나타나면 두 줄을 올렸어. 적이 국경에 가까이 오면 세 줄, 국경을 넘으면 네 줄, 전투가 벌어지면 다섯 줄을 올렸어. 그런데

바람이 불어 봉수의 연기가 흩어지면 어떡할까? 이를 방지하기 위해 늑대나 여우 똥을 말려 피웠다고 해. 그렇게 하면 연기가 흩어지지 않고 똑바로 올라갔어. 북쪽에서 오는 세 개, 남쪽에서 오는 두 개의 봉수는 모두 남산에 모였지. 남산에서는 곧바로 궁궐로 사람을 보내 소식을 알렸어. 봉수는 전기 통신이 없던 시대 최고의 연락 체계였어.

1화 : 평상시. 2화 : 적이 나타남. 3화 : 적이 국경 가까이 옴. 4화 : 적이 쳐들어옴. 5화 : 적과 싸움.

143 싸워 죽기는 쉬워도 길을 비켜 주긴 어렵다!

1592년 4월 14일 오후 5시. 일본을 떠난 700여 척의 배가 부산 앞바다에 나타났어. 고니시가 이끄는 18,700명의 일본군이 선두로 쳐들어온 거야. 이를 시작으로 20만의 군대가 조선을 공격했어. 바다를 새카맣게 메운 일본 함선을 본 조선군은 충격에 휩싸였어. 그러나 부산진첨사 정발은 낯빛 하나 변하지 않고 당당히 일본군에 맞섰어.

"오직 한 번 죽을 따름이다. 나는 마땅히 이 성의 귀신이 되겠으니, 떠나고 싶은 자는 떠나라."

정발의 부하는 한 명도 자리를 떠나지 않고 모두 힘껏 싸우다 전사했어.

부산진을 함락한 일본군은 동래성으로 향했어. 동래성 안에는 백성과 군사를 합해 3,000여 명밖에 없었어. 하지만 동래부사 송상현과 군민들은 하나로 똘똘 뭉쳤지.

동래부순절도
임진왜란 초기에 동래성에서 벌인 싸움을 기록한 그림이야.

그 모습을 본 고니시는 명나라로 가는 길이니 함께 싸우든가 싸우기 싫으면 길을 비켜 달라고 했어. 그러자 송상현은 다음과 같이 답했어.

특별한 역사책 133

"싸우다 죽기는 쉬워도 길을 비켜 주긴 어렵다!"

곧 치열한 전투가 벌어졌어. 성벽이 뚫리고 일본군이 성안으로 들어오자 조선 여인들은 지붕 위로 올라가 기왓장을 던지며 끝까지 저항했어. 송상현은 더 이상은 동래성을 지킬 수 없음을 알고 관복으로 갈아입은 다음 임금이 있는 북쪽을 향해 절을 올렸어. 그리고 나서 장렬한 죽음을 맞이했지. 비록 정발과 송상현은 성을 지키지는 못했지만 물러서지 않는 용기와 죽음으로 자리를 지킨 인물로 역사에 남았지.

144 조선 수군의 승리 비결은 이것!

'적을 알고 나를 알면 백 번 싸워도 위태롭지 않다.'
상대방과 나의 강점과 약점을 알고 준비하면 어떤 싸움도 지지 않을 수 있다는 뜻이야.

〈손자병법〉에 나오는 말이지. 말은 쉬운 것 같지만 막상 이 말을 마음 깊이 새기고 전쟁터로 나서는 장군은 역사 속에서도 아주 드물었어. 그러나 이순신 장군은 이 말의 뜻을 정확히 알고 준비해 한 번도 패배한 적이 없었어. 이순신 승리의 비결을 알아볼까?

이순신은 일본과 우리 수군의 강점과 약점을 철저하게 조사했어. 조선의 함선인 판옥선은 밑바닥이 평평하면서 선체가 매우 무겁고 단단해. 회전이 빠르고 충격에 강하며 화포를 쏘아도 흔들리지 않는 장점이 있어. 반면 속도가 아주 느렸어. 일본 배는 밑바닥이 뾰족하고 선체가 가벼워 매우 빠르지만 충격에 약하고 흔들림이 심해 화포를 쏘기가 어려웠어.

그래서 일본은 빠르게 적의 배에 접근해 선체로 올라간 다음 칼로 상대를 제압했어. 칼싸움에서는 일본을 당해 낼 나라가 없었거든. 조선은 활과 화포를 잘 쏘는 대신 칼싸움에는 약했어. 이순신은 고민 끝에 화포로 일본 배를 침몰시키기로 했어. 하지만 여기에는 큰 문제가 있었어. 속도가 빠른 일본 배가 접근하기 전에 화포를 쏠 준비를 끝내야 한다는 거지.

이를 위해 이순신은 거북선을 만들었어. 거북선은 빠른 속도로 적진을 누비며 연기를 내뿜어 적의 시야를 가리기에 가장 적합한 함선이었어. 게다가 배 전체를 철판으로 덮고 그 위에 창과 못을 설치해 일본군이 감히 배로 뛰어오를 수 없게 했지. 거북선이 적진을 흔들고 판옥선이 화포를 쏠 대형을 갖추면 전투는 거의 이긴 것과 다름없었지. 여기에 날씨와 조류, 해안선과 섬의 지형을 이용했으니 지려야 질 수가 없었어.

완벽한 승리 조건을 갖춘 다음에야 전투에 임하는 이순신의 전술. 승리는 싸우기 전에 이미 정해진 것과 마찬가지였어.

145 풍전등화 조선을 구한 역관의 인연

30년 전의 인연이 훗날 조선을 위기에서 구하는 데 큰 역할을 한 이야기가 있어.

홍순언은 중국어에 능통한 역관이었어. 1561년 수행원으로 명나라에 갔다 우연히 주루에 걸린 흥미로운 글을 보았어. 삼백 금이면 미인을 차지할 수 있다는 내용이었지. 호기심에 글을 쓴 주인공을 만난 홍순언은 깜짝 놀랐어. 한 여자가 소복을 입고 나타났기 때문이야. 여자는 부모의 장례를 치를 돈이 없어 자신의 몸을 내어 놓았다 했지. 사연을 들은 홍순언은 여자의 효심이 지극하다며 가지고 있던 공금까지 탈탈 털어 여자에게 주고 주루를 나왔어. 여자는 감동하여 이름을 물었지만 홍순언은 조선에서 온 선비라고만 하고 자리를 떠났어.

조선으로 돌아온 홍순언은 공금을 쓴 일로 인해 큰 고초를 겪었지. 그로부터 30년이 지나 홍순언은 다시 명나라를 찾을 기회가 생겼어. 임진왜란이 일어나 한양을 빼앗기자 도움을 청하러 온 거야. 홍순언은 어깨가 무거웠어. 명나라 대신들이 조선을 의심하고 있었으니 말이야. 명나라가 구원병 파견을 거절한다면 조선은 큰 위기에 빠질 게 분명했거든.

그런데 놀라운 일이 벌어졌어. 명의 병조 판서 석성이 홍순언을 집으로 초대한 거야. 조선의 대신도 아닌 역관을 초대한 것은 뜻밖의 일이었거든. 병조 판서의 집을 들어선 홍순언은 깜짝 놀랐어. 병조 판서의 부인이 눈물을 흘리며 자신을 기다리고 있었거든. 그녀는 30년 전 자신이 도와준 바로 그 여자였어. 석성은 부인을 도운 홍순언에게 감사의 인사를 전했어. 그리고는 조선을 돕기 위해 힘을 써 보겠다고 했어. 석성은 약속대로 황제를 설득해 조선으로 구원병을 파견했어. 30년 전 홍순언과 여자의 인연이 조선을 위기에서 구한 셈이지.

146 조선을 빼놓고 조선의 문제를 논의한다고? 안 돼!

지금뿐만 아니라 조선 시대에도 한반도가 남북으로 나뉠 뻔한 사건이 있었어.

임진왜란이 일어난 지 두 달 후였어. 일본군은 한양에 이어 평양까지 차지했지. 그러자 명나라 군대가 조선을 돕기 위해 들어왔어. 하지만 평양성 탈환은커녕 일본군에 지자 명나라는 당황했지. 일본 역시 전투에 승리했지만 명나라 군대의 참전이 크게 부담이 되었어. 명나라 사신 심유경은 일본 장군 고니시와 만나 전쟁을 끝내기 위한 협상을 시작했어.

명나라는 세 가지 조건을 내 걸었어. 첫째, 조선에서 완전히 물러갈 것. 둘째, 붙잡아 간 조선의 두 왕자를 돌려보낼 것. 셋째, 도요토미 히데요시가 전쟁을 일으킨 것에 대해 공식적으로 사죄할 것이었어.

그런데 일본은 더 많은 조건을 내걸었어. 명나라 황녀를 일본으로 시집보낼 것, 조선의 왕자와 신하를 인질로 삼아 일본으로 보낼 것, 조선 8도 중 남쪽 4도를 일본에 넘길 것 등이었지.

문제는 이 협상에 조선은 낄 수 없었다는 거야. 간신히 한두 가지 협상 내용을 알아낸 조선은 강력히 반대를 했어. 조선으로서는 단 하나라도 받아들일 수 없는 내용이었기 때문이지. 명나라 장군 이여송 역시 조선 땅은 한 치도 내줄 수 없다고 했지.

하지만 명나라 사신 심유경은 전쟁을 빨리 끝내고 싶은 마음뿐이었어. 대동강 남쪽을 일본에 내주는 것으로 전쟁을 마무리짓고 싶어했지. 그래서 거짓된 협상 내용을 조정에 알렸어. 하지만 얼마 지나지 않아 거짓이 드러나며 심유경은 목숨을 잃었어. 만약에 심유경과 고니시의 비밀 협상이 실제 이루어져서 남북이 나뉘었다면 우리의 역사는 어떻게 변했을까?

147 이순신 장군은 점 보기를 좋아해!

전장에 나아가면 물러섬이 없고 언제나 철저한 준비로 일본군을 물리쳤던 이순신 장군이 자주 점을 봤다고?

이순신은 근엄하고 지혜로운 장군이지만 사실 누구보다도 마음이 여린 사람이었어. 《난중일기》에는 그런 속마음이 잘 드러나 있어. 이순신 장군이 어려운 일이 있을 때마다 했던 '점괘'에 대한 이야기야.

이순신과 점. 왠지 안 어울리지? 의외로 이순신 장군은 마음이 복잡하거나 일이 잘 풀리지 않을 때 점을 자주 보았어. 한번은 가장 믿는 벗인 유성룡이 죽었다는 소식을 들었어. 겉으로는 거짓 소식일 것이라며 단호하게 이야기했지만 집으로 가서는 불안한 마음에 점을 쳐 보았지. 두 번이나 점을 쳐서 매우 좋은 점괘를 얻었음에도 밤새 마음이 어지러웠다고 해.

이순신 장군은 부인이 아플 때도 점을 쳐 보고 점괘가 좋게 나오자 매우 기뻐했어.

유성룡의 점을 쳐 보니 "바다에서 배를 얻는 것과 같다."는 점괘가 나왔다. 또 다시 점치니 "의심하다가 기쁨을 얻는 것과 같다."는 점괘가 나왔다. 매우 좋은 것이다. 저녁 내내 비가 내리는데, 홀로 앉아 있는 마음을 스스로 가누지 못했다. 《난중일기》 1594년 7월 13일

이른 아침에 손을 씻고 조용히 앉아 아내의 병세를 점쳐 보니 "승려가 속세에 돌아오는 것과 같다."고 하였다. 다시 쳤더니, "의심하다가 기쁨을 얻는 것과 같다."는 괘를 얻었다. 매우 길하다. 《난중일기》 1594년 9월 1일.

이처럼 전투를 앞두고도 승리의 꿈을 꾸거나 점을 보는 일도 있었어. 이순신 장군의 새로운 모습이 더 궁금하면 꼭 《난중일기》를 읽어 보도록 해.

《난중일기》와 편지

특별한 역사책 137

148 일본군을 속이고 불상이 된 밥할머니

우리나라 산봉우리 중에는 노적봉이라는 이름이 붙은 곳이 많아.
노적봉은 노적가리처럼 보이는 봉우리를 말해. 곡식 따위를 한데 수북이 쌓아 둔 더미처럼 보이는
봉우리를 말하지. 이것은 임진왜란 때, 이순신 장군이 왜군에게 노적가리처럼 보이도록
산꼭대기와 큰 바위를 짚과 섶으로 둘러씌운 데서 생긴 이름이야.

경기도 고양시에는 특별한 사연을 가진 불상이 서 있어. 목이 없는 이 불상은 '밥할머니'로 불리지. 이 불상에 어떤 사연이 있는지 알아볼까?

북한산 아래 연천마을에 지혜로운 오씨 부인이 살고 있었어. 그런데 임진왜란이 일어나자 연천마을도 큰 피해를 입었지. 조선과 명나라 연합군은 일본군에 밀려 북한산 자락 창릉천 앞에 진을 치게 되었어. 오씨 부인은 이를 가만 보고 있을 수만은 없어 꾀를 냈어. 우선 주먹밥을 잔뜩 마련해 조선군 진지로 가서 나누어 주었어. 그러고는 장군을 찾아 이렇게 말했지.

"북한산 노적봉을 볏짚으로 모두 감싸 주십시오. 그러면 제가 적진으로 가서 적을 속이겠습니다. 그때 제가 이른 대로만 하신다면 일본군을 물리칠 수 있을 것입니다."

장군은 오씨 부인의 지혜에 탄복했어.

"그리하겠습니다. 그 방법이라면 일본군도 꼼짝없이 속아 넘어가겠군요. 반드시 승리해서 보답하겠습니다. 오씨 부인께서도 몸 조심 하십시오."

노적봉이 볏짚으로 덮이는 모습을 본 오씨 부인은 쌀을 한 아름 안고 대낮에 일본군 진지

밥할머니 석상

옆 길을 걸었어. 그러자 금방 일본군이 나타나 오씨 부인을 붙잡았지.

"쌀을 이렇게 많이 가지고 있다니, 도대체 누구냐! 어디로 가는 길이냐?"
"살려 주십시오. 저는 아랫마을 사는 아낙인데 산속 병사들이 배고픈 조선인들에게 쌀을 나누어 준다 하여 받아서 집으로 가는 길입니다."

오씨 부인의 말에 일본군은 깜짝 놀랐어. 틀림없이 조선군은 산속에 갇혀 배고픔에 떨어야 하는데 오히려 쌀을 나누어 주고 있으니 말이야. 그때 산속에서 연기가 나고 창릉천 물이 뿌연 색으로 변했어.

"저건 무슨 연기냐? 물 색깔은 또 왜 하얗지?"
"저 산 위를 보십시오. 쌀이 산더미처럼 쌓여 있습니다. 아마 밥을 하느라 연기가 나고 쌀 씻은 물이 흘러 뿌옇게 변한 듯합니다."

오씨 부인의 말에 일본군은 산을 살펴보았어. 볏짚으로 감싼 노적봉은 멀리서 보니 정말 군량미를 잔뜩 쌓아 놓은 모습이었어. 배고픔을 참지 못한 일본군은 쌀 씻은 물이라도 먹겠다며 창릉천 물을 벌컥벌컥 마셨지. 그러나 곧 배탈이 나서 데굴데굴 굴렀어. 사실 뿌연 물은 쌀 씻은 물이 아니라 석회가루를 탄 물이었지. 이때를 놓치지 않고 조선군은 일본군을 몰아내었어.

그 날 이후 오씨 부인은 조선을 지킨 영웅이 되었고 사람들은 불상을 만들어 오씨 부인을 오래도록 기억했어. 그런데 훗날 일제 강점기에 일본인들은 불상 머리를 훼손시켜 버렸어. 동네 주민들은 새로운 머리를 만들어 붙였지만 그때마다 마을에 좋지 않은 일이 일어났다고 해. 그래서 지금은 목이 없는 채로 모셔 두고 있어.

149 임진왜란은 도자기 전쟁!

전쟁은 의외의 결과를 가져오기도 하는데, 한편으로 임진왜란을 '도자기 전쟁'이라고도 해.

임진왜란 전까지 일본에서는 제대로 된 도자기를 찾아보기 힘들었어. 일본은 도자기 기술이 없었거든. 하지만 전쟁 때 수많은 도자기와 함께 데려간 조선의 도자기 장인 덕에 일본은 전쟁 후 도자기 전성 시대를 맞이해.

일본으로 끌려간 조선의 도자기 장인들은 고향을 그리워했지만 일본에 남길 원했지. 거기서 여태껏 받아 본 적 없는 좋은 대우를 받았거든. 성리학만 받드는 조선과 달리 일본은 기술을 우대하고 발전시킬 수 있게 도와주었지. 도자기의 원료가 되는 좋은 흙을 찾아내고 크고 훌륭한 가마를 지어 주었어. 집도, 벼슬도, 재물도 주었어.

그러나 도자기 기술을 다른 지역의 다이묘에게 빼앗길까 봐 장인들을 산속 깊숙한 곳에 마을을 짓고 살게 했지. 도자기 장인들은 몇몇 지도자를 중심으로 뭉쳐서 도자기를 만들었어. 그들이 정착했던 아리따, 이마리 지역은 지금도 일본 제일의 도자기 생산지로 유명해. 그때 장인들을 이끈 이삼평은 일본 도자기 역사의 신으로 존경 받고 있고, 백파선은 조선 사기장 1,000여 명을 이끌었던 전설적인 여장부였어. 심당길의 후손들은 400년이 지난 지금도 심이라는 성을 한국말 '심' 그대로 쓰면서 일본 최고의 도자기 가문으로 이름을 떨치고 있어.

전쟁의 결과로 일본에서 최고의 도자기 문화가 꽃핀 것은 씁쓸한 일이야. 하지만 기술을 대우하는 두 나라의 차이가 어떤 뼈아픈 결과를 낳았는지를 살펴보는 것이야말로 역사를 공부하는 진정한 이유일 거야.

150 전쟁이 준 뜻밖의 선물, 《동의보감》

7년 동안 이어진 임진왜란으로 조선은 참혹한 피해를 입었어. 얼마나 피해를 입었을까?

백성의 3분의 1이 죽었고 땅은 절반이나 쓸 수 없을 만큼 황폐해졌어. 먹을 것은 없고 전염병은 여기저기 끊임없이 일어났어. 전쟁을 막지 못한 선조는 고통 받는 백성을 볼 낯이 없었어. 그래서 전쟁이 잠시 멈추자 백성들에게 도움이 될 의서를 만들라고 명했어. 허준은 남은 의원 다섯 명과 의서를 만들려고 준비했지만 곧 전쟁이 다시 시작돼 완성할 수 없었어. 2년 후 전쟁이 끝나고 선조가 병으로 죽자 허준은 책임을 지고 자리에서 물러나 유배를 갔어.

허준은 혼자서라도 의서를 만들 계획을 세우고 조선과 중국의 의서를 연구한 끝에 10여 년 만에 《동의보감》을 완성했어.

25권으로 된 동의보감은 누구나 쉽게 이용할 수 있게 약재의 이름을 어려운 의학 용어와 더불어 일상생활에서 쓰는 쉬운 우리말로도 적었어. 예를 들면 오공(지네), 갈근(칡뿌리) 이런 식이었어. 한글로 표현해서 일반 백성도 알 수 있게 했지. 또 값비싼 약재를 대신할 수 있게 산과 들에서 구하기 쉬운 약재도 함께 일러 두었으니 백성들에게는 더없는 의서였어. 더 중요한 것은 세계 최초로 예방 의학을 다루었다는 거야. 병에 걸린 후 치료하는 것보다는 평소에 병에 걸리지 않게 하는 것이 더욱 중요함을 강조했지.

임진왜란이라는 전쟁 속에 태어난 《동의보감》은 우리나라뿐 아니라 일본과 중국에서도 여러 차례 간행될 만큼 쓰임새가 컸어. 말 그대로 전쟁에 피해를 입은 백성들을 위한 선물이었던

《동의보감》

거지. 2009년, 유네스코는 동의보감의 가치를 인정해 세계 기록 유산으로 등재했어. 백성을 위한 허준의 마음과 노력에 대한 보답인 셈이야.

151 밝히지 못한 조선왕조실록 속 미스터리, 귀신과 괴물

정치, 경제, 역사, 문화는 물론 과학, 미술, 음악, 역병에 천재지변 등 조선 시대의 모든 것이 기록된 역사서 조선왕조실록에는 지금 보아도 미스터리한 일들이 기록되어 있어.

"성안에 요귀가 많습니다. 영의정 정창손의 집에는 귀신이 있어 능히 집안의 물건을 옮기고, 호조 좌랑 이두의 집에도 여자 귀신이 있어 매우 요사스럽습니다. 대낮에 모양을 나타내고 말을 하며 음식까지 먹는다고 하니,

청컨대 제사를 지내게 하소서."
(성종 17년 11월 10일)

"간밤에 군인 한 명이 꿈에 가위눌려 기절하자, 동료들이 놀라 일어나 그를 깨우느라 떠들썩했습니다. 그때 군인들이 다 같이 보았는데 생기기는 삽살개 같고 크기는 망아지 같은 것이 방에서 나와 서명문으로 달아났습니다."
(중종 22년 6월 17일)

특별한 역사책 141

"어떤 자가 '말같이 생긴 괴물이 나타나 이리저리 날뛴다.'고 하자, 금군들이 놀래어 소리치면서 소동을 피웠다."
(중종 27년 5월 21일)

"한양에 한밤에 소동이 있었다. 괴물이 밤에 다니는데 지나가는 곳에는 검은 기운이 가득해 캄캄하고 수레가 가는 듯한 소리가 났다."
(인종 1년 7월 2일)

이 같은 일이 실제 있었던 일인지 알 수 없지만 역사의 상상력을 자극하는 것만은 분명해.

152 전쟁이 바꾼 두 궁의 운명, 버려진 경복궁과 새로 만든 경희궁

임진왜란이 끝나자 한양으로 돌아온 왕실의 행렬은 초라하기 이를 데 없었어. 왕이 살던 궁궐도 피해를 입어 바꿀 수밖에 없었지.

대신들은 물론 궁녀와 환관 대부분이 전쟁 중에 도망가거나 목숨을 잃었고 백성들은 한양을 버리고 도망친 선조에게 싸늘한 눈길을 주었어. 게다가 경복궁을 비롯한 창덕궁과 창경궁은 불타 사라져 머물 곳 또한 변변치 못했지.

한양으로 돌아온 선조는 월산 대군의 옛집에 머물며 제일 먼저 궁궐 수리를 명했어. 다만

복원해 채색한 〈서궐도〉. 서궐은 경희궁을 말해.

경희궁 안에 있는 서암

조선의 정궁이었던 경복궁은 놔두고 창덕궁을 먼저 수리했어. 경복궁 터가 좋지 않아 전쟁을 겪었다는 소문을 모른 척 할 수 없었던 거지. 하지만 선조는 창덕궁이 완성되기도 전에 세상을 떠났고 뒤이은 광해군이 모든 공사를 끝내고 창덕궁으로 들어갔어.

6년 후에는 창경궁도 다시 완성시켰어. 여전히 경복궁은 그대로 두었어. 이제 나라가 안정되나 싶었는데 광해군은 무서운 소문을 들었어. 경복궁 서쪽에 있는 서암에서 왕의 기운이 나온다는 것이었지. 서암은 인왕산 아래에 있는 커다란 바위야. 소문을 접한 광해군으로서는 가슴이 철렁 내려앉을 수밖에 없었어. 자신이 왕인데 또 다른 왕이 나온다는 것은 곧 반란을 의미했거든. 광해군은 고민 끝에 서암 주변에 사는 사람들을 모두 쫓아내고 그곳에 또 하나의 궁궐을 지었어. 바로 경덕궁(훗날 경희궁으로 이름이 바뀜)이었어.

하지만 소문이 사실이 된 것일까? 광해군은 정말 왕위에서 쫓겨나고 말았어. 더욱 놀라운 사실은 새로 왕이 된 인조가 서암 바로 옆에 살던 왕족이었다는 거야.

153 조선 최고의 괴짜 미식가, 허균

최초의 한글 소설인 《홍길동전》을 지은 허균. 우리나라 최초의 음식 품평서를 쓴 맛 칼럼니스트라고?

허균은 천재 시인 허난설헌의 동생이자 당대 최고의 문장가로 이름을 떨쳤던 인물이야. 스승인 유성룡이 일찌감치 허균의 능력을 알아볼 만큼 어릴 적부터 신동으로 소문이 자자했어. 하지만 능력이 있어도 신분에 따라 차별 받는 조선의 현실을 비판한 죄로 비운의 죽음을 맞이한 인물이지.

그런데 이런 허균에게 알려지지 않은 특별한 면이 있어. 요즘 '먹방'이 대세가 되면서 새롭게 허균의 이름이 여기저기 자주 등장하게 되었지. 어찌된 일이냐고? 허균은 어린 시절부터 먹는 것에 매우 관심이 많았어. 관리인 아버지를 따라다니며 여러 음식을 맛보았지. 성인이 된 후에도 이름난 음식을 먹는 것을 가장 큰 즐거움으로 여겼어. 그러다 보니 사또가 되어 지방으로 가게 되면 꼭 음식이 유명한 지역으로 보내 달라고 했어. 심지어는 귀양을 갈 때도 음식이 맛있는 곳으로 보내 달라 했을 정도야. 하지만 귀양이라는 것이 여행을 떠나는 것도 아닌데 허균의 말이 받아들여질 까닭이 없었지.

결국 바닷가로 귀양을 떠나 거친 음식만 먹게 되자 허균은 옛날에 먹었던 음식들을 떠올리며 책을 지었어. 지역별 특산 음식 100여 종을 소개한 《도문대작》은 음식의 재료와 음식 문화, 맛집 정보가 고루 담긴 책이야. 이 책은 400여 년 전 별미 음식과 향토 음식을 가장 잘 소개하여 우리나라 최초로 음식을 평가한 책이 되었어. 아 참, 책 제목 도문대작은 '푸줏간 앞에서 크게 씹는 흉내를 낸다.'는 뜻으로 상상을 하며 스스로를 위로한다는 말이라고 해.

154 조선 시대 육아는 할아버지의 몫?

조선 시대 육아는 모두 여성의 몫이었어. 하지만 특별한 경우도 있었지.

명종 때 학자였던 이문건은 자식들이 일찍 죽는 바람에 손자를 직접 키워야 했어. 58세 때 얻은 손자는 집안의 대를 이을 유일한 아이라서 이문건의 사랑은 말로 표현 할 수 없었어. 이문건은 손자 이숙길이 16살이 될 때까지 자라는 모습을 육아 일기로 남겼어. 《양아록》 은 현재 남아 있는 가장 오래된 육아 일기이자 사대부가 쓴 유일한 작품이야. 《양아록》에는 손자를 대하는 할아버지의 따뜻한 마음이 아주 잘 남아 있어.

"태어난 지 7개월, 아랫니 두 개가 나왔다."

"뺨에 연이어 종기가 돋아나는데 이 몸이 대신 아프면 좋겠다."

"손자가 조금 놀라도 할아비는 많이 놀란다."

하지만 자라면서 비뚤어지는 손자를 보며 가슴 아파하는 내용도 있어.

"내가 종아리를 치는 것은 아이의 나쁜 습관을 없애기 위해서라. 오냐 오냐 하며 아이를 귀여워한다면 일마다 아이의 비위를 맞춰야 하리."

"어렸을 때는 늘 어여삐 여기고 안타깝게 생각해서 차마 손가락 하나 대지 못했지만 글을 가르치는 지금은 늘 성급하게 화를 내고 손자를 사랑하지 않게 되었다. 어쩌다 이 지경이 된 것인가. 할아비의 난폭함을 진심으로 경계한다."

이문건은 이숙길이 열여덟 살이 되는 해에 세상을 떠났어. 할아버지의 사랑이 지나쳐 부담이 되었을까? 이숙길은 선비로서는 성공하지 못했지. 하지만 훗날 임진왜란이 일어나자 의병으로 활약했으니 할아버지도 자랑스러워했을 거야.

155 조선의 과거 시험 기네스북

과거 시험에 합격한다는 것은 개인뿐 아니라 가문의 영광이기도 했어.
조선 시대 500년 동안 일어난 울고 웃는 과거 시험 기네스북을 알아볼까?

① 과거 시험의 달인

무려 아홉 번을 그것도 전부 장원으로 급제한 전무후무한 인물이 있어. 바로 율곡 이이야. 하지만 율곡의 벼슬은 영의정에 이르지 못했어.

② 무시험으로 정승이 된 인물

황수신은 황희 정승의 아들로 과거 시험에 낙방했지만 아버지 덕에 관리가 됐어. 학문은 부족했지만 관리로서 재능이 탁월해 세조 때 영의정 자리에 올랐지. 반면 윤증은 당대 최고의 학식을 갖춘 학자였지만 과거는 보지 않았어. 나라에서 벼슬을 주며 등용하려 했지만 거절했어. 거절할 때마다 벼슬은 점점 높아져 나중에는 정승까지 제안했지만 모두 거절해 모두를 놀라게 했지.

③ 최고령 합격자

83세 박문규. 고종은 나이를 듣고 깜짝 놀라 특별히 정삼품 당상관으로 승진시켜 주었어.

④ 최연소 합격자

15세에 합격한 강화도 출신 이건창. 너무 이른 나이에 급제했다는 이유로 4년 뒤에나 벼슬을 제수 받았어.

⑤ 만과로 불린 무과 시험

33명을 뽑는 문과와 달리 무과는 급제자 수가 고무줄처럼 변했어. 광해군에서 인조 때는 수천 명을 뽑았고, 숙종 때는 무려 17,652명을 뽑기도 했지.

⑥ 가장 많은 합격자를 낸 가문 BEST 5

1위 전주 이씨 2,719명.
2위 파평 윤씨 934명.
3위 안동 권씨 909명.
4위 남양 홍씨 833명.
5위 밀양 박씨 755명.

임진왜란과 병자호란을 겪은 조선은 왕실과 양반은 물론
백성들의 생활도 급격히 달라졌어.
첫 번째 변화는 예법이었어. 조선은 명과 청 중 누구를 따르는 것이
옳은가 하는 문제부터 왕실 장례 때 상복을 얼마 동안
입어야 하는지에 대한 문제까지 사사건건 의견이 부딪혔어.
두 번째 변화는 모내기의 시작, 서양 학문에 대한 관심, 동학의 탄생 등
새로운 사상과 학문, 경제에 대한 것이었어.
세 번째 변화는 판소리, 사설시조, 탈춤, 전기수 활약 등
서민 문화가 활발해졌다는 것이지. 어느 시대보다 다채로운 이야기가 가득한
조선 후기로 출발!

조선 후기

156 조선의 조정을 놀래킨 국가 기밀 유출 사건

"전하, 통신사가 전하는 바를 듣건대, 유성룡이 지은 《징비록》이 왜국에 흘러 들어갔다고 하니, 일이 지극히 놀랍습니다. 엄격하게 법을 만들어 하루바삐 엄격히 막으소서."

(숙종 38년 4월 22일)

1712년 조정에서는 한바탕 소란이 일어났어. 조선 통신사가 오사카에서 발견한 《징비록》은 영의정이었던 유성룡이 임진왜란을 겪으며 보고 느낀 모든 것을 기록한 책이야. 조선과 일본 지휘관의 정보와 전략, 전투 형태, 백성들의 사정까지 매우 상세하게 적혀 있었어. 또한 전쟁 전후로 보인 조선 정부의 실책, 이런 일이 또 벌어진다면 어떻게 준비해야 할 것인지에 대한 대책까지 제시되어 있었지. 유성룡이 서문에서 쓴 말처럼 '지난날을 반성하고 앞날을 준비하기 위해' 만든 중요한 책이 임진왜란을 일으킨 일본에서 버젓이 팔리고 있었어. 조선 통신사는 놀랄 수밖에 없었지.

문제는 이미 일본에서 널리 읽혀 조선 연구의 핵심 자료가 되어 버렸다는 거야. 오히려 책을 번역한 일본인은 다음과 같이 써서 임진왜란의 교훈을 얻고 있어.

"전쟁을 좋아하는 것과 전쟁을 잊는 것 모두 경계해야 한다. 도요토미 가문은 전쟁을 너무 좋아했기에 망했고, 조선은 전쟁을 잊었기에 망할 뻔했다."

참담하고 부끄러운 일이지만 지금이라도 역사가 주는 가르침을 잊지 말아야겠어.

157 병자호란 최대의 치욕, 쌍령전투

300명 대 40,000명. 승리는 어느 쪽이었을까?
병사의 숫자만 놓고 보자면 뻔한 결과 같지만 놀랍게도 승리는 300명이 차지했어.

그것도 일방적인 승리였어. 이 기적과도 같은 승리의 주인공은 분하지만 청나라 군대였어. 철저하게 대패한 쪽은 조선의 군대였지. 우리 역사상 3대 패전의 불명예를 안고 있는 이 전투는 쌍령에서 벌어진 것이었어. 쌍령은 경기도 광주 남한산성 인근의 고갯길이야.

병자호란 때 남한산성에 갇힌 인조를 구하러 경상도 군대가 올라왔어. 무려 4만에 달했으니 청나라 군대도 긴장할 수밖에 없었어.

임진왜란이 끝난 지 얼마 되지 않아서 일본과 지리적으로 가까운 경상도 군대는 다른 곳보다 수도 많고 조총도 많았어. 그런데 문제는 이를 이끄는 지휘관들이었어. 이들은 한시라도 빨리 인조를 구해 공을 세우고 싶었던 탓에 추위가 심하고 물자가 부족한데도 무리하게 행군을 독촉했지. 말을 듣지 않으면 윽박지르고 심지어 목을 베기도 해서 군사들의 사기는 매우 떨어졌어. 게다가 곳곳에서 올라오는 군대가 채 모이기도 전에 공격을 시작해 버렸어.

하지만 급히 올라오느라 조총 사용법을 미처 익히지 못했고 화약 다루는 기술이 부족한 군사들은 겨우 적 30여 명이 나타나자 놀라서 가지고 있던 화약을 다 써 버렸어. 조선의 사정을 단숨에 파악한 청나라 군대가 몰아치는 바람에 1차 전투에서 패배했어. 2차 전투도 화약을 나누다 폭발하는 통에 혼란에 빠진 조선 진영을 청나라 기병 300명이 기습하여 수천 명이 죽고 다쳤어. 장군들은 모두 전사했지. 구원병의 연이은 대패로 조선은 충격에 빠졌고 강화도의 왕족과 대신들마저 포로로 잡히자 결국 인조는 청나라에 항복하고 말았어.

158 당찬 여인, 세자빈 강씨의 한

병자호란으로 치욕을 겪은 인조는 아들과 며느리까지 죽음으로 몰아넣고 말았어.

청나라는 인조에게 항복을 받으며 여러 조건을 내걸었어. 그 중 하나가 세자를 청나라로 끌고 간다는 것이었어. 이 조건에 따라 소현 세자는 세자빈 강씨와 함께 조선을 떠나 청나라 수도 심양으로 끌려갔어. 인조는 굴욕에 치를 떨며 세자와 세자빈이 무사히 돌아오기만을 바랐지. 그런데 이상한 일이 벌어졌어. 청으로 끌려가 고생해야 할 세자가 고생은커녕 청나라 황실의 인물들과 점점 가까워지고 있었어.

이유를 알아보니 세자빈 강씨가 탁월한 재능으로 청나라에서 엄청난 돈을 벌어 세자를 지원하고 있었지. 인삼 무역을 통해 돈을 벌고 그 돈으로 포로가 된 조선 백성을 구해냈어. 또한 땅을 사서 조선 백성들에게 농사를 짓게 했는데, 풍년에 풍년이 거듭되며 세자빈의 재산은 어마어마하게 불어났어. 이 돈으로 세자는 청나라의 대신들을 만나며 좋은 관계를 맺고 새로운 문물을 적극적으로 받아들였지.

이 소식을 듣고 인조는 노발대발했어. 세자빈이 시아버지인 인조의 굴욕을 잊고 오랑캐와 한편이 되었다고 여긴 거야. 특히 세자빈을 직접 뽑고 평소에 칭찬을 아끼지 않았기에 인조의 분노는 더욱 커졌어. 결국 조선으로 돌아온 세자는 인조의 감시 속에 지내다 두 달 만에 의문의 죽음을 맞이했어. 세자빈 강씨 역시 인조의 미움을 받다가 전복에 독을 넣었다는 모함을

받고 사약을 받았지. 세자빈 강씨는 머나먼 이국땅에서도 용기를 잃지 않고 당차게 어려움을 이겨 냈지만, 불행히도 고국으로 돌아와 시아버지에게 사약을 받고 죽은 며느리 신세가 됐어. 조선 역사상 처음 있는 일이었지.

159 무너진 10년의 꿈, 북벌

병자호란의 치욕을 되갚고자 했지만 왕과 신하들 사이에 의견이 나뉘어 이루지 못했어.

오랑캐로 여겼던 여진족이 청나라를 세워 중국 대륙의 주인이 되었어. 조선 선비들은 이런 현실을 믿을 수 없었어. 이에 북벌을 통해 잘못된 일을 바로잡자는 주장이 나왔어.

북벌이란 북쪽의 여진족을 정벌하여 병자호란의 치욕을 되갚겠다는 뜻이야. 하지만 북벌의 방법을 두고 왕과 신하들의 의견이 나뉘었어.

소현 세자와 함께 8년을 청나라에 볼모로 잡혀 있었던 봉림 대군은 왕(효종)이 되자 적극적으로 북벌 정책을 펼쳤지. 군대를 기르고 무기를 준비하고 군량도 마련했어. 하지만 신하들은 달랐어. 왕의 힘이 커지는 것을 바라지 않았어. 오히려 지금이 왕의 힘을 꺾을 기회라고 생각했어. 당시 신하들을 이끌던 송시열은 진정한 북벌은 군대를 길러 복수하는 것이 아니라 더욱 학문에 힘을 쏟고 백성의 삶을 돌보는 것이라 했어. 흉폭한 오랑캐는 중국의

선진 문화에 길들여져 반드시 스스로 망할 것이라고 했지. 그러면 자연스럽게 북벌이 이루어진다는 논리였어. 왕은 군사 훈련에 관심을 가질 것이 아니라 자신을 더욱 수양하고 모범적인 생활을 해야 한다고 했어. 결국 효종이 북벌에 힘을 쏟을수록 신하들은 왕의 곁을 떠나거나 등을 돌렸고 효종은 북벌의 꿈을 펼치기도 전에 갑작스레 세상을 떠나고 말았어.

그럼 북벌은 어찌 되었을까? 선비들의 기대와는 달리 청나라는 점점 경제, 문화, 군사 등 모든 것이 발전해서 북벌의 꿈은 멀어져만 갔어.

160 상복을 얼마나 길게 입어야 할까?

왕의 장례 절차를 두고 조정에서 2차례나 목숨을 걸고 논쟁을 벌인 일이 있었어.

논쟁의 시작은 효종의 장례 절차에서 비롯되었어. 효종의 장례를 두고 신하들은 둘로 나뉘어 목숨을 걸고 싸웠지. 서인의 대표 송시열은 효종은 둘째 아들이므로 왕이라 할지라도 첫째가 아니면 법도에 따라 상복을 1년 입어야 한다고 주장했어. 반면 남인의 대표 허목과 윤후는 왕위를 계승한 사람은 큰아들과 다름없기에 무조건 3년을 입어야 한다고 했지. 현종은 아버지를 위해서라도 3년을 하고 싶었지만 송시열의 힘과 논리에 밀려서 결국 서인의 손을 들어 주었어. 1차 예송논쟁은 서인의 승리로 끝이 났지.

하지만 15년 후 효종의 비가 죽자 또다시 상복 문제로 논쟁이 일어났어. 서인은 효종 때처럼 첫째 며느리가 아니니 왕비라 할지라도 9개월이 예법이라 했고 남인은 이에 맞서 1년을 주장했어. 현종은 이번에는 남인의 손을 들어 주었어. 이를 2차 예송논쟁이라고 해.

그런데 상복을 얼마나 길게 입느냐가 왜 중요한 것일까? 사실 서인은 왕도 양반과 똑같은 원칙을 지켜야 한다는 주장을 함으로써 왕권을 견제하려 한 거야. 반면 남인은 왕권 지지파였지. 왕실의 장례를 놓고 목숨 걸고 싸운 이 논쟁은 조선 사회에 예법의 중요성을 널리 알리는 계기가 되었어. 효종의 죽음은 북벌이 끝남은 물론 새로운 조선을 만드는 중요한 계기가 되었어. 이후 조선은 예법이 강화되며 남녀의 차이, 첫째와 나머지의 차이, 양반과 백성의 차이가 더욱 심해져 갔어.

161 궁중 생활사 1 _ 궁녀

조선 시대 궁궐에는 500여 명의 궁녀들이 살았어. 왕과 왕의 가족들을 위해 여러 가지 일을 하기 위해서였지.

궁녀는 크게 **애기나인, 나인, 상궁**으로 나뉘어. 애기나인은 보통 6세 전후로 궁궐에 갓 들어온 궁녀를 말해. 그때부터 한글과 한자는 물론 궁중 예법을 배우며 청소, 빨래 등 여러 가지 잔일을 도맡았어. 애기나인은 생각시 또는 견습궁녀라고도 해. 애기나인이 10년에서 15년을 보내고 18세가 되면 왕과의 혼인을 뜻하는 관례식을 치르고 정식 나인이 돼.

나인이 되면 왕이 아닌 다른 남자와는 절대 혼인을 할 수 없어. 병에 걸리거나 죽기 전에는 궁궐을 나갈 수도 없지. 물론 가끔 궁밖 외출은 허락되었어. 나인은 격일로 8시간씩 근무하는데 15년을 일해야 상궁이 될 수 있어. 그 사이에 왕과 하룻밤을 보내면 근무 기간과 상관없이 바로 특별상궁으로 신분이 올라가. 그리고 아이를 가지면 더 이상 궁녀가 아닌 왕실의 가족인 후궁이 되는 거지. 하지만 이런 경우는 매우 드물고, 보통 궁녀들은 상궁이 되는 것을 목표로 살아가.

상궁이 되면 왕과 왕비, 세자와 세자빈, 대비, 후궁 등 왕실의 어른들을 모시는 책임자가 되는데 상궁 중 으뜸은 왕을 모시는 **제조상궁**이야. 제조상궁은 판서나 정승도 감히 함부로 할 수 없는 권위를 갖고 있었어. 왕을 가장 가까이서 모시기 때문이지.

그럼 궁녀는 월급을 받았을까? 물론이야! 게다가 궁녀의 월급은 꽤 높은 편이었어. 궁녀는 기본적으로 왕의 여자이기 때문에 나인이라 할지라도 과거에 급제한 양반 대우를 해 주었거든. 쌀과 콩, 북어가 월급으로 지급되었는데, 상궁의 경우 쌀 16.5말, 콩 5되, 북어 80마리가 지급되었다고 해.

162 궁중 생활사 2 _ 내관

궁녀에 이어서 왕을 아주 가까이 모시는 사람들이 있었어. 바로 내관이야.

내관은 내시, 환관 등으로 불렸는데 궁궐에 약 200명이 있었어. 가장 높은 **상선**에서 가장 아래의 **상원**까지 정식 내관이 140명, 나머지는 예비 내관이야. 궁녀들과는 달리 궁궐 밖에서 가정을 꾸리고 출퇴근하는 내관도 많았는데, 이들을 **출입번 내관**이라 했어. 반면 궁녀와 마찬가지로 궁궐에서 사는 내관을 **장번 내관**이라 불렀지.

장번 내관은 왕을 가까이서 모시기 때문에 대단한 권세를 누렸어. 내관의 수장인 상선은 판서나 정승처럼 대감이라 불렸지. 내관은 알려진 대로 남성이지만 거세되어 남성의 구실을 할 수 없었어. 결혼을 하더라도 자식을 낳을 수가 없었지. 그래서 내관은 어린 내관을 아들로 삼아 집안을 이어 나갔어. 친자식을 낳을 수 없으니 재산을 모으는 데 집중하는 내관이 꽤 많아서 내관 중에는 부자가 많았대.

궁궐에서 내관이 하는 일은 왕과 세자 등 왕실 가족을 가장 가까이서 지키며 명령을 전달하는 것이었어. 왕실의 재산을 관리했고 왕실 사람들의 사사로운 일을 대신 처리하기도 했지. 그래서 내관은 끊임없이 공부하고 평가 받았어. 왕실의 권위를 위해 품위를 지키고 실력을 키웠어. 내관이 속한 내시부는 사서를 공부하고

예법을 익히며 매달 시험을 보았고 1년에 네 번이나 근무 평가를 받을 만큼 엄격한 조직이었어. 내관도 궁녀처럼 10년을 보내야 정식 내관이 되었고 월급도 궁녀와 비슷했어.

내관은 모시던 왕이 죽으면 궁궐에서 물러났어. 그리고 평생 소복을 입고 살다가 죽었는데 놀랍게도 내관의 평균 수명은 70세였어. 양반보다 14년 이상 더 살았다고 해.

163 잡초와의 전쟁에서 해방시켜 준 모내기

농사일에서 가장 힘든 점은 무엇일까? 김매기였다고 해. 모가 자라는 동안 모 주변에 나는 풀을 뽑아 주는 일이었지.

뽑아도 뽑아도 끝없이 자라는 잡초는 벼의 경쟁자야. 뽑아 주지 않으면 벼가 가져야 할 양분을 모두 가져가서 농사를 망치게 되니까. 매일 허리를 숙이고 잡초를 뽑는 김매기는 여간 힘든 게 아니었어. 하지만 조선 전기까지만 해도 벼농사는 논에다 씨를 바로 뿌리는 방법을 썼기에 김매기는 피할 수가 없었지.

그런데 남부 지방을 중심으로 모내기법이 보급되었어. 모내기는 모판에 볍씨를 뿌려 20센티미터 정도 자라게 한 다음 논에다 옮겨 심는 방법이었어. 그러면 이미 자란 벼가 잡초랑 경쟁해도 이길 수 있기에 김매기는 한 달에 한 번만 하면 됐어. 농사일이 크게 줄어들었지. 또 물이 풍족하고 태풍 피해만 없으면 직파법으로 할 때보다 수확량이 몇 배나 늘어나서 모내기법은 빠르게 널리 퍼졌어.

그런데 모내기법의 단점도 있어. 벼가 모판에서 고이 자라다 논으로 옮겨진 뒤에는 가벼운 가뭄에도 견디지 못하고 말라죽었지. 직파법으로 기른 벼는 수확량은 적어도 가뭄을 이겨 내는 힘이 있어 큰 흉년은 들지 않았어. 그러니 섣불리 모내기를 권할 수는 없었어. 가뭄이 몇 해 지속되면 백성들이 모두 굶어 죽을 수밖에 없었거든. 하지만 수확량이 높은 모내기를 언제까지 금지할 수는 없었어. 그래서 전국 곳곳에 커다란 저수지를 만들어 물을 담아 두고 모내기를 시작했지. 결국 모내기는 전국으로 퍼졌고 수확량은 늘어났어.

그럼 농민들의 농사일은 편해졌을까? 아니야. 벼농사는 쉬워진 게 분명하지만 그러다 보니 더 많은 땅에 벼농사를 짓거나 밭농사를 늘였지. 일하는 전체 시간은 오히려 늘어 버렸어. 아무튼 조선 백성들의 부지런함은 알아줘야 해.

164 담배 농사가 효자일세! 돈이 되는 농작물들

벼농사에 밭농사까지 할 수 있게 된 농민들은 힘들어도 돈이 되는 작물을 선호했어.

임진왜란 때 일본과 명나라 군대가 들어오면서 상인들도 함께 왔는데, 그들을 통해 여러 작물들이 소개되었어. 또한 전쟁 후 일본과 청나라를 오간 사신단과 상인들을 통해서도 새로운 작물들이 들어왔지. 고구마, 감자, 호박, 고추, 토마토, 담배 등이 대표적이야.

그 중 가장 농사짓기 힘든 작물은 단연 담배였어. 담배 농사는 수많은 농사 중에서도 사람의 손이 가장 많이 가는데, 봄부터 겨울까지

사람의 손길이 수십 번은 가야 끝이 난다고 해. 특히 여름철에 담뱃잎을 따는 일은 몹시 고된 작업이었어. 온몸에 진딧물이 달라붙고, 몸은 땀으로 범벅이 되고, 독한 냄새는 머리를 지끈거리게 하거든. 또한 담뱃잎을 딴 뒤에는 건조실에서 말리는 일을 여름 내내 해야 했어. 담배 농사는 겨울에도 쉴 수가 없어. 마른 담뱃잎을 분류하고 묶어서 내다 팔아야 했거든.

하지만 어려운 만큼 벌이가 꽤 괜찮은 농사였어. 물론 이때는 담배의 해로움을 잘 몰랐고 약으로 생각했기에 가능했을 거야. 게다가 담배는 중독성이 강해 비싼 값에도 날개 돋친 듯 팔렸지. 담배 농사로 재미를 본 농민들은 고추, 토마토 등 다른 작물도 앞다투어 심었지. 이같이 돈이 되는 작물들을 상품 작물이라 했어. 조선 후기는 모내기와 더불어 상품 작물의 시대였어.

165 김씨, 이씨, 박씨 성이 유난히 많은 이유는 뭘까?

원래 성씨는 신라 말 고려 초의 귀족들이 자신의 가문을 내세우기 위해 만들었어. 조선 시대에는 주로 양반들을 위한 것이었지.

백성과 노비 대부분은 따로 성을 쓰지 않고 이름만 있는 경우가 많았어. 그러다 점차 백성들도 성을 쓰기 시작했지만 전주 이씨, 경주 김씨 같은 본관을 갖진 못했지. 양반은 사실 조선 초에는 전체 인구의 3% 남짓, 조선 중기에도 10% 정도였으니 성은 귀한 것이었어.

그런데 임진왜란 후 나라 살림이 어려워지자 돈을 주고 벼슬을 살 수 있는 공명첩이 나왔어. 진짜 벼슬이 아니라 일종의 명예직이지만 이것만 있으면 양반이 되니 돈을 많이 모은 백성이나 노비는 공명첩을 사서 신분을 바꾸는 경우가 많았어. 그뿐만 아니라 가난한 양반의 호적을 사거나 돈을 주고 슬쩍 양반의 호적에 이름을 올려 신분을 바꾸는 사람도 점차 늘어났어. 그러다 보니 조선 후기에는 전체 인구의 30%가 넘게 양반인 상황이 되었지.

조선 말이 되면 노비들도 주인의 성을 따서 쓰기 시작했고, 1894년 이후 신분제가 폐지되자 너도 나도 성을 가졌어. 기왕 갖는 성으로 왕족의 성인 김, 이, 박을 많이 선택했어. 그 결과일까? 지금 대한민국의 성씨를 보면 김씨가 1천만 명, 이씨가 7백만 명, 박씨가 4백만 명으로 전체의 절반 가까이 돼. 조선 왕실의 본관인 전주 이씨만 하더라도 무려 260만 명에 달해. 설마 그들이 모두 왕족이지는 않겠지?

조상을 기리고 자부심을 갖는 것은 좋지만 자신의 가문을 너무 내세우다가는 큰코 다칠 수 있다는 사실도 명심해야 할 거야.

166 양반들의 집안 자랑

조선의 지배층인 양반이란 본래 동반과 서반을 합한 말로, 과거에 급제해서 나랏일을 돌보는 관리를 뜻하는 말이야.

문과에 급제한 사람을 뜻하는 **동반**은 궁궐이나 지방 관아에서 일을 하고, 무과에 급제한 사람인 **서반**은 장군이 되어 나라를 지켰지. 과거 시험은 어려워서 모든 지배층이 과거에 급제할 수는 없었어. 그래서 4대에 걸쳐 단 한 명이라도 과거에 급제한 사람이 나온 집안은 진정한 양반 행세를 할 수 있고 그렇지 못한 집안은 양반 대접을 제대로 받지 못했지.

급제를 해서 관직에 오르면 녹봉을 비롯해 세금 면제, 군역 면제 등 여러 혜택을 받았기에 저마다 자신의 가문을 빛내기 위해 치열하게 경쟁했어. 정삼품 이상의 당상관이나 이름을 떨친 학자를 배출한 집안은 모두 부러워했지.

그렇다면 어떤 집안이 조선을 대표하는 집안일까? 우선 과거 급제자를 많이 배출한 집안이 명문가였어. 무과 급제도 좋지만 문과 급제가 더욱 좋은 평가를 받았지. 전주 이씨, 파평 윤씨, 안동 권씨, 남양 홍씨 등이 문과 급제자를 많이 배출한 대표적인 집안이야.

급제자라도 높은 벼슬을 많이 받을수록 집안의 명성은 올라갔어. 국무총리에 해당되는 정승을 배출한 집안은 대단한 권세를 자랑했지. 안동 김씨, 동래 정씨 집안이 대표적이야.

정승을 배출한 집안도 함부로 할 수 없는 명문가는 최고의 학자들을 배출한 집안이었어. 나라의 학문을 담당하는 홍문관, 예문관, 성균관의 최고 직위를 모두 지낸 사람을 **문형**이라 불렀어. 나라의 학문을 바르게 평가하는 저울이라는 뜻이지. 연안 이씨 집안이 문형을 배출한 대표적인 집안이야.

또한 공자와 더불어 문묘에 함께 모셔진 동방 18현을 배출한 집안도 최고의 양반 가문으로 손꼽혔어. 광산 김씨와 은진 송씨 등 열여섯 가문이야.

그런데 우리 집안에는 특별한 조상이 없어 슬프다고? 그럴 필요는 없어. 우리 자신이 집안을 대표하는 역사적 인물이 되면 되니까.

167 조선 최고의 명당, 순창 말무덤

조선 시대는 조상을 잘 모시는 것보다 중요한 일은 없다고 여길 만큼 '효'를 중요시 여겼어.

그래서 부모를 좋은 땅에 묻어 드리는 일을 중요하게 생각했어. 무덤이란 영원히 잠드는 장소이기 때문이지. 좋은 곳에 묘를 써서 부모를 모시면 후손이 복을 받고 나쁜 땅에 무덤을 만들면 집안에 화가 미친다고 생각했어. 그러다 보니 너도 나도 명당을 찾기 위한 노력을 게을리 하지 않았어. 특히 양반 가문일수록 최고의 명당을 찾길 바랬어.

그럼 조선 선비들이 입을 모아 최고로 손꼽은 명당은 어디일까? 바로 전라북도 순창에 있는 곳으로, 일명 '말무덤'이야. 산의 모습이 들판을 달리는 말의 모습을 했다고 해서 붙여진 이름이야. 여기서 질문 하나! 말의 몸에서 가장 좋은 기운을 가진 곳(혈자리)은 어디일까? 앞을 보는 눈일까? 힘차게 내딛는 발일까? 사람이 타는 등일까? 아니면 튼튼한 엉덩이일까?

모두 아니야! 최고의 혈자리는 말의 콧구멍이라 여겼어. 힘찬 기운이 쉴 새 없이 뻗어 나오는 콧구멍 자리에 무덤을 쓰면 후손 중에 큰 인물이 많이 나온다고 생각했거든. 바로 그 자리에 묻힌 사람은 김극뉴였어. 김극뉴는 광산 김씨 집안의 인물인데, 고향인 논산이 아니라 처갓집인 순창에 묻혔지.

광산 김씨로서는 특이한 사례였어. 광산 김씨들은 보통 집안의 터전인 논산에 무덤을 만들었거든. 사람들은 의아하게 여겼어. 그런데 그 후 후손 중에 판서, 정승, 대제학은 물론 문묘에 모셔진 동방 18현 중 두 명이 배출됐지. 사람들은 광산 김씨 집안을 명문 중에 명문이라 불렀지. 이 모든 것이 믿거나 말거나 말무덤 덕이라 여겼다고 해.

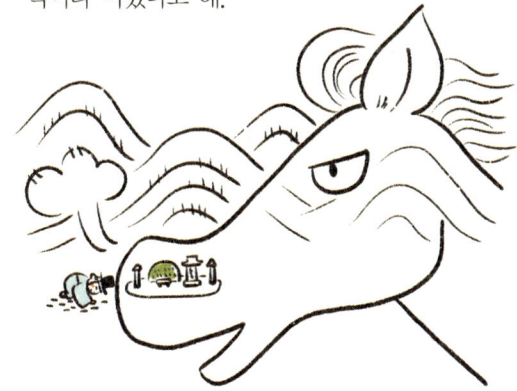

168 공포의 신고식, 면신례

면신례는 본래 신참이 선배 관원들에게 잘 부탁한다는 뜻을 담아 연회 자리를 마련하는 풍습이야.

선배들은 모든 게 낯선 신참이 빨리 적응할 수 있도록 축하연에 참석해 축하와 격려를 하며 함께 일할 사람과 장소, 여러 가지 사정을 알려 주는 거지. 하지만 시간이 지날수록 비싼 음식을 여러 차례 얻어먹거나 신참을 골탕 먹이는 풍습으로 변질되어 버렸어.

특별한 역사책 157

신참은 여러 차례 연회를 준비해야 했는데, 돈이 많이 들어서 가난한 신참은 매우 힘들어했어. 또한 연회 자리에서 정신을 바짝 차리라는 뜻으로 다소 장난스럽거나 짓궂게 몇 가지 행동을 시키던 것이 점점 아주 호된 신고식으로 바뀌어 갔어. 술과 음식을 토할 때까지 먹인다든지 지저분한 벽에 몸과 옷을 문지르게 한 다음 그것을 씻은 물을 강제로 먹이기도 했어. 추운 겨울에는 연못에 던지고 여름에는 일부러 벌에 쏘이게도 했지. 괴로워도 웃는 표정을 짓게 하고 얼굴에 오물을 바르기도 했어. 선배들의 벼슬과 이름을 단숨에 외우지 못하면 두들겨 맞기도 했으니 면신례는 그야말로 공포 그 자체였지. 그야말로 조정의 골칫거리였어.

율곡 이이 역시 면신례를 겪었는데, 부당하다며 맞서다가 벼슬자리에서 쫓겨나기도 했어. 율곡은 훗날 면신례를 없애라는 선조의 명을 받아 낼 만큼 면신례의 폐단을 해결하려 했지만 공포의 면신례는 조선이 망하는 그 순간까지 사라지지 않았다고 해.

169 승진하려면 호랑이를 잡아라?

호랑이 뼈가 구석기 유적에서도 발견될 만큼 호랑이는 오랜 기간 우리 민족과 함께해 왔어.

한반도 전체를 무대 삼아 이 산에서 저 산으로 다니는 호랑이는 **산신령**, 또는 **산군**, **산군자**로 불리며 민간 신앙의 대상이 되었어. 하지만 호랑이는 가장 무서운 맹수로, 백성들에게 많은 피해를 안겨 주었고 조정에서는 호랑이를 잡기 위해 여러 노력을 기울였어.

조선왕조실록만 보더라도 호랑이 관련 기사가 600회 이상 나오지. 호랑이를 잡아 제사를 지낸 내용도 있지만 대부분은 호랑이로 인한 피해와 호랑이를 잡기 위한 노력이 기록되어 있어. 경상도 지역에서는 호랑이에게 피해를 본 사람이 100명이 넘어 나라의 큰 문제가 된 적도 있었어. 호랑이가 궁궐에 나타나 궁 사람들을 공포에 몰아넣은 적도 있지. 그럴 때마다 나라에서는

대대적으로 군사를 보내 호랑이 사냥에 나서곤 했어.

호랑이 사냥을 전담하던 군인도 두었는데, 이를 **착호갑사**라고 해. 착호갑사가 다섯 마리 이상 호랑이를 잡으면 특별 승진도 시켜 주었지. 일반

군인들도 호랑이를 만나 먼저 창을 던지거나 활을 쏘기만 해도 5일 근무한 것으로 인정해 주었고, 호랑이를 맞히면 40~50일 근무한 것으로 인정해 주었어. 쏘거나 맞히기만 해도 상을 받았으니 호랑이 한두 마리를 잡으면 승진은 따 놓은 당상이었어.

성호 이익은 한 발 더 나아가 호랑이를 잡는 사람은 아예 장군으로 승진시켜 준다면 전국의 호랑이를 잡을 수 있을 것이라고 주장할 정도였지. 선조 때 전국에서 호랑이를 100마리도 넘게 잡았지만 호랑이는 줄어들지 않았어. 오히려 한양 곳곳에 수시로 나타나 사람들을 위협했지. 일제 강점기가 되어 호랑이가 모두 사라질 때까지 우리 조상들은 매일같이 호랑이랑 마주치지 않기를 기도하며 살아갔으니 지금으로서는 참 상상하기 어려운 일이지.

170 조선에서도 세 번 재판 받을 수 있는 삼심제가 있었다고?

"사람의 목숨은 지극히 중요한 것으로 한번 죽으면 다시는 되살릴 수 없다."

고려 문종 때 일반 범죄자와 달리 사형수는 세 번에 걸쳐 죄가 맞는지 살피는 삼심제를 시행했어. 하지만 잠시뿐이었지. 그러다 조선 세종 때 삼심제가 다시 시행됐어. 억울한 죽음은 없어야 한다는 뜻이지. 지방 관아나 법을 담당하는 형조 등에서 혹여나 일어날 수 있는 실수나 음모를 막기 위한 장치기도 했어.

그러나 이 또한 시간이 흐르며 유명무실해졌어. 법이 있어도 지켜지지 않는 일이 흔했지. 잘못된 판결로 목숨을 잃는 안타까운 일이 많아 백성들의 원성이 자자했어. 다시 사형수에 대한 삼심제가 나타난 것은 조선 후기 영조 때였어. 백성들의 권익을 보호하기 위해 재판을 더욱 엄격하게 열었어. 그 전까지는 대체로 재판은 양반에게 훨씬 유리했거든.

역사 속에 사형수에 대한 삼심제를 꼼꼼히 살핀 임금들은 공통점이 있어. 어느 왕들보다 백성을 사랑했고 나라의 여러 가지 제도를 개선했다는 점이지. 영조는 삼심제뿐 아니라 다른 법도 모두 손봐서 《속대전》이라는 법전을 편찬했어. 장마 때마다 홍수가 나는 청계천을 정비하기도 했고 무엇보다 군역에 대한 세금인 군포를 1포로 받는 균역법을 실시해 백성들의 세금을 줄여 주었어. 또한 신하들을 고루 등용하는 탕평책을 써서 나라를 안정시키려 했어. 이런 정책들로 인해 영조 때는 백성들이 평안하고 나라의 기강이 바로 서게 되었지.

171 조선 왕세자들의 살인적인 공부량

조선에서 가장 공부를 많이 하는 사람은 누구일까?
과거에 급제하기 위해 목숨을 걸고 공부한 선비들일까?

아니야. 다음 왕위에 오를 세자야말로 공부량에 있어 1인자라고 할 수 있지. 날고 기는 신하들과 함께 나랏일을 돌보려면 모르는 것이 없어야 했어. 그래서 어릴 적부터 엄청난 시간을 들여 공부를 해야 했지.

그럼 왕세자들의 공부법을 알아볼까? 소현 세자는 새로 배운 책을 30번 읽었다고 꾸중을 들었어. 스승들로부터 최소 두 배인 60번을 되풀이해 읽고 할 수 있으면 100번은 채워 읽으라는 얘기까지 들었지.

왕세자의 스승은 당대 최고의 학자들로 구성되는데, 스무 명이나 되었어. 세자는 보통 다섯 살이 되면 공부를 시작해. 《천자문》부터 시작해서 《효경》, 《소학》, 《동몽선습》 등의 책을 배워. 유치원생이 초등학교, 중학교 공부를 한다고 생각하면 될 거야.

여덟 살이 넘으면 본격적으로 《대학》을 비롯해 사서삼경 경전을 공부했어. 초등학생이 고등학교, 대학교 공부를 한다고 보면 돼. 그러니 그것을 이해하려면 복습, 또 복습을 하는 수밖에 없었어. 새벽에 일어나 왕실 어른들께 인사드리고 난 후 잠들 때까지 식사 시간을 제외하면 나머지는 모두 공부하는 시간이었지. 하루에 12~15시간은 꼬박 공부하는 거야. 경전은 무조건 암기해야 하고 배워야 할 과목도 많았어. 예법과 음악, 글쓰기, 활쏘기, 말타기, 수학 등을 다 잘해야 했어. 그러니 몸이 열 개라도 부족할 정도지.

그럼 언제까지 공부하는 걸까? 왕이 죽기 전까지는 멈출 수 없었어. 경종과 문종, 순종은 무려 30여 년을 세자 자리에 있으며 하루도 빠짐없이 공부를 해야 했으니 왕이 된다는 것! 정말 쉽지 않은 일이었지.

172 세종에게는 집현전, 정조에게는 규장각!

**학자들이 모여 연구하고 새로운 아이디어를 내서 정책을 만드는 곳을 '싱크탱크'라고 해.
말 그대로 지혜의 집합소인 거지. 그럼 조선 최고의 싱크탱크는 어디였을까?**

조선 전기에는 누가 뭐래도 집현전이야. 이름 그대로 '지혜로운 자들을 모아 놓은 곳'이지. 이곳에서 세종을 도울 모든 정책들이 시작됐다 해도 지나치지 않으니까. 그럼 조선 후기 최고의 싱크탱크는 어디일까? 아마 정조의 꿈이 담긴 규장각이 아닐까 싶어.

규장각은 정조가 즉위하자마자 창덕궁에 세운 왕실 도서관이야. 처음에는 역대 국왕의 글과 그림, 책 등을 보관하는 장소였지만 점차 궁궐의 여러 책들을 보관하면서 궁궐 최대의 도서관으로 거듭났어. 무려 8만 권의 책을 보관했지. 그리고 그 책을 연구하는 연구 기관과 책을 만드는 출판 기관도 만들었어.

처음에는 규장각에 검서관 등 십여 명의 관리들을 두었지만 하는 일이 점점 많아지며 관원들도 100여 명으로 늘어났어. 규장각 벼슬아치인 각신은 특혜대우를 받았어. 일하는 중에는 아무리 직책이 높은 사람이 와도 일어설 필요가 없고 다른 부서에 불려 가지도 않았어. 아침저녁으로 임금을 만날 기회도 많았어. 또한 각종 시험의 시험 감독을 맡게 하고 임금과 나랏일을 토론할 기회를 주었어. 그래서 젊은 선비들은 규장각에서 근무하는 것을 목표로 삼은 사람도 많았다고 해.

그런데 특별한 점은 규장각 검서관에는 양반뿐 아니라 능력 있는 서얼도 등용했다는 거야. 첩의 자식이라며 그 전에는 벼슬길이 막혀 있던 서얼들에게 처음으로 높은 자리가 주어진 것이지. 규장각 출신 관원들은 정조를 매우 존경했고 온 힘을 다해 연구하고 활동하여 정조의 든든한 버팀목이 되어 주었어.

173 송충이를 입 속에 넣고 깨물어 버린 정조 대왕

정조는 아버지 사도 세자의 무덤을 서울에서 수원 화산으로 옮긴 후 현륭원이라는 근사한 이름을 지어 붙였어. 비록 아버지가 살아서 왕이 되지는 못했지만 잠들어 있는 무덤만큼은 왕답게 누리기를 바랐거든.

현륭원이 완성되자 정조는 해마다 꼬박꼬박 현륭원으로 행차해 참배를 했어. 화산 아래에 용주사를 짓고 사도 세자의 명복도 빌었지. 또한 허허벌판이었던 팔달산 아래에 성을 만들고 화성이라고 이름 붙였어. 수원화성과 용주사, 현륭원은 정조의 효심에서 비롯되었지. 그래서 수원 일대에는 정조에 대한 설화가 많이 전해져. 어느 날, 정조는 화성 행차 중 현륭원에 송충이가 들끓어 소나무가 말라죽어 가고 있다는 소식을 들었어. 화가 난 정조는 행차를 멈추고 송충이를 잡아 오게 했어. 영문도 모른 채 송충이를 잡아 온 신하들은 정조의 행동에 입이 쩍 벌어졌지.

"네 아무리 미물일지언정 정성들여 가꾼 내 아버지 무덤에 있는 솔잎을 갉아 먹는 것이냐!"

정조는 이렇게 호통 치며 그 자리에서 송충이를 깨물어 버렸어. 그러자 소나무에 매달려 있던 송충이가 놀라서 모두 땅으로 떨어졌다고 해.

또 한 번은 흉년이 들어 굶주린 아이들이 소나무 껍질을 벗겨 떡을 해 먹자 정조가 이를 딱히 여기고 소나무마다 볶은 콩을 헝겊에 넣어 매달아 두었다고 해. 수원시는 이런 정조의 효심을 기리기 위해 정조가 행차한 거리의 가로수를 소나무로 심었어. 수원에서 소나무 가로수를 만나게 되면 정조 대왕의 설화를 떠올려 보길 바랄게.

174 조선 시대 지역 차별, 억울한 서북인

서북 지방은 황해도, 평안도, 함경도를 일컫는 말인데, 주로 국경을 맞댄 평안도와 함경도를 말해.

서북 지방은 옛 고구려의 중심지이기도 하고, 북방 민족과의 전쟁을 막아 낸 한반도의 방파제 같은 곳이야. 또한 조선을 세운 태조 이성계의 고향 함흥이 속한 곳인데, 이상하게도 서북 지방은 대우를 받기는커녕 대놓고 차별을 받았어. 서북 지방 출신은 과거에 합격하기도 어려웠고, 합격한다 해도 승진이 어려웠어. 게다가 같은 양반이라 해도 서북 지역 양반들은

한양의 양반들과 결혼하기도 어려울 만큼 차별이 심했어. 오죽하면 홍경래가 난을 일으키며 다음과 같이 말을 했을까?

"서북 지역은 임진왜란 때 국가를 다시 일으키는 공을 세웠고, 정묘호란도 우국충정으로 극복했다. 둔암의 학문이나 월포의 재주가 또한 서북에서 나왔는데, 조정에서 서북 땅 보기를 똥 묻은 흙과 다름없이 하고, 심지어 권세가의 노비들도 서북 사람을 보면 반드시 '평안도 상놈'이라 하니 어찌 억울하지 않겠는가!"

도대체 서북 지방을 차별하는 이유는 무엇일까? 국경 지대이다 보니 여진족과 뒤섞여 지내면서 남부 지방과는 다른 풍속이 생겼고, 학문보다는 무예를 숭상하는 지역의 특성이 선비의 나라 조선과 맞지 않았던 거지. 조선이 성리학 중심의 국가가 되어 갈수록 서북 지역은 더욱 차별을 받았어. 결국 이러한 차별은 능력 있는 서북 지역 인재들을 놓치는 결과를 가져왔고 조선은 다양성이 부족한 사회가 되어 버렸지. 지역 차별은 조선 시대만의 이야기는 아니야. 지금도 똑같은 실수를 되풀이하고 있는 건 아닌지 살펴봐야 하지 않을까?

175 실학자들의 아우성, 조선은 변화가 필요해!

조선 후기로 갈수록 성리학이 더욱 중요시 되었어.
성리학은 본래 우주의 원리와 인간 내면을 탐구하는 깊이 있는 학문이었어.

우주가 질서 있게 움직이듯 인간 사회도 질서가 중요하다 여겼어. 그런데 오랑캐라 여겼던 청나라가 천하의 주인이 되자 선비들은 현실을 받아들일 수 없었어. 오히려 더욱 성리학에 집착하며 세상의 변화에 귀를 닫으려 했지. 조선이라도 예법을 잘 지키고 우주의 원리를 탐구한다면 저절로 세상이 바로잡힐 것이라고 확신한 거야. 그러니 성리학이 아닌 다른 것들은 가치 없는 것이라 여겼고 청나라에서 유행하는 새로운 학문과 서양에서 들어온 과학 기술은 질서를 어지럽히는 나쁜 것이라 비난했어.

반면 실학자들은 세상의 변화도 질서의 일부이니 잘 살펴보고 필요한 것들을 적극 받아들여야 나라가 바로 선다고 믿었어. 유형원, 이익 같은 학자들은 농업이 가장 중요하다며 농업의 발전을 연구했어. 박제가나 박지원은 상업이야말로 나라를 부강하게 할 중요한 일이라 여기고, 상업이 발달한 청나라를 잘 관찰했어. 홍대용은 과학과 천문에 관심을 가졌고, 정약용은 어느 분야든지 나라의 개혁을 위한 것이라면 도움이 된다고 했어.

그 외에도 다양한 분야에 관심을 가지고 연구하는 사람들이 많이 나타났어. 유득공, 안정복은 우리 역사를 더욱 세밀하게 살폈고 이중환, 김정호는 지리와 지도에 크게 기여했어.

실학은 다양한 영역에서 꽃을 피웠지만 안타깝게도 그 주장은 정책으로 받아들여지지 않았어. 결국 조선은 변화할 힘을 잃은 채 점점 쇠퇴되었지.

176 명작 《열하일기》 때문에 반성문을 쓴 박지원

중국을 오가며 얻은 경험을 바탕으로 《열하일기》를 썼는데, 왜 반성문을 쓰게 되었을까?

1780년, 조선은 당시 청나라 황제의 70살 생일을 축하하기 위해 사신단을 북경으로 보냈어. 그런데 북경에 도착한 사신단은 황제가 북경이 아닌 열하에서 잔치를 연다는 소식을 전해 들었지. 부랴부랴 나흘을 걸어 열하까지 가서 무사히 축하연 참석을 마치고 조선으로 돌아왔어. 이 사신단의 일원이었던 연암 박지원은 5개월 간 중국을 오가며 겪은 경험을 바탕으로 책을 썼어. 이름 하여 《열하일기》.

그런데 박지원은 본래 글을 매우 잘 쓰기로 유명했어. 원고가 완성되기도 전에 너나없이 박지원의 글을 찾아서 읽어 보았어. 박지원의 글은 장안의 화제가 됐지. 다른 여행기들과 달리 표현이 독창적이고 상세하며 재치가 넘쳤거든. 어려운 한자를 쓰거나 유교 경전에 나오는 표현을 빌려 썼던 다른 책에 비해 훨씬 재미난 《열하일기》는 금방 정조의 귀에 들어갔어. 정조도 보았어. 그런데 정조는 《열하일기》를 읽고 난 후 박지원을 꾸짖고

손자 박주수가 그린 연암 박지원의 초상

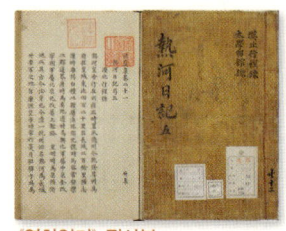

《열하일기》 필사본

반성문을 쓰라고 명을 내렸어. 도대체 무엇 때문이었을까?

사실 정조는 《열하일기》를 읽고 깜짝 놀랐어. 정말 재미있고 잘 쓴 글이었거든. 그런데 상 대신 벌을 내린 이유는 젊은 선비들이 박지원의 글을 흉내 내느라 경전 공부는 게을리했기 때문이야. 또한 선비들이 《열하일기》를 읽고 청나라에 좋은 감정을 갖게 되는 것도 정조로서는 못마땅한 부분이었어.

박지원은 억울해서 반성문을 쓰지 않으려 했어. 하지만 왕의 명을 어길 수는 없는 법. 결국 반성문을 섰는데 또 반성문을 얼마나 잘 썼는지

이를 본 정조는 기가 막혔지. 결국 반성문 사건은 《열하일기》를 더욱 유명하게 만들었어. 결국 《열하일기》는 금지된 책이면서도 선비들 사이에 베스트셀러가 되어 버렸어.

177 지구가 둥글다고 주장한 홍대용

《열하일기》, 《노가재연행일기》와 더불어 3대 중국견문록으로 불린 《을병연행록》의 주인공 홍대용!

명문 남양 홍씨 집안에서 태어난 홍대용은 다른 선비들과 달리 과거에 전혀 관심을 두지 않았어. 홍대용의 관심은 오직 하나, 새로운 학문이었어. 홍대용은 청나라를 다녀온 친구들의 이야기를 들으며 언젠가는 꼭 청나라에 가 보겠다고 생각했어.

드디어 서른다섯에 그 꿈을 이루게 되었어. 북경에 도착한 홍대용은 천주당과 관상대에서 만난 서양 선교사들과 교류하며 서양 과학에 푹 빠졌지. 자신이 우물 안 개구리였다는 점을 인정하며 새로운 세상이 있음을 깨달았어. 《의산문답》은 바로 이러한 경험을 바탕으로 쓴 책이야. 유학밖에 모르는 허자와 유학은 물론 청나라와 서양의 학문을 두루 알고 있는 실옹이 만나 대화를 나누는 형태로 쓰여졌지. 허자는 과거의 홍대용이고, 실옹은 새로운 학문에 눈을 뜬 홍대용이지.

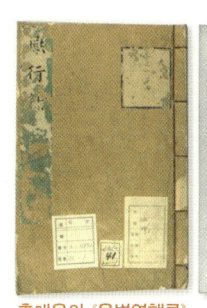

홍대용의 《을병연행록》

놀랍게도 홍대용은 서양의 최신 우주 지식을 완벽하게 이해하고 있었어.

"우주의 모든 별들은 각각 하나의 세계를 가지고 있고 끝없는 세계가 우주 공간에 흩어져 있는데 오직 지구만이 중심에 있다는 것은 있을 수 없다."

특별한 역사책 165

"지구는 회전하면서 하루에 일주한다. 땅
둘레는 9만 리이고 하루는 12시이다. 이
9만 리의 거리를 12시간에 달리기 때문에 그
움직임은 벼락보다 빠르고 포환보다 신속하다."

지구는 우주의 수많은 별 중 하나일 뿐이고
태양이 도는 것이 아니라 지구가 자전한다는
주장은 우주의 중심이 지구이고 세상의 중심이
중국이라 믿었던 조선의 선비들을 충격에
빠뜨렸어. 게다가 당시 서양에서도 나오지
않은 우주무한론을 홍대용이 먼저 주장했지.
조선 시대에도 우리에게 이런 위대한 과학자가
있었음을 꼭 기억해 두렴!

178 평생을 책만 읽은 어느 바보의 이야기

하루 종일 책만 보는 사람을 뭐라고 할까? 독서광? 책벌레? 조선 시대에는 서치, 즉 '책바보'라 불렀어.

조선의 선비라면 책 읽기가 직업인 사람들이니
그들이 책바보라 부르는 사람들은 정말 대단한
독서광들이었지. 세종 대왕도 책을 많이 읽기로
유명했지만 아마 이 사람을 따라가지는 못할
거야. 조선 최고의 서치는 백곡 김득신이야.

김득신은 타고난 천재는 아니었어. 오히려 어릴
적에 천연두를 앓아서 공부도 늦게 시작했고
남보다 재능도 뒤처졌지. 하지만 끊임없는
노력을 한다면 모든 것을 극복할 수 있다는
아버지의 말을 굳게 믿고 정말 평생 손에서 책을
놓지 않았어. 모르면 알 때까지 읽고 또 읽었어.
사기는 천 번 읽었고 중용은 만 번도 넘게
읽었다고 해. 중국 고전에 나오는 '백이 이야기'는

특히 좋아해서 십만 번도 넘게 읽었다고 스스로 얘기했을 정도야.

결혼 첫날밤에도 책을 읽고 부인과 딸의 장례식에서조차 손에 책을 들고 있었던 김득신은 정약용도 인정한 최고의 서치요, 독서광이야. 정약용은 책이란 것이 나오고 나서 동서고금을 통틀어 김득신이야말로 독서의 일인자라 추켜세웠지. 하지만 김득신이 읽은 책의 양보다 그가 그토록 열심히 책을 보았던 이유가 우리에게 큰 울림을 주고 있어. 묘비명에 쓰인 글귀는 그러한 김득신의 마음을 잘 나타내고 있지.

"재주가 남만 못하다 스스로 한계를 짓지 말라. 나보다 어리석고 둔한 이도 없겠지만, 결국에는 이룸이 있었다. 모든 것은 힘쓰는 데 달려 있을 따름이다."

179 집비둘기 키우기에 푹 빠진 조선의 양반들

조선 후기 양반들에게 새로운 취미가 생겼어. 그것은 반려조, 집비둘기 키우기였어.

고려 말 조선 초, 매사냥이 양반들의 특별한 취미였다면 조선 후기 양반들에게는 얌전한 집비둘기 키우기가 최고의 취미가 되었지. 날 때에는 집 둘레를 몇 바퀴 돌다가 저녁이 되면 집으로 날아 돌아오는 집비둘기는 양반들을 매료시켰어. 종류도 수십 가지가 될 만큼 다양했는데, 양반들은 더 희귀하고 비싼 비둘기를 사기 위해 돈을 아끼지 않았어. 비둘기 가격은 쌀 한 가마니를 거뜬히 넘기도 했지.

비둘기 구하기 경쟁이 치열한 만큼 비둘기를 잘 키우는 것도 양반들에게는 중요한 문제였어. 비둘기를 키우는 집인 '용대장'은 여덟 칸으로, 각 칸마다 종류별로 비둘기를 넣어 두었어. 용대장의 가격도 수천 전이 넘어 백성들은 감히 꿈꿀 수도 없었지. 《발해고》를 쓴 역사학자 유득공 역시 비둘기를 매우 사랑했어. 집에 키우는 비둘기가 100여 마리나 되었지. 집 안은 비둘기 똥으로 가득했지만 유득공은 아랑곳하지 않았어. 오히려 그것을 매우 큰 기쁨으로 알았지. 오죽했으면 사랑하는 비둘기를 잘 키우기 위해 사육법을 연구하고 《발합경》이라는 책을 남기기도 했을까?

이처럼 집비둘기에 푹 빠진 조선 양반들 덕에 조선 후기는 비둘기의 전성시대가 되었어.

180 외부의 전도 없이 천주교를 받아들인 전 세계 유일한 나라는?

1603년 중국을 다녀온 사신단이 조선에 소개한 《천주실의》와 세계 지도는 선비들에게 큰 충격을 주었어. 특히 서양 선교사 마테오 리치가 쓴 《천주실의》는 천주교의 교리와 유학, 도교, 불교 등을 비교해 놓은 책이라 선비들이 깊은 관심을 보였어. 정약전, 홍유한, 권철신, 이벽 등은 《천주실의》가 옳다고 하며 아예 천주교를 종교로 받아들였어. 학문적 관심에서 시작돼 스스로 천주교인이 된 조선 선비들의 존재는 중국에 있는 서양 선교사들에게 놀라움 그 자체였어. 1784년에는 이승훈이 북경으로 가서 조선인 최초로 세례를 받기도 했지.

천주교인은 신분 질서를 어지럽히고 조선의 전통을 파괴하는 악한 무리로 여긴 조선 정부는 점차 천주교인을 탄압했어. 중국에 있던 서양 신부들은 비밀리에 조선으로 들어가 박해받는 조선 천주교인들을 도왔어.

프랑스의 모방 신부도 그 중 한 사람이었어. 모방 신부는 조선을 매우 특별하게 여겼지. 천주교가 조선에 완전히 뿌리를 내리려면 조선인 신부가 필요하다 여기고 세 명의 젊은이를 뽑았어. 김대건, 최양업, 최방제를 마카오 신학교로 보냈지. 세 사람은 그곳에서 라틴어, 성경 등 신학을 공부했어. 하지만 라틴어에 재능을 보였던 최방제가 열병으로 죽고 말았어. 최방제의 몫까지 열심히 노력했던 김대건은 1845년 서품을 받고 신부가 되었지.

조선 최초의 신부인 김대건은 1846년 10월 12일 충청남도 강경에 도착해 서울과 경기도 지역 일대를 다니며 열정적으로 활동을 펼치다 불과 8개월 만에 체포되어 새남터에서 순교하였어. 천주교인들은 김대건의 시신을 안성 미리내에 묻었고 그곳은 현재 천주교 성지가 됐어.

181 평생 동안 500여 권의 책을 쓴 정약용

유배 생활 중에도, 유배가 풀린 후에도 수많은 책을 쓴 이유는 뭘까?

정약용은 젊은 시절 서학과 천주교에 관심을 가졌어. 형인 정약종은 천주교인으로 순교하기도 했지. 이 사실이 정약용에게 평생 꼬리표가 되어 따라다녔어. 반대파들은 항상 정약용을

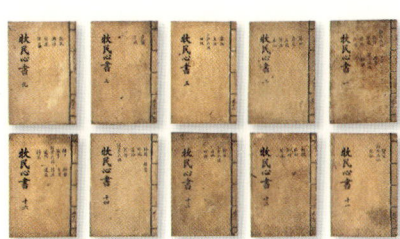
《목민심서》

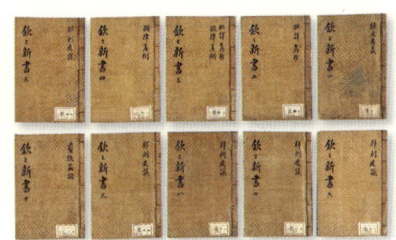
《흠흠신서》

《여유당전서》
정약용이 죽은 후 후학들이
정약용의 업적을 모아 펴낸 책이야.

천주교인으로 몰아서 없애려고 했어. 정약용을 아낀 정조는 그때마다 보호해 주었지. 정조가 죽자 더 이상 정약용을 보호해 줄 사람은 없었어. 정조의 아들 순조는 어렸고 신하들에 맞설 만한 배짱이 없었거든.

결국 정약용은 강진으로 귀양을 떠났어. 강진에서 18년을 보내는 동안 몸과 마음이 흐트러지면 안 된다는 생각으로 더욱 열심히 학문을 닦았어. 제자도 가르치고 차를 마시는 습관도 가지게 되었어. 차를 뜻하는 '다'를 사용한 **다산**이라는 호는 강진에서 비롯된 것이기도 해.

〈정약용 초상화〉, 작자 미상, 종이에 채색, 91.5×53.5cm, 개인 소장.

실학자답게 유배 생활 동안 정약용은 세상에 도움이 될 책을 열심히 썼어. 각 고을 수령들이 지녀야 할 마음가짐과 행동을 적은 《목민심서》, 모든 분야의 제도 개혁을 담은 《경세유표》, 재판과 법에 관한 책인 《흠흠신서》, 홍역 등 열병에 대한 경험과 치료가 담긴 《마과회통》 등을 쓰고 준비했어. 다 쓰지 못한 책이나 쓰기로 마음먹었던 책은 유배에서 풀려난 후에 마무리했지.

정약용은 평생토록 500여 권의 책을 썼어. 물론 이 책을 정약용 혼자서 다 쓴 것은 아니야. 각 분야에 뛰어난 제자들과 함께 공동으로 연구하고 썼다고 해. 정약용이 이렇게 많은 책을 쓴 이유는 더 이상 나랏일에 참여할 수 없었기 때문이야. 그럼에도 세상에 도움을 주겠다는 집념이 이토록 놀라운 업적으로 남았지.

특별한 역사책

182 정약용의 과거 시험 답안지에 등장한 새들

정조가 낸 책문에 대한 정약용의 답안지에는 어떤 새들이 왜 등장했을까?

임금이 직접 출제하는 문제를 **책문**이라고 해. 과거 시험의 마지막 단계인 전시나 특별 시험에 내는 시험 문제였어. 책문 합격자의 답안지는 언제나 장안의 화제가 되었어. 도대체 어떻게 답안지를 써서 임금의 마음에 들었을까 하는 것은 모든 과거 응시자들의 공통된 궁금증이었지. 그럼 책문은 어떤 문제들이었을까?

주로 시행하고 있는 정책의 문제 해결책, 재난에 대한 대비책, 인재를 등용하고 교육하는 방법, 오랑캐와 왜구를 막는 방법 등을 물었어. 그런가 하면 과소비를 줄이는 방법, 술을 금지시키는 방법, 요즘 사람들이 좋아하는 음악, 1년의 마지막 날이 슬픈 이유와 대책 같은 것도 질문했지. 보통 임금의 생각과 같은 글이 정답이 되지만 때로는 임금과 대신들을 꾸짖는 글이 뽑히기도 했어. 정약용은 인재 등용에 대한 정조의 책문에 〈오객기〉라는 글로 답을 했고, 차상(우수)으로 합격했어.

… 행동거지가 조용하고 품위 있어 함부로 바삐 걷지 않는 저 나그네(꿩)는 한가한 관서를 맡겨 모든 관원이 존경하여 본받게 할 만하고, 몸으로 품을 팔아 절구질과 호미질을 하여 풍상을 많이 겪은 저 나그네(백로)는 호조를 맡겨 곤궁한 백성들을 살피게 할 만하고 ….

꿩, 백로, 학, 공작, 앵무새 등 다섯 새를 소재로 해서 인재 등용 방법을 이야기로 꾸몄어. 지금 읽어 보아도 재미난 이 답안지는 정조의 마음에 쏙 들었다고 해.

183 조선을 불안에 떨게 한 핼리 혜성

76년을 주기로 나타난 핼리 혜성이 조선 시대 사람들을 공포로 몰아넣은 이유는 무엇일까?

영국 천문학자가 발견하고 이름 붙인 핼리 혜성. 76년을 주기로 지구에 접근한다는 것은 이제 상식이 될 만큼 널리 알려져 있어. 맨눈으로도 몇 달 간 관측할 수 있는 핼리 혜성은 조선 시대에 공포의 대상이었어. 혜성을 역모나 반역의 징조로 여겼기 때문이야. 실제 1456년에는 단종 복위 사건으로 사육신이 목숨을 잃었는데, 사람들은 이 일이 혜성과 관련 있다고 여겼어. 1531년에는 김안로가 권력을 탐내 문정 왕후를 쫓아내려다 발각되며 사약을 받았지. 이때 사관은 이렇게 표현했어.

"혜성이 보이는 조짐의 인과응보는 큰 것이다. 김안로가 등용되자마자 혜성의 요괴로움이 바로 나타나니, 하늘이 조짐을 보임이 그림자와 메아리보다도 빠른 것이다."

1607년에는 혜성이 나타난 뒤 선조가 병석에 누웠다 이듬해 죽었어. 핼리 혜성이 또 지구를 방문한 1759년은 병석에 누운 영조를 대신해 사도 세자가 나랏일을 돌보고 있었어. 대신들은 사도 세자에게 행동을 조심하고 수양에 힘쓸 것을 요구했어. 하지만 사도 세자가 궁 밖으로 나가는 등 비행을 일삼자 영조는 결국 세자를 폐하고 뒤주에 갇혀 죽게 만들었지.

조선 시대 마지막 핼리 해성은 언제였을까? 놀랍게도 1910년이었어. 1910년은 일본에게 나라를 빼앗긴 해야. 우연인지 사관의 말처럼 하늘의 움직임에 인간이 영향을 받는 것인지는 알 수 없지만 핼리 혜성은 조선 시대 내내 공포의 상징이었어.

184 저 한심한 양반들의 꼴 좀 보소!

조선 시대 백성들은 어떤 놀이로 스트레스를 풀었을까?

조선 후기 농업과 상업이 발달하자 이전에 비해 좀 더 여유로워진 백성들 사이에 새로운 놀이들이 많이 생겼어. 책을 빌려 읽는 사람이 늘어나고 책의 내용을 거리에서 이야기해 주는 전기수도 많아졌어. 백성들의 마음에 쏙 드는 민화도 유행했고 날이 좋으면 도시락을 싸서 한양 도성을 한 바퀴 도는 순성놀이도 인기를 끌었어. 이야기에 곡조를 붙여 부르는 판소리도 이즈음 나타났지.

안동 하회탈과 병산탈, 안동시립민속박물관 소장

각시탈, 국립중앙박물관 소장

하지만 누가 뭐래도 사람들에게 가장 인기를 누린 것은 탈춤이야. 탈을 쓴 채 사람이나 동물을 흉내내기도 하고 때로는 연극처럼 이야기를 꾸며 구경꾼들에게 즐거움을 주었어. 지역마다 탈춤은 인기를 끌었고 탈춤, 놀이, 야류 등 이름도 다양했어. 전국적으로 유명한 탈춤은 북청사자놀음, 황해도 봉산탈춤, 강릉단오제 가면극, 안동 하회별신굿, 통영 오광대놀이, 부산의 동래야류, 수영야류, 제주 오돌또기 등이 있어.

그 중 일곱 개 마당으로 이뤄진 봉산탈춤이 가장 인기를 끌었어. 특히 여섯 번째 마당인 양반 춤마당이 최고의 인기였어. 머슴인 말뚝이가 양반 삼형제를 심하게 놀려 주는데, 양반들은 자신들이 망신당하는 것도 모른 채 말뚝이 말에 따르는 모습을 보며 백성들은 배꼽을 잡았어. 봉산탈춤뿐 아니라 대부분의 탈춤에 양반이 어수룩한 바보처럼 등장해. 탈춤은 백성들의 스트레스를 풀어 주는 놀이이기에 양반들도 이런 역할을 모른 척 하거나 함께 즐겼어. 그래서 더욱 즐거운 놀이가 탈춤이었지.

185 조선 시대 랩 대중가요, 사설시조

랩이 지금 우리만 즐기는 노래였다고? 아니야, 조선 시대에도 랩과 비슷한 노래가 있었지.

시조는 규칙을 지켜 시를 짓는 양반들의 놀이었어. 고려 말부터 시작된 시조는 초장, 중장, 종장을 정해진 글자 수에 맞추어 짓는 우리나라만의 고유한 시 짓기 게임이야. 정몽주의 〈단심가〉와 이방원의 〈하여가〉가 유명하지.

이몸이 죽고죽어 일백번 고쳐죽어
백골이 진토되어 넋이라도 있고없고
임향한 일편단심이야 가실줄이 있으랴
정몽주의 〈단심가〉

이런들 어떠하리 저런들 어떠하리
만수산 드렁칡이 얽혀진들 어떠하리
우리도 이처럼 얽혀 천년만년 누려보세
이방원의 〈하여가〉

그런데 조선 후기가 되면 양반들의 고유 문화인 시조를 중인과 양인 계층에서도 흉내내기 시작해. 재미난 점은 양반들과 달리 중인과 부녀자, 기생, 상인 등 서민들의 시조는 중장이 매우 길어졌다는 거야. 글자 수의 제한도 없어져서 백 글자, 천 글자 원하는 대로 늘여 시를 지었어. 이를 **사설시조**라고 해.

지금으로 보자면 가요에 랩이 들어간 것과 마찬가지라 할 수 있어. 랩이 자신의 감정을 즉흥적으로 드러내듯 사설시조의 중장 또한 하고 싶은 이야기를 마음껏 쏟아 냈지. 그러다 보니 어느 시조보다도 솔직한 감정이 잘 담겼어. 사설시조는 조선 후기 서민 문학의 대표이자 대중가요였던 거야.

186 한글 소설의 재미에 푹 빠진 궁중의 궁녀들

조선 후기는 한글 소설의 시대이자 여성 작가의 시대였어.

왕실 최고 어른부터 궁녀에 이르기까지 한글로 책을 쓰고 읽는 것이 대유행을 했지. 정조의 어머니 혜경궁 홍씨는 자신의 일생을 6권으로 구성한 《한중록》에 담았어. 궁중 한글 문학의 대표적인 작품이지. 정조의 비 효의 왕후는 한자로 된 소설을 번역해 한글로 쓰기를 좋아했어. 다 쓴 소설은 궁녀들에게 주고 베껴서 읽어 볼 수 있게 했지. 헌종은 사랑하는 경빈 김씨를 위해 낙선재를 짓고 많은 한글 소설을 선물했어.

한글 소설을 가장 많이 읽는 사람들은 궁녀들이었어. 궁녀들은 궁궐에서 지내는 외로움을 달래기 위해 한글 소설을 자주 빌려다 보았어. 때로는 왕비에게 읽어 주기도 했지. 궁녀들 사이에서 인기가 좋았던 《사씨남정기》는 왕의 귀에도 들어갔는데, 숙종도 읽어 보았다고 해. 글 솜씨, 이야기 솜씨가 좋은 궁녀는 직접 글을 쓰기도 했어. 하지만 이름을 밝힐 수는 없어서 이름이 알려진 작품은 거의 없어.

우리나라 최대의 한글 소설인 《완월회맹연》 역시 궁녀의 작품으로 추측하고 있어. 명나라를 배경으로 승상 정한의 집안 4대에 걸친 이야기를 무려 180권으로 풀어 낸 책이야.

그 외에도 많은 한글 소설이 전해지고 있어. 그리고 보면 세종 대왕이 만든 한글을 가장 사랑하고 열심히 지키는 일을 궁녀들이 앞장서서 해 왔던 셈인지도 몰라.

《완월회맹연》

187 장날이면 바쁜 전기수와 세책가

장날은 물건을 사고파는 일도 많았지만 책을 읽어 주는 전기수와 책을 빌려주는 세책가를 찾는 사람들도 많았어.

장날은 언제나 떠들썩했지만 전기수들이 등장한 후에는 장날만 손꼽아 기다리는 사람이 크게 늘었어. 전기수는 책을 읽어 주고 돈을 버는 사람인데, 장날이면 특히 바빴지. 그냥 읽는 것이 아니라 마치 공연하는 것처럼 감정을 넣어 가면서 이야기했기에 연극과 다를 바 없었어. 가장 재미나거나 극적인 부분에서 읽기를 딱 멈추면 사람들은 '다음'을 외치며 돈을 주었지. 그리고 마치 드라마가 끝나면 '다음 이 시간에'가 나오듯 장이 파하면 다음 장날을 약속하며 책을 덮었어.

전기수의 활약은 수많은 창작 소설이 등장했기 때문에 가능한 일이었어. 《홍길동전》으로 시작된 한글 소설은 너도 나도 이야기만 있다면 쓸 수 있었기에 더욱 다양해졌고 인기를 끌었어. 장날에 전기수를 기다릴 수 없었던 사람들은 아예 집으로 불러 책을 읽게 했어. 물론 이건 양반들이나 가능했지.

백성들은 돈을 내고 세책가에서 책을 빌려 보았어. 세책가는 지금의 책 대여점이라고 할 수 있지. 2~3일간 빌리면 지금 돈으로 대략 몇 천 원씩 했다고 해. 얼마나 책이 인기가 있었는지 어떤 여인은 책을 너무 많이 빌려 보다가 재산을 다 써 버렸다는 이야기가 조정 대신들 사이에 나올 정도였지. 빌려간 책을 돌려주지 않거나 낙서를 하는 경우도 많아 책에 '낙서하지 마시오!', '책은 돌려주시오.' 등의 문구도 쓰여 있었어. 책 빌리기 열풍은 조선 후기에서 일제 강점기로 그리고 해방 후까지 이어졌으니 소설책에 대한 우리 민족의 관심이 어땠는지 잘 알 수 있어.

188 조선 시대 입시 서당과 일타강사

조선 시대에도 학원이 있었을까? 성적 향상을 위해 가르치는 강사는? 정답부터 말하자면 있었어.

사교육은 고려 때부터 발달했어. 조선도 마찬가지였지. 지금처럼 입시가 치열했어. 과거에 합격하면 자신은 물론 집안의 위상이 완전히 바뀌었으니까. 과거 시험은 양반만 본 건 아니야. 비록 높은 벼슬은 하지 못하더라도 과거에 합격만 해도 행세할 수 있었기에 부유한 백성들은 자식들을 과거에 급제시키려 했어. 그러면 공식적으로 양반이 될 수도 있었으니까. 실제로 조선 후기 과거 시험에 평민 출신 합격자도 20% 이상이었으니 적은 수는 아니야.

그렇다면 평민의 자제들은 서원에 다니는 양반 자제와 경쟁해 어떻게 이겼을까? 그들을 이끈 것은 지금으로 보자면 대치동 일타강사에 해당하는 조선 최고의 입시 훈장들이었어. 그들은 경복궁 서쪽 마을에 서당을 짓고 학생을 가르쳤는데, 몰려드는 학생들이 얼마나 많았는지 반을 나누어 가르쳤다고 해.

특히 천수경은 부유한 학부모들이 앞다투어 모셔갈 만큼 능력이 탁월했어. 그는 인왕산 아래에 초가를 짓고 동료들을 모아 시 짓기 대회도 열었어. 얼마나 인기가 많았는지 이 대회에 끼지 못하면 시인으로 대접받지 못할 정도였다고 해.

대학자나 벼슬아치와는 또 다른 길을 걸어간 당대 최고의 강사들. 지금의 교육 현실과 똑같은 조선의 교육 풍경이라고나 할까?

189 김홍도가 일본에서 활동했다고?

일본에도 풍속화가 있어. 우키요에로 불리는 일본식 풍속화야.
그런데 김홍도가 우키요에 화가였다는 야기가 있어.

1794년 5월부터 이듬해 3월까지 일본에서 10개월 간 150여 점의 작품을 남기고 사라진 우키요에 화가가 있었어. 베일에 싸인 그의 이름은 도슈사이 샤라쿠. 어디서 나타났고 또 왜 갑자기 사라졌는지 모든 것이 비밀스러운 샤라쿠는 현재 일본 우표 도안에도 작품이 실린 최고의 풍속화가로 손꼽히고 있지.

고흐 등 유럽의 인상파들이 최고로 꼽은 일본 풍속화의 대가 샤라쿠. 샤라쿠의 정체를 밝히기 위한 노력은 지금도 계속되고 있지. 그런데 놀라운 사실은 그의 정체가 김홍도라고 말하는 사람들이 있다는 점이야.

아니 왜 조선 풍속화의 일인자 김홍도가 샤라쿠로 변신한 것이라고 말하는 걸까? 널리

특별한 역사책 175

알려져 있지 않지만 김홍도는 정조의 명으로 비밀리에 일본으로 건너 간 적이 있었어. 김홍도가 일본 본토까지 갔었는지는 알 수 없지만 대마도를 다녀와 지도를 바친 것만은 틀림없는 사실이야. 두 화가가 그린 그림의 공통점으로 손의 모습이 다른 부분에 비해 세밀하지 못함을 들기도 해. 작품 속 인물들의 얼굴이 강조된 것 역시 샤라쿠가 김홍도일 것이라는 주장에 무게를 싣고 있지.

그렇지만 샤라쿠가 활동한 시간 김홍도는 공식적으로 연풍현 현감으로 근무 중이었어. 그러니 또 다른 증거가 나오기 전에는 단정할 수는 없겠지. 샤라쿠가 비밀스러운 만큼 김홍도 역시 명성에 비해 기록이 아주 적어. 고향과 태어나고 죽은 때도 분명치가 않고 말이야.

같은 시대를 산 김홍도와 샤라쿠! 두 사람이 각각 조선과 일본 최고의 풍속화이면서도 알려진 기록이 적다는 공통점이 낳은 수수께끼야.

《단원풍속화첩》 중 〈점심〉, 김홍도, 18세기 후반, 종이에 담채, 27×22.7cm, 국립중앙박물관

〈도슈사이 샤라쿠 필 세토가와 키쿠조 3세〉, 일본 에도, 종이, 37.2×24.6cm, 국립중앙박물관

190 노비 정초부, 시인이 되다

시인의 남은 생애는
늙은 나무꾼 신세
지게 위에 쏟아지는
가을빛 쓸쓸하여라.

동풍이 장안 대로로
이 몸을 떠다밀어
새벽녘에 걸어가네
동대문 두 번째 다리를.

이 시를 쓴 주인공은 정초부야. 정씨 성을 가진 나뭇꾼으로, 노비 출신 시인이지. 노비는 천민이고 배울 기회를 갖지 못했을 텐데 어떻게 시인이 되었을까?

명문가 여씨 집안의 노비였던 정초부는 어릴 적부터 뛰어난 재능으로 주변을 놀라게 했어. 주인이 책 읽는 소리를 듣고 단번에 외울

정도였지. 이를 기특하게 여긴 주인이 자신의 자식들과 함께 공부할 기회를 주었어. 정초부는 함께 공부하며 여씨 집안 자제들을 돕고 가르쳤어. 특히 과거 시험에 나오는 문제를 잘 풀어 주인집 도령들이 과거에 합격하게 도와주었다는 이야기도 전해져. 그 보답으로 훗날 노비에서 풀려나 양인이 되었다고도 해.

하지만 양인이 된 정초부는 몹시 가난하여 나무를 해서 한양에 내다 팔아 생계를 꾸려 갔어. 그러면서도 틈틈이 시를 지었는데 그의 시에 반한 사람들이 앞다투어 정초부를 찾아왔지만 늘 산에 가 있는 그를 만나지 못해 아쉬워했어. 위에 보여준 시는 김홍도의 그림에 적혀 있는 시야. 뛰어난 시와 명작이 신분을 뛰어넘어 어우러질 만큼 재능을 인정받은 정초부. 그는 때때로 판서 정승의 모임에 불려 나가서 시를 짓기도 했어. 80편도 넘는 시와 자신만의 시집도 남겼지만 지금은 다 사라지고 11편의 시만 전하고 있어.

191 남장을 하고 금강산을 여행한 열네 살 소녀

역사 속에는 항상 시대를 앞서간 인물들의 이야기가 나와. 대부분은 그 시대에 인정받지 못한 채 인생을 마쳤지. 그런데 이와 달리 당돌하게 시대의 부족함을 꾸짖고 한 발 앞서 나간 인물도 있었어. 원주의 가난한 집에서 태어난 김금원은 어릴 적부터 몸이 허약했어. 집안일을 할 수 없으니 어머니는 글을 가르치고 책을 읽게 했는데, 얼마 되지 않아 읽지 못하는 책이 없었다고 해. 이치를 깨닫고 글솜씨가 뛰어났어. 그러다 14세가 되던 어느 날, 김금원은 어머니에게 이렇게 말을 했어.

"문명국 조선에서 여자로 태어나고 가난한 집안에 태어난 것은 안타깝지만 사람으로 태어났고 하늘이 제게 어질고 지혜로운 성품과 사물을 통찰하는 눈과 귀를 주셨으니 직접 세상을 다니며 견문을 넓히겠습니다!"

어머니는 깜짝 놀라 반대했지만 간곡한 요청 끝에 남장을 하고 집을 떠났어. 제천의 의림지를 거쳐 금강산을 돌아보고 그때그때 만난 풍경과 느낀 감정을 시로 남겼어. 발 딛는 모든 곳이 자신의 고향이라며 적극적으로 모든 것을 받아들인 김금원은 결혼 후에도 여성 시인 모임 '삼호정시사'를 만들어 열심히 활동했다고 해.

시대의 부족함을 불행으로만 여기지 않고 최선을 다해 살아간 멋진 시인 김금원의 삶. 당당한 열넷 소녀의 결심으로부터 시작되었지.

192 세상 어디에도 없는 달항아리

달항아리는 조선 후기를 대표하는 백자로, 다른 나라에서는 찾아 볼 수 없는 우리만의 독특한 도자기야.

하얗고 둥근 형태가 보름달을 닮았다 해서 붙여진 이름이지. 커다란 대접을 두 개 붙여 만들기 때문에 완벽한 원형보다는 접합 부분인 배 부분이 약간 더 불룩한 형태야. 그런데 이런 특징이 **달항아리**의 매력으로 손꼽히고 있어.

기술적 측면에서 보자면 어려움이 있었어. 당시에는 물레로 도자기를 만들다 보니 너무 무거운 그릇은 물레가 견뎌내지 못하고 주저앉았거든. 대접을 두 개 붙였다는 것은 이런 단점을 보완하기 위한 아이디어의 승리라 할 수 있어. 그래서 다른 나라에서는 만들지 못한 도자기를 조선에서 탄생시킬 수 있었지.

하얀 바탕에 아무것도 그리지 않은 도자기가 널리 받아들여진 것은 조선인들의 정신과도 관련이 있어. 성리학의 가치를 추구하며 검소한 것을 좋은 것으로 여긴 선비들에게는 화려한 청나라식 도자기는 오히려 기피 대상이었어. 단순해 보이지만 모든 것을 감싸는 모습의 달항아리야말로 마음에 쏙 들었지.

그래서 양반집이라면 어디나 달항아리가 있었고 조선 말에는 웬만한 집에는 달항아리 한두 개씩은 다 있었어. 서재에 두고 감상하거나 간장이나 술을 담아 두기도 했어. 현대에 들어서는 달항아리의 넉넉함과 풍성함에 반한 세계인들에게 찬사를 받고 있지.

193 무관을 지낸 아버지와 아들이 남긴 일기

울산박물관에 전시된 《부북일기》는 군관인 박계숙과 아들 박취문이 함경도로 1년간 파견되었을 때의 생활을 적은 기록물이야.

40년의 시간을 두고 함경도 근무를 했던 아버지와 아들 두 사람의 일기를 묶어 한 권의 책으로 만들었다는 특징이 있어. 특히 아들 박취문은 병자호란 직후 근무할 때라 청나라 군인들과 만났던 이야기도 일기에서 살펴볼 수 있어.

한번은 활쏘기 연습 때 청나라 사신이 청군을 데리고 와 구경할 때였어. 조선 군관은 쏘는 것마다 백발백중이었지. 그러자 청나라 사신이 이렇게 말했어.

"쏘는 것마다 과녁에 명중하니 정말 재미가 없다. 지금부터는 가운데 검은 원 안에 맞은 것만 세어 보자."

다시 활을 쏘자 박취문이 1등으로 46발을 명중시켰고 박경간이 꼴찌로 35발을 명중시켰어. 이어 청군이 차례로 쏘았는데 1발도 맞히지 못했다고 해. 활솜씨로 유명한 우리나라 전통을

잘 말해 주는 일화가 일기에 고스란히 드러나고 있어. 군인답게 군생활에 대한 이야기가 많지만 밥 먹고 사람을 만나고 놀고 여행하고 물건을 구입하는 것까지 생활 주변의 자질구레한 것들도 빠짐없이 적혀 있어서 《부북일기》는 조선 후기 생활을 아주 잘 보여주는 일기로 평가되고 있어.

194 역병으로 조선에서 사라져 버린 소

감염병은 인간에게만 무서운 것이 아니야. 가축에게도 치명적이지.
소들의 감염병이 지금은 구제역으로 불리지만 조선 시대에는 우역이라 불렸어.

우역이 실록에 처음 나타난 것은 1541년(중종 36년)이었어. 평안도와 황해도 일대 소들이 거의 전멸할 정도로 무서웠어. 그 후 100여 년간 간간이 작은 규모의 우역이 발생하다가 병자호란을 시작으로 우역이 전국을 휩쓸었어. 중국에서 먼저 시작된 우역이 청나라 군대의 침입으로 한반도에 퍼지기 시작했지.

"평안도에 우역이 크게 번져 살아남은 소가 한 마리도 없다." (1636년 8월 15일)

"한양에도 죽는 소가 줄을 이었다." (1636년 9월21일)

"소 역병의 재앙이 매우 혹독하니, 하늘의 뜻이 백성의 목숨을 끊으려는 듯하다." (1637년 8월 29일)

그러자 조정은 제주 소를 육지로 가져 오기로 했어. 하지만 청정 지역이었던 제주도에도 우역이 번져 소의 3분의 2가 폐사했어. 대마도에서도 소를 구하려 했는데, 우역이 일본에도 번져 역시 실패했어. 마지막으로 몽골 소를 구하기로 했고 드디어 1638년 185마리의 소를 가져오는 데 성공했어. 다행히 185마리의 소는 잘 번식했고 30여 년이 지나자 조선의 소는 원래대로 숫자가 복원되었어.

하지만 우역이 완전히 사라진 것은 아니었어. 그 후에도 현종, 숙종, 영조 등 때를 가리지 않고 우역으로 소가 희생되고 다시 복원되길 반복하며 지금에 이르렀어.

195 세계에서 가장 긴 시호를 받은 효명 세자 이야기

"하늘에서 너를 빼앗아감이 어찌도 이리 빠른 것이냐…?"

아들 효명 세자를 잃은 순조의 절규에 대신들도 모두 눈물을 흘렸어. 효명 세자는 약 150년 만에 정식 왕비의 아들로 태어나 세자 자리에 오른 인물이었어. 그만큼 왕실과 대신들의 기대를 한 몸에 받았지. 기대에 부응이라도 하듯 바르고 지혜롭게 자라났어. 학문이 깊고 글을 잘 지었는데 특히 시 짓기를 좋아해 공식적으로 남긴 시만 400여 제나 되지. 이는 역대 왕과 세자를 통틀어 1위로 꼽히는 엄청난 양이야.

효명 세자는 예술에도 관심이 많았어. 예술이 왕실의 권위를 높이는 데 중요한 역할을 한다고 여긴 효명 세자는 왕실 음악과 행사를 도맡았어. 필요하다면 새로운 음악과 무용, 공연을 창작하는 데 노력을 아끼지 않았어. 그 결과 **정재**로 불리는 궁중 무용을 새롭게 창시했어. 지금 남아 있는 궁중 무용은 효명 세자로부터 비롯되었지.

순조는 효명 세자를 기특하게 여길 뿐 아니라 믿고 의지했어. 대신들의 권력을 견제하고 나랏일을 바로잡는 것은 자신보다 아들 효명 세자가 더욱 잘 할 것이라고 확신했어. 그래서 효명 세자가 열여덟 살이 되던 해에 대리청정을 명해 나랏일을 맡겼어. 효명 세자는 잠시도 쉬지 않고 나랏일을 돌보았어. 학문과 예술을 발전시키고 정치와 경제를 바로잡으려 했지.

하지만 너무 무리를 했을까? 4년이 지난 스물두 살의 나이에 갑작스럽게 피를 토하고 쓰러졌다가 세상을 떠나고 말았어. 순조는 물론 효명 세자의 아들이었던 헌종, 효명 세자의 양자가 되었던 고종은 효명 세자를 기리며 시호를 지었는데 갈수록 길어져 고종 때는 무려 113글자가 되었어. 효명 세자를 위해 17차례 어보와 어책이 만들어졌으니 이 역시 역대 국왕 중 가장 많아.

또한 왕이 되지 못했음에도 종묘 정전에 당당히 모셔졌어. 이것만 보아도 효명 세자에 대한 왕실의 안타까움이 얼마나 컸는지 잘 알 수 있지.

196 최고의 미남 군주 헌종이 남긴 연애편지

"첫눈에 반한다는 말 따위는 믿지 않았소.
당신을 만나기 전에는

오래 기다리게 함을 서운해 마시고 이젠 나의
곁에 머물러 주기를

당신의 온기와 당신의 그림자를 놓치지 않기
위해 복을 드리니

멈추어라! 아름다운 모습이여!"

사랑하는 마음이 절절히 느껴지는 이 시의 주인공은 여덟 살에 즉위한 조선의 24대 왕 헌종이야. 왕의 연애시라 참 놀랍기도 하지만 헌종은 사랑하는 여인, 경빈 김씨를 위한 일이라면 무엇이라도 하고 싶었던 것 같아.

헌종보다 다섯 살 아래였던 경빈을 본 헌종은 첫눈에 반했다고 해. 경빈을 후궁으로 맞은

헌종은 경빈을 위해 창경궁에 석복헌(복이 내리는 집)을 지어 주었지. 후궁을 위해 집을 따로 지어 주는 일은 아주 드물었어. 석복헌에서 왕자를 얻고 싶었던 헌종의 바람과 달리 둘 사이에서 아들은 태어나지 않았어. 그래도 헌종은 경빈이 좋았어. 경빈 역시 헌종의 뒷모습만 보아도 가슴이 뛰고 시간이 멈춘 것 같다고 했지. 헌종은 할아버지 정조와 아버지 효명 세자를 닮아 용모가 매우 빼어났다고 해. 경빈뿐 아니라 뭇 궁녀들의 사랑을 듬뿍 받은 군주였어. 안타깝게도 정조와 효명 세자, 헌종의 어진은 모두 불타버려서 그 모습은 알 수가 없어.

그래서 더욱 궁금증을 자아내는 헌종. 스물세 살 나이에 요절해 두 사람의 사랑은 오래 가지 못했지만 그들의 마음이 담긴 시는 지금도 보는 사람을 설레게 해.

헌종이 경빈에게 지어 준 석복헌

197 꿈의 음식 우심적, 열구자탕과 승기악탕

조선 선비들이 가장 좋아한 음식은 무엇일까?

소염통을 구워 만든 우심적이었어. 맛도 좋지만 그 속에 담긴 이야기 때문에 인기가 있었어. 명필로 이름난 중국의 왕희지는 어린 시절 말을 더듬는 소극적인 아이였어. 그런 왕희지의 숨겨진 재능을 알아보고 용기를 북돋아 주려고 주었던 음식이 우심적이었다고 해. 그래서 우심적은 '세상은 모르지만 나는 너의 숨겨진 재능을 믿어.'라는 뜻을 가진 음식이 되었어.

뜻이 아니라 맛으로 이름난 음식은 중국에서 유래한 열구자탕이야. '열구자'는 입을 즐겁게 하는 것이라는 뜻이니 얼마나 맛있었는지 짐작이 돼. 신선로에 고기와 생선, 채소 등 맛있는 재료를 종류별로 넣고 끓인 탕이야. 정약용은 밤에 근무를 하다가 정조가 내린 열구자탕에 감동해 시를 짓기도 했어.

승기악탕은 도미에 갖은 양념을 해서 끓인 것으로 오랑캐를 무찌르러 가던 장군에게 백성들이 대접한 음식이라고 해. 맛이 참 좋은데 이름이 없다고 하자 장군은 '기생과 술을 먹는 것보다 더 좋다.'는 뜻으로 승기악탕이라 이름 붙였지. 승기악탕은 도미 외에도 숭어, 닭찜 등에 양념을 해서 먹는 방법도 있었어. 재료는 다소 달라도 맛이 좋은 생선양념탕이라면 승기악탕이라는 별명이 붙었지.

198 조선의 부엌을 부탁해, 음식조리서 열전

350여 년 전 쓰인 《음식디미방》.
무려 146가지의 음식 조리법이 담긴 이 책은 여성이 쓴 아시아 최고의 조리서로 손꼽혀.

한글로 쓴 〈음식디미방〉은 며느리와 딸을 위한 책이었어. 저자 장계향은 재령 이씨 집안으로 시집가 그곳에서 배운 음식과 친정어머니로부터 물려받은 음식 조리법을 체계적으로 정리해 남겼어. 아홉 종류의 떡과 열 가지의 한과 만드는 법, 고기와 생선 등을 말리고 채소와 과일을 보관하고 저장하는 법, 국수와 면류, 만두, 구이와 찜, 회, 젓갈에 이르기까지 모든 음식 조리법이 자세하게 설명되어 있어. 또한 양반집 며느리답게 제사 때 쓰는 술 빚기에 뛰어났어. 음식디미방에는 50여 종의 전통주 빚는 방법이 적혀 있어. 지금도 그대로 재현할 수 있을 정도로 자세히 정리되어 있어서 조선 후기 음식의 맛과 특징을 아주 잘 알 수가 있어.

《규합총서》는 200여 년 전 빙허각 이씨가 남긴 책이야. 총서답게 가정 살림에 관한 모든 것을 여섯 가지로 나누어 기록해 두었지. 집 정리와 청소, 농사법뿐 아니라 옷 만들기, 태교 등이 있는데 우리의 눈을 끄는 것은 〈주사의〉편에 쓴 음식 만드는 법이야. 장 담그기, 술 빚기, 밥, 떡, 한과, 반찬 만들기가 자세히 소개되어 있지.

《수운잡방》 《음식디미방》

《음식디미방》에 소개된 것이 경북 음식이라면 《규합총서》에 소개된 것은 한양의 음식이야. 이 외에 가장 오래된 음식 조리서 《수운잡방》, 36개의 음식 조리법이 한글로 쓰인 《음식보》, 380가지 항목의 음식 설명이 담긴 《산림경제》 등을 통해 조선의 맛을 엿볼 수 있지.

199 왕실과 나라를 망쳐 버린 정조의 선택?

정조가 죽은 뒤 왕실의 힘은 나날이 기울고 외척인 안동 김씨는 왕실을 능가하는 권력을 갖게 되었어.

안동 김씨 가문의 인물들이 조선의 주요 관직을 모두 차지하고, 정치를 좌지우지하는 세도 정치 시대가 열린 거야. 그런데 이런 일이 어떻게 가능했던 것일까?

정조는 강성한 노론의 힘을 억누르기 위해 재위 내내 노력했어. 수원에 화성을 만든 것도 그 노력의 하나였어. 그렇지만 노론의 힘은 매우 커서 모두 적으로 삼을 수는 없었어. 그래도 사도 세자의 죽음에 안타까움을 느끼는 노론은 곁에 두려 했지. 김조순은 비록 노론이지만 성격이 바르고 곧은 데다 권력을 탐하지 않아 정조의 사랑을 받았어. 게다가 김조순은 나라를 위해 충성을 바친 선비의 상징과도 같은 김상용, 김상헌 집안의 후손이었어. 안동 김씨인

두 형제는 병자호란 때 목숨을 걸고 끝까지 청에 맞섰어. 그래서 정조는 김조순이라면 왕실을 든든히 받쳐 줄 것이라 믿고 김조순의 딸을 며느리로 받아들였지. 순조의 비인 순원 왕후 김씨가 바로 그 주인공이야.

그런데 역사는 정조가 원하는 대로 되지 않았어. 정조는 순조가 열다섯이 되면 수원화성으로 물러나 본격적으로 노론의 힘을 꺾으려 했는데 갑작스러운 죽음으로 뜻을 이루지 못했어. 한편 열한 살의 나이로 왕위에 오른 순조는 장인 김조순에게 의지했어. 김조순은 정조와의 약속을 지켜 권력을 탐하지 않았지만 김조순의 아들과 일가친척은 달랐어. 권력을 차지하더니 어린 왕을 허수아비로 만들었거든. 결국 조선의 조정은 안동 김씨 천하가 되었지.

안동 김씨는 무려 60년간 순조, 헌종, 철종을 마음대로 주무르며 조선의 주인 노릇을 했어. 그러는 동안 나라는 기울고 백성은 도탄에 빠졌어. 60년 세도 정치의 시작은 결국 정조의 안동 김씨 며느리 선택으로부터 시작된 셈이야.

200 하루아침에 왕이 된 강화 도령의 비극적인 가족사

1849년 대왕대비인 순원 왕후의 명으로 왕위에 오른 철종은 왕위에 오르기 직전 강화도에 살고 있었어.

비록 왕족이지만 가족과 함께 강화에서 유배중이었거든. 죄인의 가족이자 강화 도령이라 불린 이원범이 왕이 된 것은 모두 안동 김씨들의 책략이었어. 이원범은 허수아비 왕으로 가장 적합한 인물이었지. 어떤 사연을 갖고 있기에 안동 김씨들에게 선택되었을까?

원범의 할아버지 은언군은 사도 세자의 아들이자 정조의 동생이었어. 은언군은 정조를 몰아내고 왕이 되려 했다는 역모죄를 뒤집어쓰고 교동도에 유배되었다가 죽임을 당했어. 은언군의 아들이자 원범의 아버지인 이광은 교동도에서 40년을 귀양살이 하다가 간신히 풀려났어. 하지만 고생을 많이 한 탓인지 철종이 열 살이 되던 해에 세상을 떠났어.

남은 가족이 오순도순 산 것도 잠시 원범이 열네 살 되던 무렵 큰형인 원경을 왕으로 추대하려는 민진용의 옥 사건이 일어났어. 집안은 다시 풍비박산이 났어. 형은 사형당하고 일가족은 강화도로 또 유배를 갔지. 강화에서 원범은 가난한 농민과 다를 바 없는 삶을 살았어. 할아버지와 형이 역모로 목숨을 잃었으니 왕족이지만 누구도 거들떠보지 않았거든.

그런데 헌종이 자식 없이 세상을 떠나자 안동 김씨들은 원범을 왕으로 데려갔어. 전하는 말에 따르면 집으로 오는 군사들을 보고 원범은 부리나케 도망쳤다고 해. 드디어 나도 죽는구나 생각하며 눈물을 흘렸지. 하지만 왕으로 모시러 왔다는 말에 어리둥절했었고 결국 반강제로 궁궐로 끌려가 왕이 되었어. 비운의 왕 철종은 그렇게 왕위에 올랐어.

201 농민을 괴롭히는 탐관오리의 기발한 아이디어

탐관오리는 탐낼 탐, 벼슬 관, 더러울 오, 벼슬아치 리로,
백성을 괴롭혀 자신의 욕심을 채우고 부정부패를 일삼는 관리를 뜻하는 말이야.

어느 시대나 탐관오리는 있었지만 세도 정치로 나라의 기강이 무너지자 나라 곳곳에는 경쟁하듯 탐관오리들이 넘쳐 났어. 그들은 백성을 괴롭혀 재산을 빼앗은 다음 더 높은 자리를 사서 이동했어. 이런 탐관오리의 백성 괴롭히기는 끝이 없었지.

경상도우병사였던 백낙신은 탐관오리의 대표적인 인물이야. 6만 냥을 거둬들이기 위해 집집마다 세금을 강제로 매길 정도였어. 어른이 없으면 아이나 가축, 죽은 사람까지 세금 대상으로 삼아 거둬 갔지. 행여 도망을 가면 친척이나 이웃을 협박해 받아 냈어. 궁핍한 백성들에게 쌀을 빌려주고 이자는 정해진 것보다 두 배 넘게 받아 내고, 필요하지 않은데도 거짓으로 빌려준 것처럼 꾸며 백성을 괴롭혔지. 말을 듣지 않으면 포졸들을 보내 혹독하게 매질하고 집안을 쑥대밭으로 만들었어. 관리가 아니라 강도와 다름없었어.

견디다 못한 백성들은 들고일어났어. 경상우도의 가장 큰 고을인 진주에서 먼저 시작된 농민 봉기는 순식간에 주변 마을로 퍼져 나갔어. 정도의 차이만 있었지 나머지 고을의 수령들도 대부분 탐관오리였거든. 1862년 한 해 동안 무려 70여 개 고을에서 봉기가 일어났어. 임술 농민 봉기는 탐관오리의 괴롭힘과 백성들의 저항이 어떠했는지를 잘 보여 주는 역사적 사건이었어.

202 조선 최고의 명필은 누구였을까?

조선 전기라면 천하제일 명필로 불렸던 세종의 아들 안평 대군, 천자문으로 유명한 한석봉, 해서체와 초서체에 뛰어난 양사언을 손꼽을 수 있어. 조선 후기는 누구일까? 단연 추사 김정희와 원교 이광사를 들 수 있어. 두 사람은 서로 완전히 다른 글씨체를 만들었어.

원교 이광사는 노론 대신들을 몰아내려던 사건에 휘말려 평생을 유배지에서 보냈어. 하지만 글 솜씨가 뛰어나고 무엇보다 글씨체가 아름다워 많은 선비들이 이광사의 글씨를 배우길 바랐어. 이광사는 한자의 모든 서체에 뛰어났고 원교체라 불리는 새로운 서체를

만들어 냈어. 물 흐르듯 우줄우줄한 글씨는 인기가 좋아 여러 사찰에 현판으로 걸렸어. 지금도 고창 선운사, 부안 내소사, 해남 대흥사, 지리산 천은사 등에 가면 만날 수가 있어.

반면 김정희는 이광사의 글씨체를 매우 싫어했어. 글씨란 무릇 품격이 있어야 하는데 이광사의 글씨는 품위가 떨어진다는 것이었지. 김정희는 자신의 글씨에 자부심이 가득했어. 그런 만큼 김정희는 사람들에게 최고의 찬사를 받았지. 제주도로 유배 가는 중 들른 대흥사에서는 이광사의 현판을 떼고 자신의 것을 걸라고 큰 소리를 치기도 했지. 하지만 혹독한 제주도 유배 생활을 거치며 세상을 보는 눈이 달라졌어. 세상에 홀로 우뚝한 것은 없고 저마다의 매력과 가치가 있음을 깨달은 거야. 유배를 마치고 돌아가는 길에 김정희는 대흥사에 다시 들러 이광사의 현판을 도로

걸라며 지난날 잘난 척 한 것을 사과했어. 그 후 김정희는 기운이 넘치면서도 깊이가 있는 독특한 추사체를 만들었고 조선뿐 아니라 중국에까지 명성을 떨친 서예가가 되었어.

무량수각 김정희 글씨

선운사에 걸려 있는 이광사 글씨

203 조선 시대는 미라 제조 시대?

믿기 힘들겠지만 조선 시대에도 미라가 만들어졌어. 그것도 매우 많아.

물론 이집트처럼 일부러 몸을 방부 처리해서 만든 것은 결코 아니야. 유교적 예법에 따른 장례 방식이 생각지 않게 미라를 많이 만드는 이유가 되었어. 예법을 철저히 지킬수록 시신이 미라가 되는 경우가 많았으니 왕족과 권세 있는 양반들의 것이 대부분이라 할 수 있어.

그렇다면 어찌된 일일까? 사실 우리나라 땅은 산성이 강해 시신이 빠르게 썩는 게 일반적이야.

하지만 왕실이나 양반들은 땅속에 회(콘크리트의 일종)를 부어 공간을 만들고 관을 밀봉하기 때문에 공기가 통하지 않아서 자연 미라가 되는 경우가 많아. 실제 지금도 매년 수십 구의 미라가 발견되고 있어. 다만 미라가 발견되면 후손들이 재빨리 화장을 해 버리는 바람에 미라가 거의 남아 있지 않을 뿐이지. 우리 문화에는 조상의 시신이 남아 있는 것을 불효로 여기는 분위기가 있기 때문이야.

그런데 요즘은 미라가 발견되어도 곧바로 화장하지 않고 박물관에 의뢰해 연구하는 일이 점차 많아지고 있어. 미라를 연구하면 많은 것을 알아 낼 수 있으니까. 당시 먹었던 음식, 앓았던 병, 몸의 건강 상태뿐 아니라 함께 들어 있는 옷을 통해 옷감의 수준과 당시 패션도 알 수 있지. 출산을 하다가 목숨을 잃은 파평 윤씨 집안의 여인 미라에서는 세계 최초로 몸속에서 아기 미라가 함께 발견되기도 했어.

미라가 궁금하다면 이집트특별전만 기다릴 것이 아니라 천안의 단국대학교 박물관에 가 봐. 조선의 미라를 언제든지 볼 수가 있어.

복원한 회곽묘 모형, 미라가 되기 좋은 조건을 갖추고 있어.

204 사람이 곧 하늘이라

세상이 어지러우면 사람들은 새로운 시대를 원해. 영웅이 나타나 혼란을 멈추어 주길 바라지.

그런데 때로는 새로운 종교가 나타나서 사람들의 마음을 치유하기도 해. 이때 등장한 종교가 많은 사람들의 마음을 편히 만들고 어려움을 이겨 내면서 오랜 세월 자리를 잡는다면 불교나 기독교, 이슬람교 같은 인류의 보편 종교로 거듭나기도 하지. 또는 민족의 전통과 결합돼 민족 종교로 남기도 해.

조선 후기 백성의 삶을 괴로움에 빠뜨렸던 세도 정치는 이 두 가지 종교를 모두 만들어 냈어. 하나는 서양에서 전해진 천주교였어. 천주교는 박해를 받기도 했지만 점차 백성들 사이로 퍼져 나가며 자리를 잡았지. 천주교의 매력은 평등 사상이었어. 하느님 앞에 모두 한 형제라는 말이 비록 계급의 차이를 없애자는 말은 아니었지만

그것만으로도 백성들에게는 큰 위안이 되었거든. 하지만 제사를 지내는 것을 허락하지 않아 마음이 불편한 사람들도 많았지.

그때 새롭게 나타난 동학이 천주교보다 훨씬 더 빠르게 백성들 사이에 퍼져 나갔어. 동학이란

서학에서 시작된 천주교와 대비되는 말이야. 경주 출신의 최제우가 하늘의 뜻을 받았다며 창시한 종교야. 사람이 곧 하늘이라는 **인내천 사상**을 전하며 천주교와 마찬가지로 모두가 평등하다는 주장을 했지. 아예 양반과 상민의 차이가 없다고까지 했어. 또한 제사 등 전통의 질서를 인정했기에 거부감 없이 받아들여졌어.

그러나 조정에서는 **천주교**나 **동학** 모두 신분 질서를 어기고 세상을 혼란스럽게 만든다 하여 적극적으로 탄압을 했어. 그러나 사랑과 평등, 헌신과 나눔 등 인류 보편 가치를 주장하는 두 종교는 더욱 더 널리 퍼져 나갔고 지금도 대한민국을 대표하는 종교의 하나로 자리 잡았어.

205 김정호에 대한 수수께끼를 풀어 준 친구들의 증언

김정호와 대동여지도를 모르는 사람은 드물어. 하지만 언제 어디서 태어나고 어떻게 살았는지, 어디서 죽었는지, 후손은 있는지 등 김정호의 삶에 대해서는 알려진 것이 거의 없어.

우리나라 역사상 최고의 작품으로 불리는 대동여지도를 만든 인물이기에 김정호의 삶이 거의 알려지지 않았다는 것은 큰 아쉬움이야. 그런데 일본은 이를 악용해 김정호의 삶을 거짓으로 만들어 교과서에 실어 버렸어. 그 때문에 오래도록 김정호는 잘못 알려져 있었지.

예컨대 주변으로부터 따돌림을 당했고 조선 팔도를 세 바퀴 돌고 백두산을 일곱 번 올랐다거나, 딸과 함께 옥에 갇히고, 대동여지도 목판은 흥선 대원군이 다 불태워 버렸다는 등의 이야기가 그것이지. 이는 조선의 지도 제작 기술의 뛰어남을 숨기고 사람을 볼 줄 모르는 흥선 대원군 때문에 나라가 망한 것이라고 믿게 만들기 위한 일본의 모함이었어.

김정호가 아니어도 조선의 지도학은 이미 발달해 있었어. 김정호는 이를 바탕으로 최고의 지도를 만든 것뿐이었지. 다행히 김정호와 같은 시대를 살았던 여러 학자들의 책에서 김정호의 이야기가 발견된 덕에 일본의 모함은 어느 정도 밝혀졌어.

유재건의 《이향견문록》에는
김정호에 대한 평가가 다음과 같이
나와.

"김정호는 고산자라고 스스로 호를
칭하였다. 정말로 재주가 많았는데,
특히 지도 공부를 좋아했다.
그는 지도를 널리 공부하고 이를
광범위하게 수집하여 일찍이
〈지구도〉를 만들고,
〈대동여지도〉를 만들었다. 그림도
잘 그리고 새기기도 잘하였다. … "

최한기는 김정호가 만든
〈청구도〉에 다음과 같이 적었지.

"친한 친구 김정호는 소년 시절부터
지도 만드는 것에 뜻을 두고
오랫동안 자료를 찾아 지도 만드는
모든 방법의 장점과 단점을 자세히
살피고 연구하고 토론하였다. … "

대원군 시절 평조판서을 지낸
신헌은 지도 제작을 김정호에게
맡기고 국가의 여러 자료를 전달해
주었다고 해. 이런 자료들로 미뤄
보면 김정호는 홀로 전국을 누빈
외로운 사람이 아니라 좋아하는
지도를 친구들의 도움을 받아
가며 완성한 인물이라 할 수 있어.
꿈에도 그리던 대동여지도는 이런 조선의
수준 높은 지도학이 있었기에 완성한 거지.

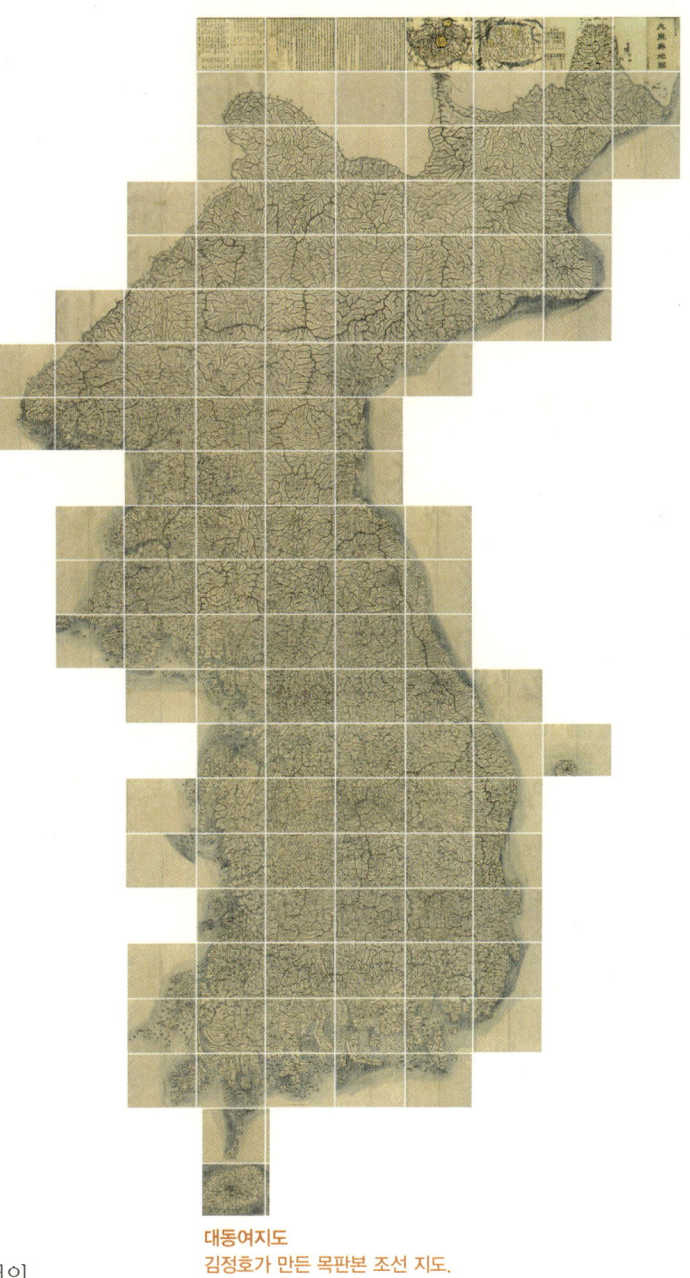

대동여지도
김정호가 만든 목판본 조선 지도.
모두 22첩으로 구성되어 있어.

특별한 역사책

준비되지 않은 개항은 말도 많고 탈도 많았어. 물론 성냥이나 석유, 전기는
여태껏 보지 못한 새로운 시대에 대한 기대감을 고조시키기도 했지.
문이 열린 조선에 적극적으로 진출한 나라는 이웃 일본이야.
처음에는 도움을 주는 듯 했지만 이내 속셈을 드러냈지.
청일 전쟁과 러일 전쟁의 승리로 거칠 것이 없었던 일본은 을사오적을 앞세워
대한 제국의 꿈을 짓밟았어. 급기야 나라를 빼앗겼지만 독립을 이루기 위한 노력은
한 순간도 쉰 적이 없어. 그 와중에 근대 학교, 개량 한옥, 철도, 택시와 빙수,
커피, 빵 같은 새로운 문화와 음식도 점차 자리 잡으며
우리는 조선을 넘어 근대로 나아가고 있었어.

근대

206 흥선 대원군, 꾀를 내어 석파정을 차지하다

조선의 선비들이 인정한 한양 땅에서 가장 아름다운 곳은? 바로 한양의 북쪽 부암동이었어.

그렇다 보니 부암동 일대에는 조선 최고 권세가들의 별장이 속속 들어섰지. 조선 초에는 세종의 셋째 아들 안평 대군의 무계원이 있었고, 조선 후기에는 백석동천에 추사 김정희 집안의 별장도 들어섰지. 그런 별장 중에서도 최고는 단연 석파정이었어. 석파정은 본래 안동 김씨 세력의 정점에 서 있던 김흥근의 것이었어. 하지만 이곳을 탐낸 흥선 대원군이 꾀를 내어 자신의 것으로 만들었어. 황현의 《매천야록》에 이와 관련된 이야기가 전해져.

한양 북문 밖에 김흥근의 별장이 있는데 한양에서 제일가는 명원이었다. 흥선 대원군이 그것을 팔라고 청했으나 김흥근은 듣지 않았다. 흥선 대원군이 다시 청하며 "하루만 놀게 빌려 달라."고 했다. 김흥근이 마지못해 허락하자 흥선 대원군은 아들 고종에게 행차할 것을 권하여 모시고 갔다. 그 후 김흥근은 임금이 머문 곳을 신하된 도리로 감히 거처할 수 없다

하며 발길을 끊었다. 그리하여 김흥근의 별장은 마침내 흥선 대원군의 것이 되었다.

흥선 대원군은 멋진 바위로 둘러싸인 이곳이 얼마나 마음에 들었던지 이름을 석파정(바위 언덕 집)이라고 지었어. 자신의 호도 '석파'로 했지. 현재 석파정은 옛 모습 그대로 남아 있어. 근대 역사 답사 1번지로 한번 방문해 봐.

석파정 전경

207 조선의 연습생, 진채선! 남장으로 경복궁 낙성식에서 우승하다!

판소리 역사에 등장한 우리나라 최초의 여자 명창은 전북 고창 출신의 진채선이야.

그 전에는 남자만 판소리 공연을 할 수 있었어. 무당인 할머니와 무업을 하는 어머니를 따라다니며 소리를 배웠던 진채선은 판소리 후원자 신재효를 만나며 인생이 바뀌었어.

고창의 아전이었던 신재효는 판소리에 심취해 판소리를 정리하고 명창을 기르기 위한 전문 교육 체계를 만든 기획자였어. 판소리 명창은 노래 실력은 기본이고, 동작과 기교 연기도 매우 중요하다고 보았지. 그리고 그것은 피나는 연습을 통해 이루어지니 아무래도 어린 나이에 시작하는 게 유리하다고 여겼어. 그래서 동창을 만들어 아이들을 기숙시키며 판소리를 가르쳤지. 지금의 아이돌 기획사처럼 말이야. 또한 남자들만의 것이 아니라 여겨 여성 판소리 명창도 길러 냈어. 바로 진채선이야.

신재효의 제자 중 단연 으뜸은 진채선이었는데, 당시 공식 대회에 여성은 참가할 수 없었어.

신재효는 이는 부당한 처사라 생각했지. 마침 1867년 흥선 대원군이 경복궁을 다시 지으며 경회루 낙성식 잔치에 전국의 예인들을 불러 대회를 열었어. 신재효는 생각 끝에 진채선을 남장한 뒤 참석시켰어. 진채선은 남성을 능가하는 웅장한 소리에 지금껏 본 적 없는 예술적 기량을 선보였어. 춤 솜씨도 뛰어났지. 참석한 관중들은 전율을 느끼고 환호를 질렀어.

그 후 진채선은 흥선 대원군의 거처인 운현궁에 오래도록 머무르며 노래를 불렀다고 해. 진채선은 판소리의 유리벽을 깼고, 이후 허금파·강소춘·박녹주·김초향·이화중선 등이 여성 판소리 명창의 맥을 이어 나갔지.

208 프랑스인의 자존심을 구긴 책, 의궤

**1866년, 프랑스군은 강화도를 침략해 유수부 관아를 점령했어.
관아를 뒤지던 프랑스군은 한 건물을 열어 보고 깜짝 놀랐어.**

세상 어디서도 보지 못한 놀라운 책들로 가득했거든. 그곳은 조선 왕실의 귀한 책을 보관하는 외규장각이었지. 여러 책 중에서

그들을 매료시킨 것은 의궤였어. 최고급 종이에 정교한 그림이 가득한 의궤는 어디서도 본 적이 없는 책이었으니까. 한눈에도 왕실의 행사와

특별한 역사책 193

공사의 모습을 기록한 것임을 알 수 있었어.
프랑스군은 의궤와 돈이 될 만한 금은보화를
빼고, 책과 외규장각 건물은 불태워 버렸지.

그들은 약탈한 물건이 놀라워 기쁘면서도
자존심이 상했어. 동양의 작은 나라인 조선을
미개하게 여겨 무시했는데 도읍지도 아닌
섬에서 세계 최고 수준의 책을 발견했으니까.
또한 습격한 집집마다 책이 있었어. 지구상
최고의 문화 민족임을 자랑하는 프랑스에도 그
당시에는 책을 가진 집은 많지 않았지.

사실 의궤는 같은 문화권인 중국이나 일본,
베트남 등에서는 찾아보기 힘든 우리만의
독특한 기록유산이야. 조선 시대 왕실이나
국가의 주요 행사나 잔치가 있을 때 그것에
동원된 인원, 사용된 재물, 행렬의 배치, 의식과
절차 등의 내용을 정리한 책이야. 남아 있는
것만도 4,000여 권이지.

병인양요 때 프랑스가 가져간 의궤는 그중
가장 정성을 들여 만든 어람용(임금에게 바치는
의궤)이었어. 이 어람용 294책은 2011년 대여
형식으로 우리나라로 돌아왔어. 그것이 다인
줄 알았는데, 이후 프랑스에서 한글로 된

효명 세자 가례도감의궤

장렬 왕후 국장도감의궤

의궤가 더 발견됐어. 또한 일본, 영국 등에서
계속 발견되는 것을 보면 얼마나 많은 의궤가
해외에 나가 있는지 알 수가 없어. 다행히 점차
의궤의 소재지가 밝혀지고 조금씩 반환되고
있어. 머지않아 우리의 소중한 문화유산이 모두
돌아오는 날을 만나지 않을까?

209 어느 미군 장교의 기록에 나타난 조선 병사들의 처절한 의지

프랑스군이 강화도를 침입한 병인양요가 일어난 지 불과 5년 만인 1871년!
조선은 새로운 위험에 맞닥뜨렸어.

미국인이 대동강에서 행패를 부리자 분노한
평양 군중들은 미국 배인 제너럴셔먼호를
불태워 버렸어. 이를 구실로 미국은 함포 외교
(함포를 쏘며 위협해 무역과 통상을 이루려는 외교

전략)를 펼쳤어. 조선이 이를 거절하자 미군은 함선 5척에 해병대 1,230명을 이끌고 강화도를 공격해 왔어. 신미양요가 일어난 거야.

당시 어재연 장군이 강화를 지키고 있었지만 무기의 수준 차이가 너무 심해 장군도 죽음을 피할 수 없음을 잘 알고 있었어. 면으로 만든 조선군의 갑옷은 아홉 겹이 넘어 무겁고 서 있기만 해도 땀이 났지. 화승총과 대포는 구식 무기였고 말이야. 이에 반해 미군은 사거리가 두 배가 넘는 최신 소총과 박격포, 그리고 근대적 제련법으로 만든 총검을 갖추고 있었어. 화승총에는 뚫리지 않는 면갑옷도 미군의 총에는 속수무책이었지. 미군의 포는 일격에 성벽과 진지를 무너뜨리는 반면 우리의 포는 미군 함선 근처에도 날아가지 못했지. 게다가 날아가더라도 터지지 않는 쇳덩이에 불과했어.

하지만 조선군은 결코 물러서지 않았어. 칼과 창이 부러지면 돌을 주워 던지고 돌이 없으면 흙을 뿌리면서까지 저항했지. 미군은 압도적인 무력으로 승리했지만 조선을 굴복시키지는 못했어. 오히려 다음과 같은 기록을 남겼어.

"적은 노후한 전근대적인 무기를 가지고도 용감히 싸웠다. 패배가 뻔히 눈앞에 보이는 상황이었지만 단 한 명의 탈영병도 볼 수 없었다. 적은 그들의 진지를 사수하기 위해 용맹스럽게 싸우다가 전사했다. 아마도 우리는 가족과 국가를 위해 그토록 강력하게 싸우다 죽은 국민을 다시는 볼 수 없을 것이다."

210 136년 만에 돌아온 어재연 장군의 수(帥) 자 깃발

신미양요 때 미 해군이 전리품으로 챙긴 깃발은 어떻게 우리에게 돌아왔을까?

피할 수 없는 죽음 앞에 두려웠지만 장엄한 군가를 부르며 자리를 지켰고 형과 아우, 아버지와 아들이 서로 의지하며 미군에 맞섰던 신미양요. 어재연 장군은 동생 어재순과 함께 광성보를 지키다 전사했어. 장군이 죽었어도 군사들은 물러서지 않았어. 어재연장군기인 수(帥) 자기를 지키며 일어서고 또 일어섰지.

300여 명이 죽어 가면서까지 지키려 한 수 자기는 조선군의 상징이자 자존심이었어. 광성보에 펄럭이는 거대한 깃발은 적인 미군도 감탄할 정도였지. 하지만 처절한 싸움 끝에 결국 스무 명 정도의 포로를 제외하고 모두 전사하는 대패로 끝나면서 수 자기는 지키지 못했어.

특별한 역사책 195

미군은 수 자기를 전리품으로 챙겼어. 미국으로 가져간 깃발은 그 후 미국 아나폴리스에 있는 해군사관학교 박물관에 전해져 전시되었지. 가로 세로 약 4.5m의 수 자기는 삼베 또는 광목으로 추정되는 재질로 만들었어. 현재 우리나라에는 비슷한 깃발이 남아 있지 않아 희귀한 자료로 평가받고 있어. 우리는 이를 돌려받기 위해 오랫동안 미국 해군사관학교와 협의했지만 합의에는 실패했어. 다만 10년간의 장기 대여 형식으로 2007년 10월 19일 인천으로 돌아왔지. 무려 136년 만이었어.

어재연장군기는 국립고궁박물관에 임시 보관한 후 10월 22일 처음 공개되었어. 2007년에 빌렸으니 이미 돌려줬을까? 아니야. 미국 측과 협의해 임대 기간을 계속 늘리고 있어. 지금은 임대 기간 연장을 통해 보관하고 있지만 언젠가는 완전히 반환될 수 있도록 끊임없이 노력중이라는 사실도 기억하길 바라.

어재연 장군의 '帥(수)' 자 깃발
문화재청과 해군의 노력으로 2007년 10월부터 장기 대여 형식으로 우리나라에 반환돼 지금은 강화역사박물관에 보관중이야.

211 서양 배를 보는 두 나라의 시각. 우리는 이양선, 일본은 흑선!

똑같은 배를 두고 우리와 일본은 왜 서로 다른 뜻을 담은 이름을 붙였을까?

몽골이 세계를 지배하던 13세기 말 마르코 폴로의 《동방견문록》이 출간되자 서양의 동양에 대한 관심은 매우 높아졌어. 13~17세기 서양에서도 화약과 나침반, 항해술 등이 비약적으로 발달하며 직접 배를 몰고 인도와 중국을 찾아 나서게 되었어. 이때를 대항해 시대라고 해. 18세기 들어 서양에서는 더욱 발전하여 증기기관 등을 이용한 근대적 함선이 등장했는데, 동양은 이런 배를 처음 보았어.

돛도 없이 빠른 속도로 바다를 항해하는 거대한 함선은 두려움과 경이로움의 대상이었지.

18세기 중반부터 우리나라 인근에도 서양 배들이 나타나기 시작했어. 우리 눈에는 무척이나 낯설고 이상했지. 그래서 **이양선** 또는 **이단선**(모양이 다른 배)이라고 불렀어. 프랑스, 독일, 러시아 등에서 온 이양선 중에는 풍랑을 만나 표류하거나 일본이나 중국으로 가려다

실수로 오게 된 배들도 있었고, 조선과 무역을 하기 위해 접근한 배들도 있었어.

반면 같은 배를 보고 일본인들은 흑선(일본어 구로후네)이라고 불렀어. 일본에는 우리보다 일찍 유럽 배들이 들어왔는데 당시 유럽 배들은 타르로 선체를 검게 칠하고 있었거든. 흑선은 서양배의 대명사가 되었지. 그 뒤 1853년 페리 제독이 이끈 미국 함대가 일본으로 들어오면서 개항이 이루어졌어. 그래서 일본에서는 지금도 흑선이 서양의 압력이나 상식을 뒤집는 존재 등의 상징적 표현으로도 쓰이고 있어.

212 부싯돌은 가라! 개항장 최고 인기 선물, 성냥

우리나라에 성냥이 처음 전해진 것은 1880년이야. 수신사가 일본에 갈 때 함께 갔던 승려 이동인이 귀국할 때 가져온 거지. 그 전에는 불을 붙일 때 부싯돌을 사용했어. 성냥이 소개되자 모두 성냥을 갖고 싶어했어. 특히 화로에 놓을 불씨를 관리하는 일에서 여성들을 해방시켜 주었지. 부싯돌은 휴대하기 불편하고 번거로웠어. 날씨가 좋지 않으면 그나마 무용지물이었어. 반면 성냥은 무게도 가볍고 날씨나 장소에 상관없이 불꽃도 단박에 일어나 금세 인기 물품이 되었어.

부싯돌을 쓰는 사람은 시대에 뒤떨어지고 성냥을 쓰는 사람은 시대를 앞서가는 사람이 된 거야. 처음에는 수입해서 쓰다 보니 가격이 만만치 않았어. 1886년에는 외국인이 인천에 성냥공장을 세우고 곧 서울에도 성냥공장이 생겨났지. 인천에서만 성냥공장, 성냥갑공장 등 성냥 관련 산업에만 3,000여 명의 종사자가 생길 만큼 성냥 산업은 빠르게 성장했어. 지방 학생들은 성냥 공장 견학을 했고 이사나 개업 선물로 성냥이 인기를 끌었지. 결국 성냥이 등장한 지 불과 수십 년 만에 수백 년간 사용해 왔던 부싯돌은 역사 속 유물로 사라졌고 성냥은 개화의 상징이 되었어.

개화기의 성냥, 국립민속박물관

213 홀어머니를 모시고 살던 총각, 명성 황후를 구하고 사또가 되다

충주시 노은면 가신리에는 명성 황후 피난 유허비가 있어. 유허비에는 재미난 이야기가 전해 내려와. 1882년(고종 19), 군인들이 차별에 분노하며 임오군란을 일으키자 명성 황후는 위험을 느끼고 곧바로 궁궐을 빠져나왔어. 우선 한양을 탈출하여 고향인 여주로 가 숨었는데, 여전히 불안함을 느꼈는지 장호원으로 갔다가 다시 충주로 피신을 했어. 충주에서는 한 집에 묵게 되었어. 이 집에는 이시일이라는 총각이 홀어머니를 모시고 살고 있었지. 이시일은 명성 황후를 알아보지 못했지만 집에 찾아온 손님을 모른 척할 수 없어서 힘든 살림살이나마 정성을 다해서 대접했어. 명성 황후는 홀어머니께 효를 다하며 갑자기 찾아온 자신에게도 정성을 다하는 이시일이 고맙고 기특했지.

임오군란 이후 명성 황후는 다시 궁궐로 들어갔어. 궁궐에 가니 어려울 때 자신을 도와준 충주의 총각이 생각났어. 명성 황후는 이시일을 궁중으로 불렀어. 이시일은 깜짝 놀랐어. 명성 황후는 이시일에게 사례하고 싶다며 소원을 말해 보라 했어. 머뭇거리던 이시일은 땅만 조금 있다면 농사지으며 편히 어머니를 모시고 싶다 했어. 명성 황후는 더욱 감동해 음성군수 직을 주었어. 사또가 된 이시일은 자신의 집안을 돌보듯 정성을 다해 백성들의 삶을 챙겼고 백성들의 칭찬이 자자했지. 이후 이시일은 강원도 정선을 비롯해 다섯 고을 군수를 맡아서 명사또로 이름을 떨쳤고 마을 사람들은 명성 황후가 머물렀던 이시일의 오두막집을 이음성집이라 불렀대.

비록 이 집은 사라졌지만 마을에 유허비가 생겨 이야기를 전하고 있지.

명성 황후 피난 유허비

214 피눈물을 흘리며 미국으로 건너간 급진 개화파의 막내

1884년에 일어난 갑신정변은 김옥균, 박영효, 홍영식, 서광범 등 급진 개화파들이 조선의 빠른 개혁을 요구하며 일으킨 정치 정변이었어.

하지만 갑신정변은 불과 3일 만에 실패로 끝나며 주동자들은 비참한 최후를 맞이했어.

그런데 그들 중 죽지 않고 조선을 탈출한 사람이 있었는데 바로 서재필이야.

서재필은 1864년 전남 동복(보성)에서 사또의 둘째로 태어났어. 어려서부터 신동으로 이름났던 서재필은 친척 집안에 양자로 갔어. 양부모는 서재필을 몹시 아꼈어. 양어머니는 아이가 뛰어남을 보고 더 교육시키면 좋겠다고 생각해서 한양에 있는 자신의 동생 김성근에게 보냈어. 김성근은 당시 판서 자리에 있을 만큼 명망이 높은 인물이었지. 그곳에서 공부를 시작한 서재필은 금방 사람들의 입에 오르내렸고, 마침 이집을 드나들던 김옥균, 박영효 등 급진 개화파 사람들과 친해졌어. 그러다 급진 개화파의 막내로 인정받았어. 열아홉 나이로 서재필이 과거에 급제하자 급진 개화파는 서재필을 일본으로 보내 육군학교에서 근대적 군사 제도를 배우게 했어.

1년 동안 배우고 돌아온 서재필은 고종에게 근대적 사관학교의 필요성을 주장했고 의견은 받아들여졌지. 하지만 이를 못마땅하게 여기는 대신들의 방해로 사관학교 설립은 물거품이 돼. 화가 난 서재필은 김옥균의 제안을 받아들여

함께 공부한 군인들을 모아 갑신정변의 행동대장 역할을 했지. 그러나 실패로 끝나고 서재필은 역적으로 몰렸어. 서재필은 간신히 탈출했지만 집안 식구들은 죽음을 면치 못했어.

서재필은 피눈물을 흘리며 미국으로 갔어. 다시는 조선으로 돌아가지 않겠다 결심하고 이름도 필립 제이슨으로 바꾸었지. 하지만 역사는 그를 가만 놔두지 않았어. 10년 만에 서재필은 다시 한번 조선을 살리고자 하는 마음으로 돌아와 독립협회를 만들고 구국 활동을 했으니까.

215 도넛 모양으로 이름을 나열한 사발통문

여기에 적힌 사람들 중 주동자는 도대체 누구인가?

1968년 12월, 동학 농민 운동 당시 22명의 간부 중 한 명이었던 송준섭의 집 마루에서 70여 년 동안이나 묻혀 있었던 족보가 발견됐어. 족보 속에는 이상한 종이가 들어 있었는데, 종이에는 사람들의 이름이 도넛 모양으로 적혀 있었어.

송준섭의 집이 있는 전북 정읍 고부면은 동학 농민 운동이 처음 일어난 곳으로, 발견된 문서는 동학군의 뜻과 결의를 담은 사발통문이었어. 통문이란 여러 사람들에게 알리는 글인데 조선 후기에는 양반이나 관리의 잘못을 성토하거나 함께 무언가 하기를 바랄 때 통문을 써서 돌렸어. 사발을 엎어놓고 돌아가면서 이름을 쓴 것이었지. 그래서 **사발통문**이라고 해. 이렇게 한 것은 누가 주동자인지 알 수 없게 하기 위함이었어.

사발통문의 내용은 전봉준을 비롯한 동학 간부 20여 명이 서부면 죽산리 송두호의 집에 모여 고부성을 격파하고 백성들을 괴롭힌 아전들을 죽이고, 이어 전주 감영을 함락시키고 한양으로 나아가기를 결의한 것이었어.

사발통문에 대해 학자들은 갑론을박을 벌였어. 이것이 진짜인지를 두고 말이야. 서명자의 필체가 모두 같았거든. 게다가 앞서 말한 내용은 당시로서는 터무니없을 만큼 무모했기 때문이지. 하지만 만일을 위해 필체를 숨겨야 했을 테고, 실제로 전주를 함락시킨 동학군의 행동이 이루어졌기에 무조건 아니라고 말할 수도 없었어. 아무튼 사발통문이 진짜라면 동학군은 계획을 세우고 준비하여 시작한 혁명으로 볼 수 있어. 우리가 생각한 것보다 동학군은 치밀하고 준비성이 있으며 결기가 넘치는 집단이었던 듯해.

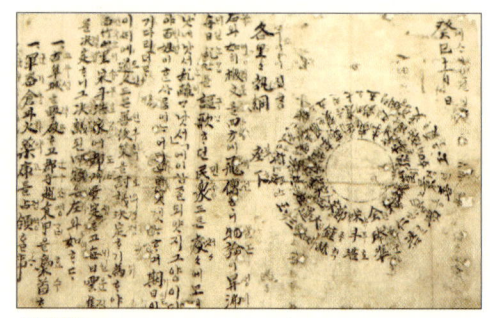
사발통문

216 일본이 주는 것은 물 한 모금, 쌀 한 톨도 먹지 않겠다!

1906년 4월 13일, 태인의 무성서원에서는 200여 명의 우국지사들이 모인 가운데 면암 최익현의 쩌렁쩌렁한 함성이 울렸어.

"지금 왜적들이 국권을 농락하고 역신들은 죄악을 빚어 내 오백 년 종묘사직과 삼천리 강토가 이미 멸망지경에 이르렀다. 나라를 위해 삶과 죽음을 초월하면 성공 못할 염려는 없다. 나와 함께 사생결단을 같이 하겠는가!"

74세의 노인이라고는 믿어지지 않는 최익현의 울부짖음에 모인 사람들은 함성을 질렀고 피한 방울 흘리지 않고 그날 정읍성에 입성했어.

사실 최익현은 조선 선비들이 가장 존경하는 선비였어. 고종이 성인이 된 후에도 흥선대원군이 권력을 내려놓지 않자 목숨을 걸고 부당함을 호소했고, 강화도 조약과 을미사변과 을사늑약 때도 목숨을 걸고 상소를 올려 항일운동을 펼쳤거든. 그런 최익현이 74세의 나이에 직접 칼을 들고 의병이 되어 일어선 것은 상소만으로는 이 나라를 구할 수 없다고 여겼기 때문이지.

정읍을 시작으로 순창, 곡성, 남원으로 향하며 의병 수는 8백 명을 넘었어. 기세를 올리며 승승장구한 최익현 의병 부대는 고종 황제의 해산 명령을 받고 괴로워했어. 하지만 결국 황제의 명을 따를 수밖에 없었지. 최익현은 재판을 받고 대마도로 유배를 떠났어. 그런데 그곳에서 일본이 주는 물 한 모금 쌀 한 톨 먹지 않겠다며 단식을 벌였어. 그리고 얼마 안 가 선비의 기개를 보이며 끝내 생을 마감했어.

217 서울에서 만나는 서양식 공동묘지

양화대교와 전철 2호선이 다니는 당산철교 사이에는 놀라운 공간이 숨어 있어. 바로 우리나라 최대 규모의 외국인 공동묘지, 양화진 선교사 묘원이야.

1890년 7월 26일, 제중원 원장인 미국인 헤론이 이질에 걸려 죽자 헤론을 묻을 곳이 필요해졌어. 미국 공사관에서는 조선 정부에 정식으로 묘역을 조성할 땅을 요청했어. 헤론이 근무한 제중원은 조선 왕실에서 건립한 최초의 서양식 병원이었고 헤론을 고맙게 느꼈던 고종은 땅을 찾아보라고 했어. 그곳이 바로 양화진 선교사 묘원이야. 조선 정부는 이 땅을 외국인 거류민 자치기구에 넘겨 주었어. 그래서 양화진에는 미국인 외에도 영국인, 캐나다인 등 여러 다른 나라 사람들의 묘역이 생겨났지. 첫 매장자 헤론 이후 우리나라에서 활약한 선교사, 교육자, 의사 등 여러 외국인들의 묘가 잇달아 생겨나면서 조선 안의 작은 유럽 같은 분위기의 공간이 탄생했어.

양화진 선교사 묘원

호머 헐버트 박사의 묘

지금도 이곳에 가면 '한국인보다 더 한국을 사랑한' 독립운동가 호머 헐버트 박사의 묘가 있고, 일본에 맞서 조선인을 대변하는 참언론인 대한매일신보사 사장인 영국인 베델의 묘도 있어. 특히 베델의 묘는 베델의 항일운동을 싫어한 일본인들이 훼손시켰는데 묘비에는 그때의 흔적이 남아 있어. 그 외에도 연세대학을 세운 언더우드 가족묘, 이화여자대학을 세운 스크랜턴 집안과 배재대학을 세운 아펜젤러 선교사의 무덤도 만날 수 있어. 잠시 유럽과 미국에 온 듯하게 꾸며진 양화진 선교사 묘원은 100년 전 우리나라에 교육과 의료, 언론과 선교를 위해 자신의 삶을 헌신한 고마운 분들의 이야기가 가득한 곳이야.

218 조선과 미국의 첫 만남 1_조선 사신단의 절을 받고 당황한 미국 대통령

1882년 청나라의 주선으로 조선과 미국은 국교를 맺고 서로 간의 통상(국가 간의 무역)을 약속하는 조미 수호 통상 조약을 체결했어. 조선으로서는 서양과 맺는 최초의 조약이었지. 조약을 맺은 이듬해인 1883년 고종은 감사의 표시로 미국에 보빙 사절단을 파견했어. 민영익을 전권 대사로 해서 홍영식, 서광범, 유길준 등 일행은 모두 11명이었어. 그들 모두 미국은 처음이기에 통역관이자 미국을 안내할 로웰의 설명을 들으며 미국이란 나라에 대한 궁금증을 키워 갔지.

못할 일이 벌어졌지. 9월 18일 오전 11시, 미국의 21대 대통령 체스터 아서는 조선에서 온 보빙사 일행을 접견실에서 기다리고 있었어. 사모관대 차림의 조선 전통 관복을 입은 보빙사 일행은 아서 대통령을 만나자 순간 큰절을 올렸어. 사절단은 미국 대통령에게 중국 황제를 알현하던 법도대로 절을 올린 거야. 생전 처음 보는 장면에 아서 대통령과 미국 관리들은 크게 당황했어.

미국으로 떠나기 전 기념 촬영한 보빙 사절단

보빙 사절단은 7월 26일 조선을 떠나 일본을 거쳐 9월 2일 드디어 미국 샌프란시스코에 도착했어. 샌프란시스코에서 워싱턴까지는 대륙 횡단 철도를 타고 장장 열흘이 걸렸고, 9월 13일 미국의 수도 워싱턴에 도착했어. 그런데 하필 그때 미국 대통령이 뉴욕에 가 있었어. 사절단은 부랴부랴 뉴욕으로 다시 향했고 사절단과 미국 대통령과의 역사적인 첫 만남은 9월 18일에야 이루어졌어.

만남은 뜻밖의 장소인 뉴욕 피프스 애비뉴 호텔에서 급히 이루어졌어. 그러다 보니 웃지

이 장면은 〈뉴욕헤럴드〉 등 여러 신문에 삽화까지 실리며 대서특필되었지. 이 같은 일은 4년 후 똑같이 되풀이되었어. 초대 주미 대사로 워싱턴에 부임한 박정양이 클리블랜드 대통령에게 절을 하려 했던 거야. 하지만 이번에는 미국에서 미리 알고 박정양을 만류했고 그 후에는 이런 해프닝은 반복되지 않았어.

〈뉴욕헤럴드〉에 실린 보빙사 삽화

219 조선과 미국의 첫 만남2_지진이 일어났다!

미국을 처음 방문한 보빙사 일행에게 미국의 화려한 전등, 전기 시설, 철도, 농업, 체계적인 도시 계획 등은 굉장한 충격이었어. 전권 대사 민영익은 조선으로 돌아온 다음 이런 말을 남기기도 했지.

"나는 암흑 세계에서 태어나 광명의 세계로 들어갔다가 다시 암흑의 세계로 돌아온 것 같다."

이는 4년 후 미국을 방문한 조선 공사관 일행에게도 마찬가지였어. 특히 이들은 엘리베이터를 처음 경험한 날의 일을 잊지 못했지. 미국인 앨런의 《조선견문기》에 이와 관련한 흥미로운 내용이 실려 있어.

"팰리스 호텔의 엘리베이터 작은 공간에 사람들을 밀어 넣자 조선인들은 '우리를 왜 이렇게 좁은 공간에 몰아넣었느냐?'고 의아해 했다. 이때 엘리베이터 조종수가 로프를 잡아당기자 사람들이 공중으로 향해 올라갔다. 일행은 모두 나(앨런)를 붙들고 공포에 질려 '지진이 일어났다.'고 소리쳤다."

이후 조선 공사관 일행은 호텔에 들어갈 때마다 엘리베이터를 이용하지 않아도 되는 1층이나 2층을 고집했다고 해. 그렇다고 그들이 미국 문물에 대한 두려움만 가졌던 것은 아니야. 새롭게 보고 느낀 것들을 꼼꼼히 기록하고 연구했지. 초대 주미 공사 박정양의 《미행일기》가 바로 그것이야. 처음에는 매우 놀랐던 엘리베이터지만 이 역시 자주 이용하면서 '기계를 사용하여 오르내리게 하면서 사람이 힘들지 않게 하였다.'고 평가하였거든. 이렇듯 조선과 미국의 첫 만남은 서로에게 강렬한 인상을 남겼어.

220 백정의 자식을 구한 파란 눈의 어의

"선생님 저희 아버지를 살려 주세요. 열이 펄펄 끓어요. 그런데 아무도 저희 집에 오려고 하지 않아요. 선생님께서는 사람은 귀하고 천한 차이가 없다 하셨으니 꼭 저희 집을 도와주세요."

백정의 자식인 봉출은 장티푸스에 걸린 아버지를 살리기 위해 무어 선교사를 찾아어. 새뮤얼 무어는 선교사로 조선에서 낮은 신분인 백정들과도 잘 어울렸거든. 무어는 단걸음에 봉출의 집을 찾았고 봉출의 아버지 박성춘을 위로했지. 하지만 위로와 기도만으로는 장티푸스를 낫게 할 수 없었어. 무어는 무언가 결심한 듯 집을 나섰고 며칠 후 또 한 명의 서양인을 데리고 왔어. 백정 마을 사람들은 그 서양인을 보고 너무도 놀랐어. 바로 고종의 어의이자 제중원 원장인 에비슨이었거든.

왕을 돌보는 어의가 백정을 치료하기 위해 나타났다는 사실은 당시로서는 믿기 힘든 일이었지. 에비슨과 무어는 며칠간 왕진을 하며 치료했고 박성춘은 곧 완쾌했어. 박성춘은 눈물을 흘리며 고마워했고 새로 얻은 목숨은 세상을 위해 쓰겠다고 다짐했지. 그리고 아들 봉출을 에비슨에게 맡겼어. 봉출은 박서양으로 이름을 바꾸고 공부해 우리나라 최초의 서양 의사가 되었고 훗날 만주로 가서 독립군을 치료했어. 아버지 박성춘은 어떻게 되었느냐고? 박성춘은 독립협회가 탄생하자 만민공동회의 첫 연설자로 나서는 등 백정의 차별에 반대하는 형평운동의 지도자로 활동했지.

221 에디슨 전기 회사, 경복궁의 밤을 밝히다

우리나라에서 전기가 처음 사용된 것은 언제였을까?

독립협회 회원이었던 정교가 쓴 《대한계년사》에 따르면 '1900년 4월 10일, 민간 최초로 종로 네거리에 3개의 가로등이 점등되었다.'는 공식 기록이 남아 있어. 하지만 그게 우리나라 최초로 이용된 전기는 아니야. 1887년에 경복궁에서 처음으로 전등을 사용했으니까. 중국과 일본보다 무려 2년이나 빨리 전기를 이용했지.

모두 보빙 사절단이 뉴욕 전기 박람회를 다녀오고 에디슨의 전기 회사를 방문하여 받았던 충격을 고종에게 보고한 덕이었어. 전기에 큰 흥미를 느낀 고종은 에디슨 회사에 전등 설비 시설을 요청했어. 경복궁 향원정 뒤편 건청궁에 16촉광 백열등 750개를 동시에 켤 수 있는 전기 발전 시설과 가로등을 설치했어. 동양 최고 수준의 전기 설비였지.

3월 6일 밤 드디어 전등이 켜지고 불이 들어오자 궁궐에서는 환호성이 터져 나왔어. 이 모습을 보기 위해 궁궐 주변에 몰려 있던 백성들도 궁궐이 환해지자 모두 감탄을 했지. 그런데 생각지 못한 문제도 있었어. 발전기의 열을 향원정의 물로 식히다 보니 그만 연못 안의 물고기가 떼죽음을 당했어. 사람들은 그걸 나라가 망할 징조라고까지 했어. 그리고 발전기가 돌아가는 소음이 얼마나 컸던지 잠을 이루지 못한 궁녀도 많았다고 해.

우여곡절이 많긴 했지만 조선에 처음 들어온 전기는 조금씩 세상을 바꿔 놓기 시작했어. 고종은 한성전기회사를 만들었고 전등과 전차, 전화 등 전기를 이용한 생활이 자리 잡으며 조선도 점차 근대 국가로 나아가고 있었어.

222 서당을 다닐까? 학교를 다닐까?

1876년 개항 이후 조선은 빠르게 변해 갔어. 교육이라고 예외는 아니었지.
미래 인재를 키우는 교육이야말로 가장 큰 변화를 맞이할 수밖에 없었어.

조선의 첫 번째 교육 기관은 누가 뭐래도 서당이야. 서당하면 훈장과 글자를 배우고 글을 읽는 어린 학생들이 떠오르겠지만 사실 서당은 오늘날로 치면 초중고등학교를 합한 초중급 교육 기관이었어. 대략 7~8세에 입학해 15~16세에 졸업을 하는데, 일부는 20살이 넘게 다녔어. 과목은 《천자문》과 《동몽선습》을 비롯해 사서삼경과 《통감》, 《사기》 등이 있었지.

1911년 기록을 보면 전국에 서당은 1만 6천 곳이 넘었다고 해. 그런데 개항 이후 서양 선교사들은 서양식 **근대** 학교를 세웠어. 최초의 근대 학교는 선교사 아펜젤러가 세운

배재학당(1885)이고, 최초의 여학교는 선교사 스크랜턴이 세운 이화학당(1886)이었어. 근대 학교에서 배우는 과목은 서당에서 배우는

것과는 달랐어. 독서와 한문 외에도 수학, 체육, 지리, 역사, 외국어 등이 있었고 재봉틀로 옷감을 다루는 재봉 과목도 있었어. 근대 학교는 사람들의 관심을 끌었고, 1910년까지 기독교 계열의 학교만 800여 개가 세워졌어.

하지만 근대적 교육을 외국인에게만 맡길 수는 없는 노릇이었지. 갑오개혁(1894)으로 과거제와 신분제를 폐지한 조선은 이듬해 교육입국 조서를 발표하면서 소학교, 중학교, 외국어학교를 비롯한 각종 학교를 새롭게 만들었어. 이때 우리나라 최초의 초등학교인 교동초등학교(1894)를 비롯해 재동초등학교(1895) 등이 탄생했고, 1908년까지 전국에 5천여 개의 사립 학교가 생겨났어.

근대적 교육은 서당의 교육 방식에도 영향을 주었어. 근대 과목을 받아들인 개량 서당도 생겨났으니까. 재래식 서당은 변화하는 세상에 발맞추지 못함으로써 점차 사라져 갔어. 그나마 개량 서당은 민족 교육의 산실이 되었지만 일제 강점기에 강제로 사라지고 말았지.

223 누구도 기다리는 법이 없는 기차가 양반들에게는 훌륭한 교육자

1899년 9월 18일, 기차 모갈 1호는 노량진과 인천 간을 최초로 운행하기 시작했어.

걸어서 12시간이 넘게 걸리던 길을 불과 1시간 40분 만에 도착하는 기차는 폭발적인 인기를 끌었어. 최대 시속 20킬로미터인 모갈 1호는 지금의 기차 속도에 비할 수는 없었지만 당시는 놀라움 그 자체였지. 당시 사람들은 기차 한번 타 보려고 너도나도 기차역으로 몰려들었어.

그런데 기차를 타기 위해 새벽같이 길을 나서는 백성들과 달리 양반들은 느긋하기 그지없었어. 양반은 모든 것을 자신에 맞추어 살았기에 당연히 기차도 자신을 위해 기다려야 한다고 생각했지. 실제로 어떤 양반은 자신이 오후에 도착하니 오전에 출발하는 열차를 기다리라 했고, 또 어떤 양반을 모신 수행원들은 떠나려는 기차를 향해 "당장 멈추시오! 제발 기다리시오!" 하고 소리를 질렀지. 이런 장면은

초창기 기차역이라면 어디서건 볼 수 있는 흔한 풍경이었어.

하지만 기차는 정시에 1초의 망설임도 없이 출발해 버렸지. 양반들에게는 기차의 모습과 속도보다 이것이 더 큰 충격이었어. 미국 외교관이자 의사인 알렌은 이 모습을 보면서 내심 즐거워했어. 아무리 가르쳐도 듣지 않던 양반들이 기차를 타기 위해서 어쩔 수 없이 규칙에 따를 수밖에 없었거든. 알렌은 '양반이라 해도 기다리는 법이 없는 기차야말로 진정 훌륭한 교육자'라는 말을 남겼어.

224 집집마다 들어온 석유, 발전인가 위기인가?

우리나라에 처음 석유가 들어온 것은 1880년(고종 17)이야.

개화에 앞장섰던 승려인 이동인이 일본에서 처음 들여왔지. 당시 어느 것과도 비길 수 없는 화력을 가진 석유였기에 사람들은 석유를 바다 가운데서 꺼낸다고 하기도 하고, 석탄에서 빼낸다고 하기도 했어. 어떤 사람은 '돌을 삶아서 걸러 낸 것'이라고까지 했어. 결국 이름도 돌에서 짠 기름, 즉 석유가 되었지.

처음 우리나라에 소개된 석유는 빛깔이 붉고 냄새가 고약했다고 해. 시간이 지나며 점차 냄새도 약하고 빛깔이 투명한 석유가 들어왔지. 아마도 정제술의 발전으로 석유 품질이 차이가 난 것이겠지만 사람들은 그 이유에는 전혀 관심이 없었지. 한 홉으로 짧게는 사나흘, 길게는 열흘까지도 불을 켤 수 있는 석유 등잔을 남들보다 빨리 구하는 것에만 관심을 기울였어. 일본 상인들은 앞다투어 석유 등잔과 석유를 판매했고 조선의 돈은 밑 빠진 독처럼 일본으로 흘러 들어갔지. 일부 사람들은 이 같은 상황을 크게 걱정했어.

황현이 쓴 역사책 《매천야록》은 이 시대상을 다음과 같이 기록하고 있어.

"석유가 나타나면서부터 산이나 들에 기름 짜는 열매들이 번성하지 않았으며, 온 나라 상하에 석유 등잔 없는 집이 없었다. 대체로 같은 성질의 물건이 두 가지 다 커질 수는 없는 법이다. 서양 솜이 나오면서부터 목화 농사가 시들해졌으며, 양철이 나오면서부터 철광도 많이 줄어들었다. …… 우리의 아둔함이 너무 심하다. 대개 우리나라에 들어오는 상품들은 비단·시계·칠기(漆器)와 같이 교묘하고 기이한 물건들이며, 다른 나라로 나가는 상품들은 모두 쌀·콩·가죽·금·은과 같이 평소 생활에 필요한 보화들이다. 그러니 나라가 척박해지지 않을 수 있겠는가."

225 으앙! 카메라다, 도망쳐!

1839년 프랑스에서 시작된 사진은 일본과 중국을 거쳐 1880년대 우리나라에 들어오기 시작했어.

고종 때 신문인 〈한성순보(1884년 2월 14일자)〉에는 사진관 개업 이야기가 실려 있지.

"지난여름 저동에 살고 있는 우후를 지낸 김용원이 일본인 사진사 혼다 슈노스케를 초빙해서 촬영국을 설치했으며 금년 봄에는 마동에 사는 외무아문 주사를 지낸 지운영 또한 촬영국을 설립했는데 일본에 가서 기술을 배워 왔으며 그 기술이 정교하다."

지운영은 우리나라 최초로 고종의 어진을 촬영하는 데 성공했어. 고종 역시 근대 기술에 관심이 많았던 터라 흔쾌히 자신의 모습을 사진으로 남겼지. 하지만 사진 촬영은 일부 사람들에게만 주어지는 특별한 일이었고 일반 백성들은 사진을 매우 두려워했어.

펑 하고 플래시가 터진 후 실제와 똑같은 모습이 사진으로 찍혀 나오니 모두 보고도 믿을 수 없어 했지. 웃지 못할 유언비어도 퍼져나갔어.

사진이 똑같이 나오는 것은 어린아이의 뼈나 눈으로 만들었기 때문이라거나, 셋이서 사진을 찍으면 가운데 사람이 일찍 죽는다거나, 부부나 가족이 함께 찍으면 서로 헤어진다는 말까지 있었지. 심지어는 카메라가 비추는 곳은 나무가 말라죽거나 집이 무너지고 사람은 영혼을 빼앗긴다고 믿었어. 그러다 보니 사진사가 나타나서 아이들에게 카메라를 들이대면 아이들은 비명을 지르고 울거나 그 자리에서 굳은 채 아무 말도 못했다고 해. 특히 사진을 본 적이 없는 시골일수록 이런 일은 더욱 심했지. 하지만 호기심만큼은 어쩔 수 없었는지 사진사가 지날 때마다 동네 아이들은 모두 나와 어느 정도 거리를 두고, 구름같이 사진사를 쫓아다녔다고 해.

226 나라를 일본에 팔아먹은 친일파, 나타나다!

중국과 조선을 두고 힘겨루기를 하던 러시아와 일본이 결국 전쟁으로 맞붙었어.

1904년 러일전쟁은 모두의 예상을 뒤엎고 일본이 이겼어. 이후 일본은 아시아의 1인자가 되었고 유럽의 강대국들은 일본의 힘을 인정했어. 일본은 겉으로는 아시아를 번영시키는 역할을 하겠다고 했지만 속내는 조선과 중국, 태평양 지역을 차지하겠다는 욕심을 갖고 있었지. 특히 바로 옆 대한 제국을 첫 번째 목표로 삼고 적극적으로 위협해 왔어. 일본의 간섭과 위협에 대응하려 내심 러시아를 지지했던 대한 제국의 위기감은 매우 커졌지.

이런 위기일수록 똘똘 뭉쳐 일본에 맞서야 했는데, 대한 제국 관리들 중에 배신자가 나타나기 시작했어. 박제순(외부대신), 이지용(내부대신), 이근택(군부대신), 이완용(학부대신), 권중현(농상부대신)은 이토 히로부미와 한편이 되어 일본이 원하는 대로 대한 제국의 외교권을 일본에 넘기는 문서(제2차 한일협약, 을사늑약)에 앞장서서 서명했어. 을사늑약에 반대하던 한규설 대감을 가두고 고종을 협박했지. 그들은 당시 새 세상이 열렸고 자신의 집안에 큰 부귀영화가 올 거라며 좋아했다고 해.

이때부터 일본의 편을 들며 같은 민족인 조선인을 괴롭히는 자들을 **친일파**라고 했어. 이날 황제를 윽박지르고 일본의 뜻에 따라 문서에 서명을 한 다섯 명의 대신들은 훗날 **을사오적**이라고 불렀어. 나라를 일본에 팔아먹었다 하여 매국노로 부르기도 하는 을사오적은 친일파의 상징이라 할 수 있지.

227 세상을 울린 한 통의 유서

1905년 11월, 일본에게 외교권을 빼앗긴 을사늑약이 체결되자 민영환은 앞장서서 조약의 파기를 외쳤어.

"오호라! 나라와 국민이 이 같은 치욕을 당하고 있으니 우리 인민들은 곧 생존 경쟁 속에서 죽게 될 것입니다. 살려고 하면 죽고, 죽으려고 하면 반드시 살게 되는 것이니 여러분들이 어찌 이것을 모르겠습니까? 영환은 한 번의 죽음으로써 황제의 은혜에 보답하고, 우리 2천만 동포 형제들에게 사죄를 하고자 합니다. 이 영환은 죽어도 죽는 것이 아닙니다. 기필코 지하에서 여러분들을 도울 것입니다.

그리고 다행히 우리 동포들이 천만 배나 더 분발하여 마음을 굳게 갖고 학문에 힘을 쓰고, 서로 죽을힘을 다하기로 결심하여 우리의 자유와 독립을 회복한다면 이렇게 죽는 사람도 지하에서 웃음을 지을 수 있을 것입니다. 아! 조금도 실망하지 마십시오. 그럼 이것으로 우리 대한 제국 2천만 동포에게 작별 인사를 올립니다."

– 백성들에게 보낸 민영환의 유서

1905년 11월, 을사늑약이 체결되자 민영환은 앞장서서 조약 파기를 외쳤어. 민영환은 고종이 가장 아끼는 신하이자 백성들의 사랑을 한몸에 받았던 인물이야. 그랬기에 일본은 민영환을 감시하고 재판소로 끌고 가기도 했어. 민영환은 곧 풀려났지만 나라가 이지경이 된 것은 모두 을사늑약을 막지 못한 자신의 탓이 크다며 세 통의 유서를 남기고 스스로 목숨을 끊었어. 한 통은 황제에게, 한 통은 조선에 있는 외국 외교관들에게, 그리고 마지막 한 통은 백성에게 보내는 글이었지.

민영환의 자결 소식이 전해지자, 관리였던 조병세, 홍만식, 이상철 등이 스스로 목숨을 끊었고, 민영환을 모시던 인력거꾼도 목숨을 끊어 일제 침략에 항거하였어.

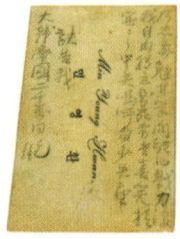 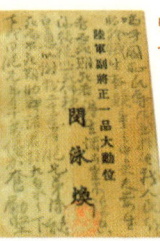

민영환 유서
1905년, 종이에 잉크, 9×5cm, 고려대학교 박물관 소장

228 우리 함께 담배를 끊어서 나랏빚을 갚읍시다!

1907년, 대한 제국이 일본에서 빌린 차관(나라의 빚)은 무려 1,300만 원에 달했어.

당시 대한 제국은 해마다 77만 원의 적자가 날 만큼 나라 살림이 어려웠기에 1,300만 원을 갚는다는 것은 매우 어려운 일이었어. 일본은 이런 사실을 핑계 삼아 우리나라의 중요한 자원과 시설을 하나씩 하나씩 빼앗아갔어. 그에 따라 백성들의 삶은 더욱 어려워졌고 대한 제국은 허수아비 국가로 전락하고 있었어. 외교권을 빼앗기고 경제권마저 일본에게 넘겨 버리면 나라가 망할 수밖에 없겠지.

그래서 나라를 살리고자 하는 사람들이 마음을 모으기로 했어. 그 일은 대구에서 시작됐어.

나라를 살리는 방법은 놀랍게도 담배를 끊는 것이었어. 정확히 말하면 금연을 통해 모은 돈으로 나라의 빚을 백성들이 대신 갚자는 것이었지. 이를 **국채 보상 운동**이라고 해.

"국채 1천3백만 원은 바로 우리 대한 제국의 존망에 직결되는 것으로 갚지 못하면 나라가 망할 것인데, 국고로는 해결할 도리가 없으므로 2천만 인민들이 3개월 동안 흡연을 폐지하고 그 대금으로 국고를 갚아 국가의 위기를 구하자."

서상돈, 김광제 등이 작성하여 1907년

2월 21일자 〈대한매일신보〉에 실은 이 주장은 전국적으로 퍼져 나갔고 여기저기서 국채 보상 운동 단체가 생겨났어. 심지어는 고종도 금연에 동참했어. 위로는 관리들과 지식인에서 아래로는 노동자, 인력거꾼, 기생, 백정 등 하층민들까지도 적극 참여하여 그야말로 범국민적 운동으로 커졌지. 당황한 일본은 운동에 앞장선 사람들이 모금한 돈을 빼돌렸다고 누명을 씌우고 각 단체들을 해산시켜 버렸어. 참 안타까운 일이었지. 만약 그때 백성들의 모금으로 일본에 빚을 갚았다면 어떤 역사가 펼쳐졌을까?

229 일본이 두려워 한 비밀 조직, 신민회

외교권을 빼앗고 경제권을 장악하고 심지어 군대마저 해산시킨 일본이었지만
그들이 몹시 두려워한 민족 운동 단체가 있었어.

바로 국권 회복 운동을 위해 비밀리에 조직한 단체 신민회야. 신민회는 미국에서 먼저 시작되었어. 안창호 선생이 만든 **대한인 신민회**가 원조야. 안창호는 이제 더이상 황제에게 기대는 백성이 아니라 스스로 문제를 해결하는 새로운 백성, 즉 **신민**(新民)이 되자는 주장을 펼쳤어. 그러고는 국내에도 **신민회**를 만들겠다는 큰 뜻을 품고 고국으로 돌아왔어.

돌아온 안창호는 예전 독립협회 시절의 동지들을 찾아 모았어. 그들이라면 신민의 뜻을 잘 이해하고 함께할 것 같았거든. 안창호를 비롯해 신채호, 박은식, 이동휘, 이승훈, 이동녕, 이회영, 김구, 윤치호, 장지연, 이갑, 안태국 등이 뜻을 함께했고 회원은 금방 800여 명으로 늘어났어. 신민회는 국권을 회복하되 황제가 중심이 된 나라가 아니라 신민들이 직접 대표를 뽑는 민주 공화국이 되어야 한다고 생각했어. 그리고 목표를 이루기 위해 4가지 활동을 적극적으로 펼쳤어.

첫 번째는 **교육 운동**이야. 전국에 100여 개의 학교를 만들어 미래의 인재를 길러 냈어. 두 번째는 **계몽 운동**이야. 잡지를 펴내고 강연을 통해 사람들을 일깨웠지. 세 번째는 **민족 산업 진흥 운동**이야. 경제력을 회복하기 위해 회사를 만들고 모범 농장을 운영했지. 그리고 마지막 네 번째는 **독립군 양성**이었어. 만주에 독립군 기지와 신흥 무관 학교를 세웠지.

하지만 이 같은 활동을 눈치챈 일본은 신민회를 강제로 해산시켜 버렸어. 안타까운 일이었지만 신민회 회원들은 실망하지 않았어. 오히려 해외로 망명해 더욱 강력한 독립운동을 펼쳤어. 훗날 독립운동에 앞장선 지도자들의 대부분이 신민회 출신임을 보면 우리 역사에서 신민회가 얼마나 중요한 역할을 담당했는지 잘 알 수 있어.

230 죽음으로 망국의 치욕을 씻은 매천 황현

황현은 과거 시험에서 1등을 했지만 시골 출신이라는 이유로 2등이 된 비운의 천재 선비였어.

그래도 다시 과거 시험을 보고 당당히 장원으로 합격해 벼슬자리에 나아갔지. 하지만 부정과 비리로 얼룩진 조정에서 황현이 설 자리는 없었어. 절망한 황현은 벼슬을 버리고 고향으로 내려갔어. 그러고는 어지러운 세상의 일을 기록해 두기로 마음먹었어. 그래서 탄생한 역사책이 《매천야록》과 《오하기문》이야.

《매천야록》은 1864년(고종 1)부터 1910년까지 47년간의 역사를 정리한 책이고, 《오하기문》은 소문이나 전설, 민담 같은 이야기를 모은 역사책이지. 이 두 책은 고종 때의 생생한 이야기를 전하고 있어. 황현은 시대의 역사책을 쓰는 것이 선비로서 할 일이라고 생각했던 거야. 그런데 나라가 기울고 일본에게 나라를 빼앗겨 버리자 황현은 매우 비통하고 슬펐어. 급기야 가족들에게 유서를 남기고 스스로 목숨을 끊었어. 유서에는 황현이 스스로 목숨을 끊은 이유가 절절하게 쓰여 있었어.

"나는 죽어야 할 의리는 없다. 다만 국가에서 선비를 길러온 지 500년이 되었는데, 나라가 망한 날을 맞아 한 사람도 국난에 죽지 않는다면 어찌 통탄스러운 일이 아니겠느냐? 내가 위로는 하늘로부터 타고난 양심을 저버리지 않고, 아래로는 평소에 읽은 글을 저버리지 않고 영원히 잠든다면 참으로 통쾌할 것이니, 너희들은 너무 슬퍼하지 말거라."

나라의 어려움을 외면하지 않고 자신이 할 수 있는 책임을 다하려 한 황현은 양심 있는 지식인으로, 조선의 정신을 지킨 마지막 선비로 후세에 길이 기억되고 있지.

231 조선인의 터전을 빼앗기 위한 일본의 술책, 읍성 철폐령

우리나라는 성이 많기로 유명해. 산성만 해도 1,000개가 훨씬 넘고 읍성도 300개가 넘으니 웬만한 도시마다 다섯 개씩은 있는 셈이야.

산성은 산에 만든 성으로 적이 쳐들어왔을 때 방어하기 위한 공간으로 사용되기에 평소에는 별로 쓸 일이 없어. 반면 읍성은 고을을 두르고 있는 성으로 주로 해안가 도시에 만들어 왜구의 침입에 대비했지. 읍성은 평소 사또가 머물면서 고을을 다스렸고 백성들도 대부분 읍성 안에 집을 짓고 살았어. 읍성은 방어 시설인 동시에 생활 터전이었지.

그런데 일본은 우리나라를 차지하자마자 제일 먼저 읍성을 없애기 시작했어. 왜 그랬을까? 읍성은 왜구를 막기 위해 만들었으니 일본으로서는 눈엣가시였을 거야. 그러니까 읍성이 가진 중요한 역할인 마을 공동체를 파괴하고 조선인들을 흩어 놓으려 한 의도였지. 전통적인 생활 터전을 부수고 일본인들이 중심이 되는 새로운 중심지를 만들려 한 거야. 소수의 일본인들이 다수의 조선인을 다스리기 위해 선택한 방법이었지. 결국 전국에 300개가 넘었던 읍성은 대부분 파괴되거나 버려졌어. 그나마 고창읍성, 해미읍성, 낙안읍성 등 몇 개만이 살아남아 읍성의 원래 모습을 전해 주고 있다. 일본이 우리나라를 집어삼키자마자 읍성부터 없앤 이유를 잘 알겠지?

232 일본 오니가 한국 도깨비가 되어 버린 사연은?

도깨비 하면 아직도 많은 사람들이 뿔 달린 무서운 얼굴에 방망이를 들고 나타나는 장면을 떠올리지.

이 이미지는 〈혹부리 영감〉 이야기에서 비롯됐어. 1915년 소학교 교과서에 일본의 민담인 〈고부도리지이상〉이 실렸는데, 바로 〈혹부리 영감〉 이야기야. 이 이야기에 등장하는 뿔이 달리고 방망이를 든 **도깨비**는 사실 일본의 설화 속에 등장하는 오니라는 악귀야. 일본은 의도적으로 오니의 그림이나 이야기를 널리 퍼뜨렸지. 어느 순간 오니가 도깨비를 대신해 버렸어. 일본의 잔재는 이렇듯 전래 동화의 가면을 쓰고 우리의 기억 속에도 남아 버렸어.

특별한 역사책 213

원래 우리 도깨비는 백성들에게
무섭기보다는 짓궂은 장난을 많이
치는 친근한 존재였어. 노래와 장난을
좋아하고 특히 힘 자랑을 좋아해 씨름을
즐겨한다고 해. 장난기가 심해 사람을
속이고 놀리기도 하지만 아주 나쁜
행동을 하지는 않아. 오히려 도깨비랑
친구가 되면 도깨비는 신통력으로
큰 선물을 해주는 고마운 존재였어.
생김새도 오니랑은 전혀 달라. 머리가
덥수룩한 총각의 모습을 하기도 하고
빗자루 모습인 경우도 있어. 어떤 때는
소리만 나거나 도깨비불처럼 불덩이가 되어
돌아다니기도 해. 그러니까 이야기마다 형체가
각기 다른 것이 우리 도깨비의 특징이야.

백성들의 굶주린 배를
채워 주던 메밀을 그들과
친한 도깨비도 좋아한다고
생각했기 때문일 거야.
한국 도깨비는 무서운
악귀가 아니라 백성들과
늘 함께 하는 친구라는
점, 잊지 말도록 해.

중국의 이미지화된 귀신

사람들은 오래 쓰다가 버린 헌 물건이 도깨비가
된다고 믿었지. 그리고 도깨비는 메밀로 만든
음식을 좋아한다고 믿었어. 아마 그것은 가난한

233 친일이 만든 조선 최고의 부자

일제 강점기는 친일파들의 세상이었어.
그들은 일본을 돕는 대가로 막대한 돈과
권력을 거머쥐었지. 서로가 경쟁하듯 일본에
충성했는데, 그중에서도 단연 1, 2위를 다투는
자가 바로 민영휘였어. 민영휘는 명성 황후의
친척 조카로 조선 시대에 이미 탐관오리로
이름났던 자야. 고종의 퇴위에 앞장서면서
화려하게 친일파로 변신했지.

그 후 일본으로부터 한일 강제 병합의 공을
인정받아 자작 작위를 받기도 했어. 무서울 게

없던 민영휘는 권력을 이용해 재산을 모으는
데 집중했어. 특히 돈보다 땅을 좋아해 탐나는
땅이 있으면 수단과 방법을 가리지 않고 빼앗아
사람들의 원성이 자자했지. 그렇게 모은 재산은
무려 1,200만 원에 달했어. 그 당시 1,000원이면
서울에서 집 한 채를 샀다고 하니 재산이 얼마나
엄청난 규모인지 말하지 않아도 알겠지?

훗날 아버지가 빼앗긴 땅을 되찾겠노라 결심한
독립운동가 이갑 선생이 권총 한 자루를 들고
몰래 민영휘의 집에 들어가 그에게서 땅값을

받아내 독립 자금에 썼다는 유명한 일화도 남아 있지. 하지만 민영휘에게 땅을 빼앗긴 사람들 대부분은 끝내 자신의 땅을 되찾지 못했어. 그런 만큼 민영휘의 악명은 높아만 갔어. 당시 잡지에는 민영휘의 이와 같은 행위를 꼬집는 기사가 실리기도 했어.

조선에서 첫째로 치는 부자가 누구이냐 하면 어른이나 아이나 이구동성으로 민혜당이라고 똑-같이 대답을 한다. 그러면 이 민혜당이란 누구를 가리켜서 하는 말인가 하면 이는 민영휘 씨를 지칭하는 것 …… 민 씨는 관직을 가지고서도 돈을 모으는 것에 조금도 게으르지 않았고 각 방면으로 재산 늘리기에 열중하였었다 한다.《삼천리》 1931년 1월호)

민영휘의 아들 네 명도 대를 이어 친일을 했지. 이 집안 인물들은 대부분 친일 반민족 행위 명단과 친일 인명 사전에 이름을 올려 놓았어.

234 경성의 3대왕! 유통왕, 광산왕, 건축왕!

일제 강점기에는 민영휘에 버금가는 부자들도 많이 있었어.
당시 경성에서 유명했던 3대왕의 이야기를 살펴볼까?

이완용, 송병준, 이용구처럼 을사늑약과 한일 강제 병합에 앞장서며 친일파가 된 사람도 있지만 돈을 벌기 위해 적극적으로 친일파가 된 사람도 많아. 하지만 돈을 벌었다고 해서 모두 친일파인 것은 아니었지. 화신백화점 사장 박흥식(유통왕), 광산 재벌 최창학(광산왕), 부동산 개발회사 건양사 대표 정세권(건축왕). 이들을 '경성의 3대왕'이라 했어.

유통왕으로 불린 박흥식은 종이 장사로 돈을 많이 벌었어. 그는 독립운동을 하다가 투옥되어 고문 후유증으로 죽은 형과 달리

일본에 협력하는 것만이 잘사는 길이라 여겼어. 조선총독 우가키 가즈시게와 친하게 지내며 지원을 받아 1937년 11월 지하 1층과 지상 6층, 엘리베이터 4대와 에스컬레이터 2대를 갖춘 최신식 화신백화점을 세웠어. 각종 친일 단체에서 활발하게 활동하며 거액의 국방헌금을 내는 등 적극적인 친일 활동을 했던 박흥식은 광복 후 제1호 친일파가 되어 재판을 받았지.

광산 재벌 최창학은 평안북도 일대의 금광을 개발하며 천만장자가 되었어. 서울로 이사한 후 박흥식과 함께 적극적으로 친일 활동을 벌였어.

친일파의 꿈이라고 할 수 있는 비행기 헌납까지 하며 일본이 전쟁에서 승리하도록 기원했지.

반면 건축왕 정세권은 유통왕, 광산왕과는 다른 길을 걸었어. 개량 한옥을 지어 조선인의 터전을 지키고 민족 운동에 기부하며 활동했지.

경성 3대왕은 일본 기업가와 당당히 맞선 조선의 기업가임은 틀림없어. 하지만 역사는 그들에 대해 누군가는 친일파로, 누군가는 민족주의자로 각각 냉정한 평가를 내리고 있지.

235 북촌만은 지켜라! 일본인들의 북촌 진출을 막은 건축왕, 정세권

우리말과 글을 지키기 위해 헌신한 단체가 있었어. 바로 조선어학회야.
그런데 그들 뒤에는 건축왕 정세권이 있었어.

정세권은 북촌마을에 2층집을 지어 조선어학회에 기증했어. 조선어학회는 비로소 셋방살이를 벗어나 안정적으로 한글 사전을 만들 수 있었지. 박흥식, 최창학과 달리 일찍부터 민족 운동에 눈을 뜬 정세권은 부동산을 개발해 집을 만들 때도 조선과 조선인을 먼저 생각했던 인물이야.

당시에는 일본식 주택을 지어야 더 많은 돈을 벌 수 있었음에도 '조선인이 일본식 주택을 지을 수 없다.'며 한옥을 고집했지. 그러나 정세권이 고집한 것은 완전히 전통적인 한옥은 아니었어. 시대가 바뀌고 생활이 바뀐 만큼 한옥도 변화해야 한다고 생각했지. 그래서 여성들에게 매우 불편했던 부엌을 편리하게 바꾸고 유리창을 달고 화장실도 신식으로 바꿨어.

하지만 일제 강점기의 경성 땅은 대부분 일본 건축업자들의 손에 넘어가 도시의 모습이 일본식으로 바뀌고 있었어. 땅값과 집값이 오르니 일본인들은 점점 늘고 조선인들은 외곽으로 쫓겨나다시피 했지. 정세권은 경성의 중심지 종로만큼은 지켜내야 한다는 절박함으로 커다란 한옥을 사서 여러 개로 나누어 작은 개량 한옥 집으로 만들고 조선인들에게 싼값에 팔거나 빌려주었어. 정세권의 활약은 눈부셨어.

손을 댄 곳마다 조선인들이 모여들었고 종로는 지켜 낼 수 있었지. 북촌, 서촌, 혜화동, 성북동, 익선동, 돈의문 등에 있는 한옥 밀집 마을이 모두 정세권의 작품이었어. 현재 남아 있는 서울의 한옥마을은 대부분 정세권이 만들었던 곳이고 지금도 사람들이 살고 있지. 북촌이나 서촌에 간다면 조선의 건축왕 정세권을 떠올리길 바라.

236 전국에서 최초로 초등학생들이 벌인 3·1운동, 오수초 3·1운동

1919년 3월 10일, 전라북도 임실군 오수면에서는 전국에서 최초로 초등학생들이 거리로 나와 '대한독립 만세!'를 외치는 일이 일어났어.

어른도 함부로 움직일 수 없을 만큼 삼엄했던 당시 분위기를 생각한다면 정말 깜짝 놀랄 일이었지. 길을 지나던 어른들은 그 광경을 보고 충격을 받았어. 일본이 두려워 자신들도 선뜻 나설 수 없었던 만세 운동을 아이들이 먼저 나서서 하다니 매우 부끄러워졌지.

5일 후인 3월 15일, 오수에서는 장수와 남원 등 인근 도시 주민들까지 포함해 1,000여 명의 시위대가 모인 대규모의 만세 운동이 벌어졌어. 23일에는 만세 시위가 더욱 커졌지. 4월 7일까지 한 달 가까이 계속되었고 매번 평균 1,500여 명이 참가했다고 해. 이는 전국에서 열 손가락 안에 손꼽힐 만한 규모의 만세 운동으로 평가받고 있어.

이런 엄청난 만세 운동이 오수라는 작은 마을에서, 그것도 초등학생들이 주도해

시작되었다니, 어찌된 일이었을까? 만세 운동이 일어나기 며칠 전 오수보통학교(현 초등학교) 이광수 교사는 아이들에게 독립 선언서를 읽어 주었어. 그리고 서울과 여러 도시들에서 시작된 만세운동이 무엇인지, 왜 일어난 것인지, 만세 운동의 목표는 무엇인지 알려주었지. 이를 들은 학생들은 오수에서도 만세 운동을 벌이자고 주장했어. 이광수 교사는 어린 학생들이니 일본이 위협을 느끼지는 않을 것이라 여겨 학생들의 뜻을 받아들였어. 선생님과 함께 오수초 학생들은 하루 동안 오수 시가지와 오수역에서 힘차게 만세를 불렀어. 초등학생이 일으킨 최초의 만세 운동이었어.

237 버선에 숨긴 독립 선언문 한 장, 동해안을 뒤흔들다

1919년 2월 28일 개성 지역에 독립 선언서 200여 장이 전달되면서 호수돈여학교 교사와 학생, 졸업생들은 '호수돈 비밀결사대'를 조직했어. 충교예배당 전도부인인 어윤희와 호수돈 부속 남부소학교 교사인 권애라, 장정심, 조숙경이 주요 인물이었고 조화벽, 이향화, 권명범, 이영지, 류정희, 김정숙 등 후배들로 이뤄진 결사대였지. 호수돈 비밀결사대는 개성의 3·1운동을 이끌었어. 당황한 일본은 휴교령을 내렸어. 학생들이 더 이상 학교에 모이지 못하도록 말이야.

비밀결사대의 일원이었던 조화벽은 고향이 강원도 양양이었어. 학교가 문을 닫아 기숙사에 있을 수 없게 되자 고향으로 내려가 제2의 3·1운동을 하기로 결심했어. 그래서 버선목의 실밥을 터서 솜 속에 독립 선언서 한 부를 숨겼어. 그 버선을 가방에 넣고 배를 타고 고향 양양으로 향했어. 하지만 소식이 이미 일본에 알려져 조화벽은 항구에 도착하자마자 경찰서로 끌려갔어. 일본 경찰은 조화벽을 조사하고 소지품을 수색했지만 천만다행으로 버선에 숨긴 독립 선언서는 발견되지 않았지. 독립 선언서는 양양감리교회의 청년 지도자인 김필선과 김주호 등에게 전달되어 양양 만세 운동의 불씨가 되었어.

드디어 4월 4일 양양 장날! 유교, 기독교 등 양양의 모든 단체들이 힘을 합해 만세를 불렀으니 강원도 최대의 만세 운동은 버선목에 숨긴 독립 선언서 한 장으로부터 출발했다고 해도 과언이 아니었지. 조화벽은 훗날 공주 영명여학교 교사로 부임하는데 그곳에서 유우석이라는 독립운동가와 만나 결혼을 해. 유우석은 유관순의 친오빠였어. 온 집안 식구들이 자랑스러운 독립운동가들이었지.

238 중부 지방과 남부 지방을 연결한 독립군나무

충북 영동군 학산면 박계리에는 어디서나 한눈에 보이는 풍채 당당한 느티나무가 여럿 있어.

그중 가장 웅장한 몸집을 자랑하는 느티나무가 한 그루 서 있어. 둘레 10미터, 높이 20미터로 수령은 350년이 넘어. 마을 사람들은 이 나무를 **독립군나무** 혹은 **독립투사 느티나무**라고 부르며 지금도 마을 전체가 앞장서서 보호하고 있어. 그런데 나무가 독립군이라니 어찌된 일까?

충북 영동군은 오랫동안 서울, 경기 등 중부 지방과 전라, 경상 등 남부 지방을 이어주는 통로 역할을 해 왔어. 3·1운동이 일어난 직후 독립 선언서를 품에 숨기고 전국 각지로 흩어진 독립운동가들과 학생들에게도 영동은 꼭 거쳐야만 하는 길목이었지. 그들은 서울에서 일어난 3·1운동의 뜨거운 열기를 자신들의 고향으로, 지역 곳곳의 도시들로 전하기를 원했어. 그러기 위해서는 먼길을 걸어 이동해야만 했어. 기차역은 일찌감치 일본 경찰 때문에 위험한 곳이 되었거든. 사람들은 멀고 시간이 걸리더라도 길을 따라 마을에서 마을로 이동하며 소식을 전했어.

이를 눈치챈 일본은 중요한 길목을 모두 막고 삼엄한 경비를 펼쳤어. 충북 영동에 있는 작은 마을 박계리 또한 주된 감시대상이었지. 이를 안타깝게 여긴 마을 사람들은 일본군이나 경찰이 자리를 비우면 어디에서나 잘 보이는 느티나무에 흰 천을 매달아 신호를 보냈어. 그러면 사람들이 멀리서도 알아보고 일본의 눈을 피해 다음 마을로 이동할 수 있었지. 3·1운동 이후에도 독립군들은 느티나무의 표식을 보고 길을 지날 수 있었어. 광복을 이룬 후 마을 사람들은 독립군을 지켜 준 이 나무를 독립군나무라 불렀어.

독립군나무

239 다른 데보다 10배 많은 독립 유공자를 배출한 곳, 안동

"경상북도는 한국 독립운동의 성지로 불립니다. 이곳(안동)이 한국 독립운동의 발상지요. 정부가 포상한 독립 유공자와 나라를 위해 목숨 바친 순절자를 가장 많이 배출한 지역이기 때문입니다. 세계 식민지의 독립운동과 견주어 보면, 그 가운데에서도 으뜸이라 평가할 만합니다."

2017년 안동 독립운동기념관이 경상북도 독립운동기념관으로 승격되면서 나온

인사말이야. 자부심이 뚝뚝 묻어나는 말이지! 천안의 독립기념관을 제외하면 개별 도시 단위의 독립기념관은 안동 독립운동기념관이 최초야. 이유는 안동만이 가진 독립운동에 대한 자부심에서 찾을 수 있어. 우리나라 어느 도시든 독립운동을 하지 않은 곳이 없지만 전국 300여 개 도시 중 독립운동 대표 도시 하면 안동을 첫손가락에 꼽아.

우리나라 최초의 의병(1984년 갑오의병)이 일어난 곳도 안동이야. 또한 나라의 위기를 통감하고 스스로 목숨을 끊음으로써 책임을 진 자정 순국자가 10명이나 나와 전국에서 가장 많아. 향산 이만도, 회은 류도발 등 당대를 대표하는 선비들의 죽음은 일본에 대한 강력한 저항의 밑바탕이 되었지.

전국에서 가장 많은 독립 유공자를 배출한 곳도 바로 안동이야. 2022년 1월 기준으로 383명이나 되지. 전국 대부분의 도시가 30~40명의 독립 유공자를 배출한 사실에 비추어 보면 안동은 무려 10배에 달해. 특히 안동은 의병(척암 김도화), 계몽운동(동산 류인식), 만주 독립군(일송 김동삼), 대한민국 임시정부(석주 이상룡), 의열투쟁(추강 김지섭), 6·10만세운동 (권오설), 민족문학(이육사) 등 어느 한 분야도 빠지지 않고 한국 독립운동사의 대표적인 인물을 다수 배출했으니 안동 사람들의 자부심이 충분히 이해되지?

240 마을 전체가 독립운동의 성지, 내앞마을

경상북도 독립운동기념관은 안동 시내에서 한참 떨어진 시골마을에 조성되어 있어. 처음 기념관을 찾는 사람들이 왜 이런 곳에 기념관이 들어섰을까 하고 의아해할 정도야. 더군다나 기념관 바로 옆은 조선 시대로 돌아간 것 같은 전통 한옥마을이 자리를 잡고 있어 최신 건축물인 기념관과는 묘한 대조를 이루고 있지. 하지만 마을이나 기념관 입구의 설명문을 보면 바로 고개가 끄덕여지고 감탄사가 나올 거야.

기념관 옆의 마을은 전체가 독립운동에 앞장섰던 의성 김씨 집성촌, 내앞마을이야. 이 마을 출신 독립 유공자만 무려 33명이니 웬만한 크기의 도시에서 나올 만한 독립 유공자가 이 마을에서 배출된 셈이지. 의성 김씨는 퇴계 이황의 수제자 학봉 김성일을 배출한 집안으로 안동에서도 첫째 둘째를 다투는 명문 집안이야. 내앞마을은 의성 김씨 대종가까지 있어 안동 유림의 중심지라고 할 수 있어.

그런데 놀랍게도 이곳에서 안동 최초의 근대식 교육기관이 문을 열었어. 보수적인 유학 기풍이 강했던 안동에서는 고종 황제의 명령에도 근대식 학교 도입을 한사코 거부했지. 그런데 나라가 기울어 가는 모습을 더이상 지켜볼 수 없었던 김대락 선생이 자신의 사랑채를 내놓으며 안동에서도 근대 교육이 시작되었어. 바로 협동학교야. 그 인연으로 그 자리에 경상북도 독립운동기념관이 들어서게 되었지.

백하 김대락 선생은 나라가 일본에 강제로 병합되자 독립운동을 위해 전 재산을 처분해 일가친척 150여 명을 이끌고 만주로 떠난 인물이기도 해. 백하 선생의 아들 김형식은 신흥강습소 초대 교장을 지냈고 막내 여동생 김락은 3·1운동을 하다 체포되어 고문을 받아 두 눈이 실명되었어. 대한민국 임시정부 국무령을 지낸 석주 이상룡은 백하 선생의 매부(여동생의 남편)이기도 해. 백하의 가족은 모두 독립운동에 앞장선 인물들이었어. 같은 마을 출신의 김동삼은 만주벌호랑이로 불리며 독립군을 호령했어. 내앞마을을 대표하는 또 한 명의 독립운동가야. 대한민국 제1의 독립운동 성지 마을인 내앞마을과 그 옆의 독립운동기념관을 꼭 찾아가 보렴.

241 독립운동 역사상 최고의 현상금이 걸린 인물, 약산 김원봉

약산 김원봉은 지금의 화폐 가치로 수백억 원이 넘는 어마어마한 현상금이 걸려 있던 주인공이야!

김구의 현상금이 60만 원일 때 김원봉의 현상금은 100만 원이었으니 독립운동가 김원봉의 위상을 잘 알 수 있어. 김원봉은 의열단장이자 민족혁명당의 총서기였고 조선의용대장과 대한민국 임시정부 군무부장 등으로 맹활약을 펼치며 항일 무장 투쟁의 살아 있는 전설이 된 인물이야. 특히 김원봉이 이끄는 의열단은 맹활약을 펼쳤지. 김원봉은 의열단 단원 중 가장 나이가 어렸어도 단원들의 절대적인 지지로 단장이 되었어. 명석하고

결단력이 있어 단원들이 김원봉을 굳게 믿었거든. 김원봉은 늘 단원들에게 이야기했지.

"자유는 우리의 힘과 피로 쟁취하는 것이지, 결코 남의 힘으로 얻어지는 것이 아니다. 조선 민중은 능히 적과 싸워 이길 힘이 있다. 그러므로 우리가 선구자가 되어 민중을 각성시켜야 한다!"

박재혁, 최수봉, 김상옥, 김익상, 나석주, 김지섭 등 의열단 단원들은 부산경찰서, 밀양경찰서, 종로경찰서, 조선 총독부, 동양척식 주식회사, 일본 궁성 등에서 폭탄을 던지고 총격전을 벌이며 죽음으로써 의열단의 기개를 보였어. 이 모든 일의 뒤에 있었던 의열단장 김원봉은 일제 강점기 동안 한 번도 잡히지 않아서 일본에게는 공포의 대명사였어.

242 이토 히로부미의 수양딸, 배정자

일제 강점기 최고의 스파이이자 독립군의 척살 1호였던 배정자. 일본 이름은 다야마 데이코 또는 사다코였어. 배정자는 일본으로 가 18세 나이에 이토 히로부미의 수양딸이 되어 최고의 스파이가 되기 위한 훈련을 철저히 받았어. 1894년 동학 농민 운동 때 다시 조선으로 돌아온 배정자는 고종에게 접근 후 고급 정보를 빼내 일본에 넘겼지. 배정자가 빼낸 정보와 매수한 인물들은 대한 제국이 기울어 가는 데 큰 영향을 끼쳤어. 국내에서 일본을 위해 활약하던 배정자는 일본이 만주를 차지하자 독립군을 무너뜨리기 위해 만주로 가서 동포들을 속이고 잡아 가두었어. 당시 대한민국 임시정부가 배정자를 어떻게 생각했는지 독립신문을 보면 잘 알 수 있어.

배정자는 작년 하얼빈에서 온갖 수작으로 일본을 도와 수많은 동포를 잡아 넘겼습니다. 그러고는 봉천으로 가서 봉천 동포의 사정을 일본 영사관에 고하여 동포가 받는 곤란이 참으로 큽니다. 반드시 죽여야 할 요녀 배정자는 오히려 '나는 만주에 있는 백만 조선인의 어머니'라 하니, 언제까지 저 요녀의 목숨을 그대로 두어야겠습니까?
(1920년 5월 8일 독립신문 논설)

배정자는 평생 일본을 위해 살았어. 심지어는 70이 넘은 나이에 조선 여성들을 끌고 다니며 위안부를 강요했으니 배정자의 악행은 평생 끝이 없었지. 하지만 광복 후 야산에 숨어 살다 반민족 행위 처벌법에 따라 체포된 뒤 결국 죽음을 맞이했어.

243 마을을 두 동강 낸 신작로, 도시를 두 쪽 낸 철도

조선을 식민지로 만든 일본은 왜 조선 마을에 새롭게 도로와 철도 등을 놓았을까?

마을에 새로운 길이 생기고 철도가 놓인다는 것은 주민 모두를 들뜨게 하는 일이야. 길과 철도를 따라 사람이 많이 오가고 물자가 들어오는 등 삶이 더 활기차고 부유해질 수 있기 때문이지. 하지만 나라를 잃은 백성들에게 새 길(신작로)이 생기고 철길이 놓인다는 것은 그나마 함께 살고 있었던 마을이 파괴된다는 것과 같아. 왜 그럴까?

일본이 우리나라를 차지하기 위해 벌인 많은 연구 결과는 조선인이 유지해 온 공동체를 파괴해야 한다는 것이었어. 그 방법으로 일본인 중심의 마을을 만들어 그곳으로 조선인을 이주시키기로 한 거야. 그러면 전통적인 공동체도 파괴하고 적은 수의 일본인으로도 많은 수의 조선인을 다스릴 수 있기 때문이야. 새 길은 마을에 필요하거나 사람이 없는 땅에 놓는 것이 아니라 철저하게 일본인 지주나 관리들에게 유리한 땅에 만들었어. 심지어 필요하다면 마을 한복판을 잘라 버리는 일도 서슴지 않았지. 또 길을 만들 때는 온 마을 사람들을 동원했어. 결국 길이 나면 일본인은 더 부자가 되고 조선인은 더 가난해졌어. 돈과 물자가 일본인이 사는 곳으로 모이니 조선인은 그곳까지 가서 일할 수밖에 없었지.

신작로가 작은 마을 공동체를 파괴했다면 철도는 도시를 파괴하거나 새 도시를 만들었어. 기차가 정차하는 곳에는 새로운 도시가 생겨났고 기차가 비켜 가는 지역은 쇠퇴했어. 철길을 따라 신의주, 철원, 대전, 익산, 정읍, 광주, 김천, 부산 같은 도시가 탄생하고 커졌지. 반면 의주, 공주, 충주, 나주, 고부, 동래 같은 전통 도시들은 점점 작아지거나 사라졌어. 당연히 새로 생길 도시들은 일본인들이 미리 정보를 알고 주변의 땅을 사서 도시의 주인 노릇을 했어. 신작로와 철도를 만드는 일은 결국 조선의 발전을 위한 것이 아닌 일본의 수탈과 지배를 위한 개발이었지.

244 일본인들, 사냥으로 호랑이 씨를 말리다

'조선에서 범을 잡고 러시아로 가 곰을 잡자!'

일본인들은 무사의 용맹을 보이려면 맹수를 잡아야 한다며 조선의 호랑이와 러시아의 곰을 대상으로 삼았어. 사실 일본에는 곰은 있어도 호랑이는 없어. 그렇다 보니 호랑이를 잡아서 가죽을 지니는 것을 대단한 자랑거리로 여겨 임진왜란 때에도 호랑이 사냥에 여념이 없었지. 그런데 우리나라를 아예 지배하게 되었으니 거리낌 없이 호랑이를 사냥하고 다녔어.

하지만 아무리 일본이라 해도 호랑이를 이유 없이 마구 잡을 수는 없었어. 대신 '해수구제(해로운 짐승을 잡아 사람의 생명과 재산을 지킨다.)'라는 명분을 내세워 호랑이 사냥에 나섰어. 조선을 지배하기 위해서는 더 많은 일본인들이 조선에 정착해야 하는데, 호랑이를 직접 경험한 적이 없는 일본인들은 호랑이가 무서워 조선의 구석구석까지 가려 하지 않았어. 조선 총독부로서는 골치 아픈 문제였지.

그런데 만난 적이 없고 습성을 잘 몰랐기에 호랑이 사냥은 쉽지 않았어. 호랑이는 서식지 크기가 무려 1천 제곱킬로미터에 달하거든. 어쩔 수 없이 조선 총독부는 예외적으로 조선인들에게도 총을 주어 사냥을 부추겼어. 그 결과 일본은 1919~1942년 사이에 호랑이 97마리와 표범 624마리를 죽이거나 포획했어. 결국 한반도의 호랑이는 완전히 사라졌어. 우리나라의 호랑이는 이제 전설로만 남게 되었지.

245 여름철 경성의 명물, 빙수와 아이스커피

스윽-스윽-

아이스크림보다도, 밀크셰이크보다도 정말 얼음의 맛을 즐길 수 있기는 갈은 얼음을 먹는 데 있다.

스윽-스윽-

그 얼음 갈리는 소리를 들어 보라. 새하얀 얼음비가 눈발같이 흩어져 내리는 것을 보라. 벌써 등덜미의 땀이 다 기어들어 가지 않았느냐.

(〈빙수〉, 방정환)

세계 최초로 어린이 운동을 시작한 소파 방정환이 가장 사랑한 음식이 무엇인 줄 아니? 바로 한여름에 맛보는 빙수였다고 해. 얼마나 빙수를 좋아했는지 하루에 6~7그릇씩도

먹었다고 해. 또한 빙수 중 으뜸은 딸기 빙수라고 치켜세웠지. 빙수는 소파만이 좋아한 음식은 아니었어. 경성 사람들이라면 빙수 한 그릇은 먹어 줘야 여름을 난다고 할 만큼 불티나게 팔렸지. 그러다 보니 비위생적인 얼음을 사용한 얌체 장수들 때문에 여러 사람이 식중독으로 고생하기도 했어.

그런데 빙수와 더불어 경성의 명물이 있었어. 바로 아이스커피였어. 1930년에 나온 신문을 보면 '여기서도 아이스커피, 저기서도 아이스커피. 두 남녀가 대가리를 부비대고 보리줄기로 쭉쭉 빨아 먹는다.'는 재미난 기사가 나기도 했어. 아이스커피 한 잔을 마시는 것이 젊은 남녀 간의 데이트 코스였던가 봐. 일제 강점기는 무척 힘들고 어려운 시기였지만 이처럼 새롭게 변하는 음식 문화도 시대의 한 장면이었던 것 같아.

246 최대의 친일 명문(?)가 윤치호 집안!

명문가란 한 집안에서 훌륭한 인물이 여럿 배출되었을 때 붙이는 명예로운 이름이야. 나와 아버지, 할아버지가 모두 군인이 되어 국방의 의무를 다하면 병역 명문가, 집안 식구들이 독립운동을 했다면 독립운동 명문가가 되는 거지. 조선 시대에는 대를 이어 과거에 급제하고 높은 관직을 받거나 이름난 학자를 많이 배출한 집안을 명문가라 했어. 그런데 여기에 덧붙여야 할 또 하나의 명문가가 있으니, 민족을 배신한 친일파가 여럿 나온 **친일 명문가**야. 그런 나쁜 일을 하면 반드시 역사가 기억한다는 뜻을 풍자한 표현이야.

일제 강점기가 35년간 지속되었고 이미 외교권을 잃은 1905년부터 살핀다면 무려 40년의 시간을 일본의 강점 아래 지냈으니 대를 이어 친일한 사람들도 꽤 많았지. 그들은 한결같은 변명을 해. 나라를 잃은 것이 자신의 잘못도 아닌데 어쩔 수 없는 시대에 태어나 최선을 다해 살았을 뿐이라고. 맞아. 행복을 누릴 권리는 어느 때나 있으니 일제 강점기라 해서 더 잘살고 행복해지기 위한 노력을 하지 말라는 법은 없어. 하지만 독립운동을 방해하고 민족의 이익과 행복을 해치면서 자신만을 위해 산다면 그것을 올바른 일이라 할 수 있을까? 역사는 이렇게 일본을 도우며 독립운동을 방해한 사람들을 친일파로 기록하고 있어. 대표적으로 일제 강점기 군수 시장급 이상의 행정공무원, 경찰과 군인, 일본을 찬양한 예술가 등이 친일파 명단에 이름을 올렸지.

그런데 무려 7명의 친일파가 나온 집안이 있어. 바로 개화기를 대표하는 지식인 윤치호 집안이야. 윤치호 자신도 중추원 고문을 지낸 친일파지만 아버지 윤웅렬은 일본으로부터 귀족 작위(남작)를 받았어. 윤치호의 사촌들도 한몫했어. 윤치오와 윤치소도 중추원에서 일했고, 윤치성은 일본 육사 출신으로 일본군 기병 중좌였어. 심지어 윤치영은 국민동원 총진회 중앙 지도위원으로 태평양 전쟁을 찬양하며 조선인을 징용과 징병으로 내몰았지. 조카인 윤영선은 일본이 만든 가짜 중국 정부인 만주국 간도성의 간부였어. 이처럼 한 집안 식구가 한마음으로 일본을 위해 열심히 일했으니 친일 명문가(?)로 불리기에 부족함이 없겠지?

247 ㄱ, ㄴ, ㄷ 이 숫자라고? 한글로 쓰인 김구 부인의 묘비

김구 선생이 어머니와 두 아들을 데리고 부인의 묘비 앞에 서 있어.
이 사진에는 안타까운 이야기가 담겨 있어.

ⓒ 백범 김구 기념사업회

최준례 무덤에서 찍은 김구 가족 사진

위대한 독립운동가의 뒤에는 더욱 위대한 가족의 헌신이 있었다는 것을 말해 주지. 김구 선생 부인은 언제 다치고 죽을지 모르는 남편을 걱정하면서도 남은 가족을 돌보기 위해 눈코 뜰 새 없이 일해야 했어. 적은 돈이라도 생기면 독립운동 자금으로 먼저 사용하느라 가난을 벗어날 수 없었어. 그래도 늘 묵묵히 이겨 냈어. 결국 최준례 여사는 폐렴으로 세상을 떠났지만 남편 김구는 부인의 죽음을 알고도 곁을 지켜 줄 수가 없었어. 최준례 여사가 입원한 병원이 일본의 손아귀에 들어갔기 때문이야.

당시 김구는 임시정부 요인으로 일본에 쫓기고 있어 병원에 갈 수가 없었지. 김구의 동지들은 가슴 아파하며 돈을 모아 최준례 여사의 장례식을 대신 치러 주었어. 프랑스 조계지에 있는 공동묘지에 관을 묻고 묘비를 세웠지. 그제서야 김구는 부인의 무덤을 찾을 수 있었어. 김구의 마음이 어땠을지는 미뤄 짐작이 될 거야. 미안하고, 또 미안하고, 고맙고, 또 고마웠겠지.

그런데 최준례 여사의 묘비를 보면 특이한 점이 보여. 'ㄹㄹㄹㄴ해 ㄷ달 ㅊ즈날 남.' '대한민국 ㅂ해 ㄱ달 죽음.' 이라고 되어 있거든. 도대체 무슨 뜻일까? 눈치 빠른 친구들은 아마 벌써 숫자로 바꾸고 있겠지? 맞아 이런 표기 방식은 한글학자 김두봉 선생의 뜻에 따라 쓰인 것인데 숫자를 한글로 나타낸 거야.

'ㄹ'은 기역부터 시작하면 네 번째 자음이니 숫자 4이고, 'ㄴ'은 숫자2야. 즉, '(단기)4222년 3월 11일 태어남.'이라는 뜻이야. 그런데 돌아가신 날짜는 좀 다르지? 왜냐하면 이때는 단기를 쓰지 않고 '대한민국 6년'을 썼어. 1919년 대한민국 임시정부가 들어섰기 때문에 이를 기준으로 삼은 것이야. 김구의 동지들은 최준례 여사야말로 독립운동의 숨은 공로자라고 하며 한글을 이용해 특별한 묘비를 선물했어. 참 감동적인 이야기이지 않니? 자, 그럼 너희들도 각자의 생일을 한글로 표현해 보렴.

248 아들보다 훌륭한 독립운동가의 어머니

두 사람의 공통점이 뭔 줄 아니? 모두 사형을 선고 받은 아들을 두었다는 거야. 아들이 죽게 되었는데도 오히려 자랑스럽다고 한 두 사람의 마음은 무엇이었을까? 자식의 죽음 앞에 피눈물이 나지만 의연한 모습으로 아들이 한 독립운동을 옳고 바른 일이라 격려한 두 어머니의 마음은 이후 삶에서 그대로 드러나.

안중근의 어머니 조마리아 여사는 일찌감치 은가락지와 은귀걸이, 은장도 등을 흔쾌히 내놓을 만큼 국채 보상 운동에 적극적이었어. 아들 안중근이 죽은 이후에는 남은 가족들을 데리고 연해주로 망명하여 자식들을 가르치고 농장을 만들고 강연과 방문을 통해 동포의 민족의식을 고취시켰지. 강연을 다니다가 마적을 만나거나 맹수를 만나도 두려움이 없었으니 사람들에게 여중호걸로 불릴 만큼 담대한 용기와 의지를 가지고 있었어. 훗날 두 아들과 상하이로 가서 임시정부를 돕고 지낼 때도 동포들의 분란과 다툼을 중재하고 임시정부의 재정을 돕기 위해 모금 활동도 벌였지. 그때 가장 친하게 지낸 사람이 세 살 터울의 곽낙원 여사였어.

곽낙원 여사는 김구의 어머니야. 아들이 잘되기만을 바란 평범한 어머니였지만 아들이 목숨을 걸고 일본과 싸우는 모습을 보며 항일 의식을 가진 강인한 어머니로 다시 태어난 사람이야. 손자들과 중국으로 가서 수십 명의 청년들을 돌보며 지냈지. 끼니를 잇기 힘들 만큼 힘들었지만 생활비를 아끼고 아꼈어. 심지어 생일 축하금으로 받은 돈을 보태 총을 두 자루 구해 임시정부에 기부할 정도였지. 팔순 때는 잔치 대신 만년필 50자루를 사서 청년들에게 나눠 주며 나라를 위해 일하라고 하기도 했어. 생활이 어렵다고 행여 독립의 의지가 꺾이지 않을까 노심초사하며 항상 격려와 지원을 아끼지 않은 어머니였지.

해방 후 독립운동가들은 조마리아 여사, 곽낙원 여사 같은 사람들이 있어서 독립운동의 맥이 이어질 수 있었다고 말했어.

249 경성 최고의 데이트, 택시 드라이브

1919년 12월, 일본인 노무라는 돈을 벌 수 있는 새로운 아이디어를 떠올리고 '경성택시회사'를 만들었어.

우리나라 최초의 택시 회사였지. 미국에서 승용차 두 대를 사서 만들었어. 노무라는 조선에서도 택시를 타는 사람들이 많이 생길 것이라 여겼어. 그런데 택시 회사는 처음 생겼지만 택시가 아예 없었던 것은 아니야. 콜택시처럼 주차장에서 기다리다가 전화가 오면 손님을 태우러 가는 택시는 있었거든.

노무라는 그런 방식 대신 미국 방식으로 돈을 벌려고 했어. 미국 방식은 택시가 손님을 찾아 도로를 돌아다니다가 손님이 손짓하면 태우고 영업을 하는 거야. 맞아, 지금 우리가 택시를 타는 바로 그 방식이야. 경성 사람들은 하루 종일 거리를 돌아다니는 택시가 너무 신기했어. 부르지 않았는데도 차가 돌아다니니 돌아다니는 택시를 쫓아다니는 아이들이 있을 정도였지.

문제는 생각보다 장사가 잘 안 되었다는 거야. 택시 미터기가 없던 때라 요금에 대한 시비도 잦았고 택시가 보인다고 갑자기 타는 사람도 적어 회사는 어려움에 처했지.

이때 노무라가 생각해 낸 방식이 대절 택시 영업이었어. 지금의 렌터카 같은 거지. 경성을 한 바퀴 돌아보는 데 3원, 1시간을 빌리면 5원이었어. 그러자 사람들은 데이트를 위해 대절 택시를 이용하기 시작했어. 택시를 타고 경성을 한 바퀴 도는 코스였지. 남산이나 한강도 돌았어. 그러다 맛집을 찾아 가기도 했고, 저녁이면 술집으로 향하기도 했지.

택시가 인기를 끌다 보니 택시회사는 우후죽순으로 생기기 시작했고 교통사고도

잦아졌어. 자동차 속도 제한도 생겼지. 초창기에는 25킬로미터였는데, 1921년에는 40킬로미터가 되었어. 1920년대에는 경성에 이어 부산, 평양, 대구 등에도 택시가 생기며 본격적으로 택시 역사가 시작되었어. 1919년은 3·1운동이 일어나고 대한민국 임시정부가 수립된 해이기도 하지만 택시 역사가 시작된 해라는 점도 기억하길 바라.

250 우리나라 최초의 빵집, 이즈모야와 이성당

우리나라에 처음 빵을 들여온 것은 조선 말이었어. 선교사들이 들여왔지.

그때는 빵을 숯불에 구워 만들었는데, 사람들은 신기해했어. 모양이 우랑(쇠불알) 같다 해서 우랑떡이라 불렀대. 듣기만 해도 참 민망한 이름이지? 그러다 1884년 러시아와 수호 통상 조약을 맺은 이후 손탁을 비롯한 서양인들이 여러 종류의 빵을 소개했어. 하지만 본격적인 빵집은 일제 강점기에 일본인 제빵사들이 열기 시작했어. 빵이라는 용어도 포르투갈어 '팡(pao)'이 일본을 거치면서 '빵'으로 자리 잡았어.

그런데 그 무렵 세워진 빵집 중에 어느 곳이 1호 빵집인지는 아직도 알 수가 없어. 기록이 없기 때문이야. 다만 한국인이 세운 1호 빵집은 알 수 있어. 해방 후인 1945년에 세운 군산의 이성당이야. 이성당은 지금도 남아 있기에 1호 빵집인 동시에 우리나라에서 가장 오래된

일제 강점기의 이성당

빵집이기도 해. 그런데 1호 빵집이 왜 군산에 있을까? 그것은 이즈모야라는 일제 강점기의 과자집을 살펴보면 알 수 있어.

이즈모야의 역사를 잠시 살펴볼까? 군산에 정착한 일본인 히로세 야스타로는 1910년경 과자점인 이즈모야를 개업했어. 물론 이때

특별한 역사책 229

군산에는 이미 과자점이 여러 개 들어서 있었지. 야스타로는 큰아들 겐이치를 도쿄로 보내 서양식 빵과 케이크, 단팥빵 등을 만드는 기술을 배워 오게 했어. 솜씨가 좋았던 겐이치 덕에 이즈모야는 군산 제일의 빵집으로 거듭났어. 요즘처럼 빵집에 카페도 겸했지. 이즈모야의 인기는 하늘을 찌르는 듯했어.

하지만 1945년 광복과 함께 이즈모야도 문을 닫아야 했어. 일본인들은 모두 짐을 싸서 일본으로 돌아가야 했으니까. 그때 겐이치는 한 달 동안이나 군산에 남아 이즈모야를 지키다 가족들이 말려 눈물을 흘리며 일본으로 갔다고 해. 그런데 이즈모야의 인기와 제빵 기구들을 눈여겨본 이석우 씨는 주인이 없어진 이즈모야 자리를 차지하고 싶었어. 작은 제과점 주인이었던 그는 과자와 빵 만들기에 자신이 있었고 이즈모야 자리라면 장사가 훨씬 잘될 거라는 확신이 있었지. 때마침 이즈모야가 적산 가옥(일본이 버리고 간 집)으로 나오자 이를 사서 제과점을 더 크게 열었어. 자신의 성인 '이'와 번성할 '성' 자를 따서 이성당이라는 이름을 붙였어. 이성당은 곧 옛 이즈모야에 버금가는 인기를 얻고 군산을 대표하는 빵집이 되었지.

251 동국사와 일본 승려들의 진정한 참회

2012년 9월 6일, 군산 동국사에서 특별한 일이 있었어. 다음과 같은 내용이 적힌 비석이 세워졌지.

불교를 퍼뜨린다는 핑계로 일제의 침략을 돕고 조선인과 아시아인들을 무시하고 억압한 것은 참으로 부끄러운 행위이며 진심으로 사죄하며 참회한다.

일본 불교인 조동종에서 1992년 발표한 참회문이야. 일본의 쇼코 승려는 그것으로 부족하다며 한국에 비문을 세워 영원히 자신들의 잘못을 반성해야 한다고 했지. 훗날 쇼코 승려는 비문 옆에 평화의 소녀상을 세우는 일에 앞장서기도 했어. 그런데 왜 하필 그 장소가 군산에 있는 동국사일까?

일제 강점기에 일본의 종교가 우리나라에 들어와 잠시 주인 노릇을 했어. 일본의 신을 섬기는 신사가 전국 각지에 세워졌고, 일본 불교도 물밀 듯 들어왔지. 그중 조동종은 전국에 160개가 넘는 사찰과 포교원을 세울 만큼 힘이 컸어. 그러다 보니 정치에도 깊숙이 관여해서 을미사변도 뒤에서 도왔다고 해. 조동종에서 한반도에다 만든 사찰은 대부분 일본식 건물이었어. 광복 이후 거의 철거됐지만 살아남은 건물 몇몇은 다른 용도로 쓰였어.

군산의 동국사

하지만 전국에서 단 한 곳 군산 동국사만큼은 그 모습 그대로 사찰로 남게 되었어. 광복 이후 국가 재산이었던 이곳을 불교계에서 샀고 남곡 승려가 우리의 절이라는 뜻을 담아 동국사로 이름을 새롭게 짓고 지금에 이르렀지. 우리나라에 있는 유일한 일본식 사찰인 셈이야. 조동종의 쇼코 승려는 이러한 역사가 담긴 동국사야말로 참회의 비문이 들어서기 가장 좋은 장소라 여겼어. 이에 한일 승려들이 힘을 합쳐 역사를 기억하기로 한 거야. 쇼코 승려처럼 양심적인 일본인들도 있지만 일본인들이 모두 자신들의 잘못을 반성하는 것은 아냐. 일본의 지도자들도 이런 쇼코 승려의 마음을 본받아 진심으로 우리에게 사죄하는 날이 오길 바라.

252 3·1운동을 막아라! 친일파들이 만든 자제단

3·1운동이 한 달 넘게 이어지고 전국으로 퍼져나가자
일본은 어떻게 하면 만세 운동을 그치게 할까 머리를 모았어.

일본은 군인과 경찰을 동원해 만세 시위를 막고 해산시켰지만 그것만으로는 부족하다고 생각했거든. 이때 친일파 박중양이 놀라운 제안을 했어. 조선인들을 모아 만세 운동을 직접 막고 만세 운동에 참여하거나 준비하는 사람들을 찾아 협박하고 일본에 신고하겠다는 것이었어. 조선인들 스스로가 3·1운동을 멈추게 하겠다는 말이었으니 일본으로서는 이보다 더 좋은 방법이 없었지.

조선 총독부의 지지를 얻은 박중양은 곧바로 고향인 대구에서 **자제단**을 만들었어. 4월 6일 만들어진 자제단은 말 그대로 3·1운동을 자제(스스로 억제한다)한다는 의미의 단체였어.

독립운동을 그만둔다는 말만으로도 기가
막히지만 정말 가슴 아픈 일이 하나 있지.
여기에 앞장선 인물 중 하나인 서병조는
국채 보상 운동을 벌였던 서상돈의 둘째
아들이었다는 거야. 아버지는 나라의 빚을
갚고자 노력하다 세상을 떠났는데 아들은
독립운동을 하지 말자고 하다니 가족의
비극이자 우리 역사의 비극인 셈이야.

자제단은 사람들을 찾아다니며 만세 운동은
잘못된 것이며 독립운동은 쓸데없다며 목소리를
높였지. 그들은 대부분 부자이거나 일본을
돕는 관리, 일본에 다녀온 유학생들이었어.
대구와 경성에서 자제단이 생기자 다른 지역의
친일파들도 앞다투어 자제단, 자성회(독립운동을

반성한다.), 자위단(일제를 지킨다.)을 만들었는데
1919년 12월까지 활동하며 독립운동을
방해했어. 결국 박중양은 일본에게 식민 통치의
최고 공로자로 인정을 받았지. 민족을 배반한
가장 악질적인 친일파로 영원히 역사의
죄인으로 남을 자제단과 박중양! 꼭
기억해야겠지?

253 경성 최고의 인기 주례자, 몽양 여운형

"식장은 없어도 좋습니다. 예복이 없어도
좋습니다. 결혼 상대자가 그저 장엄한 맹세만
하였으면 그들의 결혼은 완전히 되는 것입니다.
나는 이러한 결혼을 좋아하는 것입니다."

독립운동가 몽양 여운형은 훤칠한 외모에
다부진 몸매, 멋진 목소리로 어디서나 사람들의
관심을 끌었어. 게다가 일본을 두려워하지
않고 어디서나 당당히 조선의 독립을 주장하고
청년들을 격려했기에 젊은이들의 존경을 한몸에
받았던 인물이야. 특히 몽양은 스포츠를 좋아해
우리나라 최초의 체육회 회장을 지내며 야구와
축구를 널리 퍼뜨렸어. 체조를 직접 시범해
보이며 체력이 강해야 나라도 바로 설 수 있음을
강조하기도 했지. 비록 나라는 빼앗겼지만

휘문고에서 연설하기 전의 여운형

반드시 우승해서 조선인의 힘을 보여 달라며
손기정 선수를 베를린 올림픽에 나가도록 격려한
사람도 몽양이야.

그러다 보니 많은 젊은이들이 몽양에게
결혼식 주례를 부탁했지. 워낙 말을 잘하고
재미있었기에 몽양이 가는 결혼식장은 언제나
인기가 있었어. 해외에서 독립운동을 하다가

국내로 돌아온 후부터 5년간 무려 300쌍의 젊은 부부들에게 주례를 서며 항상 강조한 말은 겉치레와 잘못된 전통은 바로잡아야 한다는 것이었대. 또한 부부가 한마음이 아니면 같이 살 수 없으니 미래에 대한 꿈도 함께 꾸어야 한다고 했어. 물론 드러내 놓고 말은 안 했지만 미래에 대한 꿈이라는 것은 바로 독립에 대한 바람이었어. 독립운동가들을 맺어 줄 때는 혁명과 독립에 관한 책에 손을 얹고 맹세를 시키기도 했어. 부잣집이나 아무리 권세가 높은 집에서 연락이 와도 가는 법이 없었고 신랑 친구들이 신랑을 거꾸로 매달아 발바닥을 때리는 옛 놀이를 하면 크게 화를 내며 결혼식장을 박차고 나올 정도였대.

그래서였을까? 몽양이 주례를 선 부부는 한 쌍도 헤어지지 않았고 몽양은 그것을 자랑으로 여겼대. 경성 최고의 인기 주례인 몽양 여운형의 주례는 전설이 되어 역사에 남았지.

254 신여성의 상징, 단발머리

1922년 6월 22일, 〈동아일보〉에 재미난 사진과 기사가 하나 실렸어. 사람들은 기사를 읽고 충격에 빠졌어. 기사 내용은 머리를 짧게 자른 여성 강향란에 관한 것이었어.

"요사이 경성 시내에는 어떤 여학생이 머리를 깎고, 남자 양복에 캡 모자를 쓴 후 이곳저곳으로 돌아다닌다 하여 일반 사회에서 이야기꽃이 피게 되었다. ……"

30년 전인 1895년에 단발령이 시행되었지만 그건 모두 남자들의 이야기였어. 여성은 단발의 대상이 아니었지. 그런데 기생 출신의 강향란이 처음으로 머리를 잘랐어. 강향란은 '나도 사람이며 남자와 똑같이 당당한 사람이며, 남자에게 의지하지 않겠다. 머리를 자르고 사내로 살아 보겠다.'고 말했어. 그 뒤 많은 여성들이 머리를 자르면서 단발머리가 유행하기 시작했어. 1920년대 여성들의 단발머리는 오래된 관습에 대한 저항이자 여성이 남성의 소유물이 아니라는 독립의 선언이기도 했어.

하지만 단발머리를 바라보는 시선은 곱지 않았어. 신여성인 **모던 걸**이 아니라 말 안 듣는 '못된 것'이라는 야유와 조롱도 많았지. 그럴수록 더욱 더 여성들은 단발머리를 고집했어. 단발머리는 다만 짧게 자른 머리가 아니라 남성 중심의 사회에서 여성으로서 당당히 서겠다는 선언과도 같은 것이었지. 여성 독립운동가들이 대체로 짧은 머리였던 것도 스스로 주인공이 되어 나라를 되찾겠다는 다짐과 같았어.

255 조선 총독부를 떨게 한 보천교와 백백교

1937년, 조선이 발칵 뒤집힐 만한 사건이 일어났어.

백백교 교주 전용해의 시신이 양평 용문산에서 발견되면서 전국을 공포에 떨게 한 백백교의 정체가 만천하에 드러났거든. 백백교는 '백백백의의의적적적감응감감응하시옵숭성'이라는 주문만 외우면 부자가 되고, 재산을 바치면 새 세상에서 높은 벼슬을 할 수 있다는 말로 사람들을 속였어. 무섭고 어지러웠던 일제강점기라 많은 사람들이 여기에 넘어갔다고 해. 교주는 신도들을 속여 그들의 집과 재산, 심지어 딸과 부인까지 빼앗았어. 뒤늦게 뭔가 잘못되었음을 깨닫고 항의하는 신도는 몰래 죽여 땅에 묻었는데, 그 수가 300명이 넘었지.

하지만 세상에는 비밀이 없는 법. 재산은 물론 아버지와 여동생까지 빼앗긴 유곤룡이라는 젊은이가 목숨을 걸고 이 사실을 밝혀내 경찰에 알렸고 백백교 일당은 모두 붙잡혔지.

교주 전용해는 경찰을 피해 도망쳤는데 결국 양평에서 죽은 채 발견되었어.

그런데 이 사건을 빌미로 조선 총독부는 다른 종교까지 탄압했어. 당시에는 불교, 기독교 외에도 천도교, 보천교, 대종교, 단군교 등 수십 개가 넘는 종교가 있었어. 조선 총독부는 불교, 기독교와 일본의 신도를 제외한 모든 종교를 유사 종교라 하여 감시 중이었는데, 백백교 사건은 나머지 종교를 나쁜 종교로 만들어 해산시키기에 딱 좋은 계기가 되었어.

3·1운동 이후 눈엣가시로 여겼던 천도교는 물론 한때 교도가 600만 명에 달해 전국 최대의 종교로 커진 보천교를 탄압하기 시작했지. 국조 단군을 모시는 단군교, 대종교는 말할 것도 없었어. 특히 보천교는 철저히 망해 사람들의 기억 속에서도 사라졌지만 한때는 독립운동을 돕는 대단히 큰 단체였어. 상하이 임시정부 수립, 청산리 대첩, 만주의 독립단체 설립 등에 자금을 댔는데 당시 신문에 보천교의 독립운동 관련 기사만 수백 건에 달할 정도였지. 조선 총독부에게는 눈엣가시 같은 존재였어. 조선 총독이 보천교 교주 차경석을 직접 만나러 본부가 있는 정읍으로 찾아갈 정도였대. 그런데 마침 1936년 교주 차경석이 죽고 이듬해 백백교 사건이 터지자 조선총독부는 이를 놓치지 않고 보천교를 해산시키는 데 성공했어. 결국 보천교는 역사 속으로 사라지고 말았지.

256 공주 부여의 왕릉을 파헤친 일본인 교사, 가루베 지온

일제 강점기에 일어난 우리 문화유산의 수난은 이루 말할 수가 없었어.

하지만 그때에도 법은 있었고 조선 총독부는 중요한 유적에 대해서는 함부로 다가설 수 없게 감시도 했지. 허가를 받아야 발굴할 수 있었어. 그러나 그것은 널리 알려진 경주와 평양 등 몇몇 장소에만 해당했어. 그외 대부분의 지역은 일본인들이 도굴하고 파괴했지. 백제의 도읍이었던 공주와 부여도 마찬가지야.

가루베 지온은 1925년 평양의 숭실전문학교 교사가 되어 조선으로 왔는데, 조선의 고대사에 관심이 많았어. 처음에는 고구려 유적을 발굴하고 싶었지만 허가가 나지 않자 매우 실망을 했지. 그러던 차에 공주로 학교를 옮기면서 관심이 고구려에서 백제로 바뀌었어. 마침 공주와 부여 지역은 총독부의 관심 밖이라 마음놓고 유적을 파헤칠 수 있었지. 가루베 지온은 스스로 백제의 무덤 1,000개를 확인하고 100개 넘게 발굴했다고 주장했어. 대부분 허가 없이 발굴을 한 것이라 사실상 도굴과 다를 바가 없었어.

그러다가 백제의 왕릉이었던 송산리고분 6호분을 마음대로 도굴한 사실이 드러나며 조선 총독부의 감시를 받게 되었어. 사람들의 비난에도 6호분은 이미 도굴당해 자신이 살폈을 때 아무것도 남아 있지 않았다면서 억울해 했지. 하지만 그 말을 그대로 믿은 사람은 아무도 없었어. 백제의 귀한 유물을 모두 일본으로 빼돌렸을 가능성이 컸기 때문이야.

송산리고분 6호분 입구

천만다행으로 훗날 무령왕릉이 발견되어 백제의 찬란한 유산을 많이 만날 수는 있었지. 하지만 6호분 유물이 남아 있다면 백제 역사를 더 많이 밝힐 수 있기 때문에 지금도 가루베 지온의 후손에게 그때의 진실을 요구하고 있어.

257 60년간 숨겨졌던 딜쿠샤의 비밀

조선에 와서 무역업과 기자 생활을 함께 하고 있었던 테일러와 아내 메리는 1923년 인왕산 자락에 서양식 이층집을 지었어.

이곳은 300년이 넘은 은행나무가 있고 한강과 남산이 내려다보이는 정말 아름다운 동네였어. 부인 메리는 집의 이름을 **딜쿠샤**라 지었어. 딜쿠샤는 인도 말로 기쁨을 뜻해. 그때만 해도 테일러는 정말 행복했어. 무역도 잘되고 귀여운 아기도 태어나고 세계적인 특종을 터뜨리며 특파원 역할도 톡톡히 해내고 있었거든.

하지만 제2차 세계 대전이 일어나면서 미국인인 테일러는 일본에게 쫓겨날 수밖에 없었어. 일본이 미국에 전쟁을 일으켰거든. 테일러가 떠난(1942년) 후 한동안 비었던 딜쿠샤는 이후 한 국회의원이 가졌는데, 그가 저지른 비리가 밝혀지며 딜쿠샤는 국가 소유가 되었어. 그런데 그때만 해도 딜쿠샤의 이름은커녕 누가 지었는지 누가 살았는지 알려져 있지 않아 사람들은 그냥 은행나무집이라 불렀어. 이후 빈집이다 보니 오갈 곳 없는 사람들이 자리를 잡고 살기 시작했고 딜쿠샤는 흉물스러운 집으로 변해 버렸어.

서울시에서는 이 특별한 건물을 박물관으로 만들고 싶었지만 도저히 어떤 유래가 있는 건물인지 몰라 애만 태우고 있었어. 그런데 뜻밖의 일로 이 건물의 정체를 알게 되었어. 2006년 테일러의 아들인 브루스가 한국을 방문해 딜쿠샤는 자신과 부모가 함께 살던 집이라는 사실을 알려 주었어. 브루스는

딜큐샤의 예전 모습

1919년 2월 28일 세브란스 병원에서 태어났는데, 다음 날 3·1운동이 일어났을 때 누군가가 브루스가 누워 있는 아기 바구니 아래에 독립선언서를 숨겨 두었어. 그것을 발견한 테일러는 선언서의 내용을 언론사에 알렸고 3·1운동은 세계에 알려지게 되었지. 바로 그 선언서 위의 아기였던 브루스가 90살 노인이 되어 어릴 적 살았던 한국을 방문해 딜쿠샤의 정체를 알려 준 거야.

258 서촌에 들어선 한양 아방궁, 벽수산장

인왕산 아래에 한양 아방궁으로 불렸던 벽수산장은 얼마나 화려했길래 그렇게 불렸을까?

화재가 나기 전의 벽수산장 모습

역사상 가장 화려했던 집은 무엇일까? 아마 많은 사람들은 중국을 처음 통일한 진시황의 아방궁을 꼽을 거야. 70만 명의 죄수를 동원해 수십 년에 걸쳐 만들었는데 동서의 길이만 700미터에 달하는 어마어마한 궁전이었거든. 아방궁은 항우가 진나라를 멸망시키면서 불태웠는데, 3개월이나 불길이 꺼지지 않았다고 해. 그래서 후대의 사람들은 크고 화려한 집을 아방궁이라고 빗대어 말하곤 했지.

일제 강점기에도 아방궁이라 불렸던 집이 있었어. 인왕산 아래 **한양 아방궁**으로 불렸던 벽수산장이야. 벽수산장의 원래 이름은 송석원이었어. 송석원은 정조 때 유명한 시인이자 학자인 천수경이 살던 집이었어. 송석원은 당대 최고 시인들이 모이는 사랑방 같은 곳이었지. 그런데 이 일대를 친일파 윤덕영이 산 뒤 거대한 저택을 지었던 거야.

프랑스에서 가져온 설계도를 바탕으로 10여 년에 걸쳐 건설된 '새로운 송석원'은 대저택과 수십 채의 부속 건물로 이루어져 있었지. 당시 가장 호화로운 집으로 꼽혔어. 특히 뾰족한 지붕에 돌기둥 대문은 **돌문 안 뾰족집**이라는 별명을 낳게 했어. 송석원 또는 **벽수산장**으로 불렸던 이 집은 조선 총독부의 고위 관료나 친일파들이 모이는 장소로 악명이 높았어.

건물은 사라지고 남은 벽수산장의 기둥

그랬던 벽수산장은 1941년 윤덕영의 죽음으로 일본 미쓰이 재벌에게 넘어갔다가 광복 후 병원으로 쓰였어. 6·25전쟁 이후에는 유엔군 장교 숙소로 쓰였고 그 후에는 유엔 한국 통일 부흥위원회의 사무실이 되었어. 하지만 1966년 수리를 하던 도중 불이 났고, 결국 1973년 철거를 하면서 역사 속으로 사라져 버렸지. 그런데 지금도 서촌마을에 가 보면 벽수산장의 돌기둥 일부가 골목 사이에 남아 있으니 꼭 한번 찾아보렴.

259 원자 폭탄에 목숨을 잃은 비운의 왕자

조선의 마지막 왕자 이우는 어떤 삶을 살다 갔을까?

의친왕의 둘째 아들인 이우 왕자는 잘생긴 외모 덕분에 얼마 전 '얼짱 왕자'로 인터넷을 뜨겁게 달군 적이 있어. 하지만 삶을 살펴보면 역사의 안타까움이 고스란히 묻어나 숙연해지기도 하지. 과연 어떤 일이 있었을까?

이우는 나라가 있었다면 정식 왕가의 교육을 받고 자랐겠지만 일제 강점기였던 터라 경성유치원과 종로소학교를 다녔어. 그리고 11살이 되던 해 일본으로 가게 되었어. 당시 일본은 조선 왕실의 사람들을 모두 일본 귀족들과 결혼시키고 일본으로 데려가 교육을 받게 했거든. 그런데 이우는 일본을 매우 싫어했다고 해. 결코 일본 여인과 결혼하지 않겠다고 버텼고 우여곡절 끝에 박영효의 손녀인 박찬주와 결혼했지. 하지만 일본으로 가는 것은 피할 수가 없었어.

결국 일본으로 간 이우는 일본의 법도에 따라 군인이 되었어. 태평양 전쟁 중 일본과 중국을 오가며 생활한 이우는 전쟁이 막바지에 이르자 조선으로 돌아와 운현궁에 머물며 다시는 일본에 가지 않겠다며 버텼어. 군복을 벗겠다고 요청하기도 했어. 하지만 일본의 강압으로 어쩔 수 없이 1945년 7월 일본으로 가야만 했어. 그런데 하필 이우의 새 부임지가 히로시마였어. 8월 6일 아침, 이우는 평소와는 달리 자동차 대신 말을 타고 출근하겠다고 고집을 피웠어. 그런데 출근한 지 얼마 지나지 않아 히로시마에 원자 폭탄이 떨어졌어. 이우는 아이오이 다리 아래서 피투성이로 발견되었지. 급히 병원으로 옮겼지만

이우 왕자

이튿날 새벽 눈을 감고 말았어. 8월 15일 서울에서 장례식을 치렀는데 장례식을 준비하던 도중 광복을 맞이했어.

불행은 이게 끝이 아니었어. 안타깝게도 일본이 동의도 없이 야스쿠니 신사에 이우의 이름을 강제로 적어 놓은 거야. 항의하는 가족에게는 이우가 죽을 때 일본 군인이었기 때문에 신사에 모셨다고 변명을 했어. 야스쿠니 신사는 다름 아닌 태평양 전쟁을 일으킨 전범을 기리는 곳이니 더욱 분통이 터질 수밖에 없었지. 지금이라도 이우 왕자의 넋이 평온을 되찾도록 야스쿠니 신사에 강제로 올린 이름을 빼도록 해야 하지 않을까?

260 김구와 안중근이 서로 적이었다?

김구 선생과 안중근 의사는 현재 같은 묘역에 묻혀 있어.
둘은 어떤 인연이 있는 걸까?

효창공원의 의사 묘역

서울 용산 효창공원에는 민족을 위해 목숨을 바친 네 젊은이의 묘역이 나란히 있어. 김구 선생이 만든 의사 묘역이야. 상하이 홍커우 공원에서 폭탄을 던진 윤봉길 의사, 도쿄에서 일본 왕에게 폭탄을 던진 이봉창 의사, 일본인의 간담을 서늘하게 했던 상하이 육모정 사건의 주역 백정기 의사, 그리고 하얼빈에서 이토 히로부미를 저격한 안중근 의사가 묘역의 주인들이야. 그런데 그중 안중근 의사의 유해만 찾지 못해 아직까지 가묘 상태로 놓여 있어. 김구 선생은 이를 평생의 한으로 간직한 채 눈을 감았지.

윤봉길과 이봉창은 한인애국단 단원으로 김구를 도와 일했고 백정기는 김구가 상하이에 있을 때 아낀 젊은 독립운동가였어. 그런데 안중근은 김구와 무슨 사이이기에 김구 선생이 안중근의 묘비를 효창공원에 세운 걸까? 여기에는 세상에 잘 알려지지 않은 숨겨진 이야기가 있어.

사실 김구와 안중근은 10대 나이에 서로 적이 되어 만난 적이 있어. 김구는 황해도 해주 지역 동학농민군 대장이었고 안중근과 안중근의 아버지 안태훈 진사는 동학군에 맞서 싸우는 의병장이었지. 두 사람은 치열하게 맞섰지만 우열을 가릴 수 없었어. 안태훈 진사는 나이 어린 김구의 기상과 배짱에 감탄했고 김구는 안태훈 진사의 인품을 존경했어. 비록 적이었지만 서로를 인정한 거야. 안태훈 진사는 김구에게 훗날 어려운 일이 생기면 언제든 찾아오라 했어. 얼마 지나지 않아 김구는 동학군에서 쫓겨 난 신세가 되자 안태훈 진사를 찾아갔어. 안태훈 진사는 김구에게 머물 곳을 내어 주고 공부를 도왔지. 그때의 인연을 고맙게 여겼던 김구는 안중근이 하얼빈 의거 이후 사형을 당하자 누구보다도 앞장서서 안중근의 유해를 찾으려 했어. 비록 일본의 방해로 그 뜻은 이루지 못했지만 김구는 자신의 아들과 안중근의 조카를 결혼시키고 안중근 집안과 남은 가족들을 돌보았다고 해.

만세 소리로 광복의 기쁨을 맞이한 것도 잠시, 우리 현대사는
비극으로 문을 열었어. 좌우 이념 차이를 극복하지 못하고 한반도는
남과 북으로 나뉘었거든. 곧 이어 6·25 한국 전쟁이 일어나고 3년의
전쟁 끝에 1953년 7월 휴전이 체결되었지만 우리는 이를 극복하고
기적을 만들어 냈어. 아시아 제일의 민주주의 국가가 된 것은 물론
불과 70여 년 만에 세계 10위권 수출 대국이자 경제 대국이 되었지.
또한 세계 평균을 훌쩍 뛰어 넘는 유네스코 세계 유산,
드라마 한류 열풍, BTS, 영화 〈기생충〉의 아카데미상 수상 등
한국 문화의 저력은 이미 세계 무대에서 입증되었어.
눈코 뜰 새 없이 역동적인 한국 현대사호. 지금 바로 출발해 볼까?

현대

261 광복, 과연 누구의 손으로 이룬 것인가?

1945년 8월 15일, 일본의 항복으로 제2차 세계 대전은 끝이 났고 우리는 광복을 맞이했어.

이미 일본의 패배가 정해진 상황이라 뜻밖의 일은 아니었어. 그렇지만 누군가는 믿기지 않는 듯 어리둥절했고, 한편에서는 기쁨에 들떠 거리로 몰려 나왔지. 그럼 독립운동가들은 어땠을까? 광복을 이루어 꿈을 이루었으니 모든 역할이 끝난 것일까? 김구의 《백범일지》는 광복을 이렇게 말하고 있어.

"내게는 기쁜 소식이라기보다는 하늘이 무너지는 듯한 일이었다."

아니, 광복을 맞이했는데 하늘이 무너지다니 어찌된 일일까? 김구는 미래를 보고 있었어. 광복의 기쁨은 잠시야. 그 다음이 어떻게 될 것인가를 생각할 수밖에 없는 지도자 김구는 한반도의 미래가 우리가 아닌 다른 이들의 손으로 결정되지 않을까 걱정이 된 거야.

"천신만고로 수년간 애를 써서 참전할 준비를 한 것도 다 없던 일이 되어 버렸다. … 걱정되는 것은 우리가 이번 전쟁에 한 일이 없기 때문에 장래에 국제 간에 발언권이 매우 약해지리라."

맞아. 일본은 미국과 태평양 전쟁을 벌이던 중에 항복했어. 소련 역시 일본과의 전쟁에 참여했지. 반면 우리는 국내 진공작전을 모두 준비하고도 정식으로 결전을 벌이지 못했어. 갑자기 일본이 항복해 버렸거든. 그 바람에 우리 손으로 이룬 광복이 아닌 셈이 됐어. 물론 35년간 국내외 빛나는 독립운동의 역사가 있지만 마지막 순간을 놓치는 바람에 한반도의 미래를 미국과 소련에 넘겨 주는 상황이 되고 말았지. 뼈아프게도 이것은 걱정이 아니라 현실로 다가왔어.

262 새로운 나라를 만들자! 조선건국준비위원회

36년 만에 국권을 되찾은 우리가 가장 먼저 해야 할 일은 무엇일까?

감옥에 있던 독립운동가들이 풀려나고, 해외에서 활약한 독립운동가들도 국내로 들어왔어. 우리 손으로 광복을 이루진 못했지만 우리의 운명을 외세에 맡길 수는 없었지. 게다가 일본이 항복했어도 여전히 한반도에는 일본군과 일본인들이 머무르고 있었거든.

이런 일을 해결하기 위해 나선 인물이 있어. 국민들의 전폭적인 지지를 받으며 등장한 몽양 여운형이야. 여운형은 대한민국 임시 정부가 시작된 때부터 항상 독립운동의 중심에 서 있었던 지도자야. 주로 국내에서 활동하면서 체육회 회장, 신문사 사장을 하며 조선인들과 항상 함께했지. 일본도 여운형과 만나 일본군과 일본인의 철수를 논의하고, 미군도 여운형을 먼저 만나 한반도 문제를 의논했지.

여운형은 감옥에 있을 때 이미 비밀리에 여러 지도자들과 뜻을 합했다고 해. 8월 10일 건국동맹을 만들었고, 광복이 되자마자 동지들을 모아 **조선 건국 준비 위원회**를 조직했어. 전 민족이 힘을 합해 민주주의를 바탕으로 한 완전한 독립국가를 만들기로 결정했어. 그리고 그때까지 질서를 지키고 조선인들의 생활에 불편함이 없도록 노력을 다하자고 했어. 전국의 일본 경찰을 쫓아내고 치안대, 보안대를 만들어 질서를 유지했지.

9월 6일 전국 지역 대표 600명이 모여 전국 인민 대표자 회의를 열었고 **조선인민공화국**을 만들기로 결정했어. 나라를 이끌어 갈 주석은 이승만, 부주석은 여운형, 총리는 허헌으로 임명되었어. 하지만 미국이 조선인민공화국을 거부하면서 우리 손으로 만들려고 했던 첫 번째 시도는 실패로 끝나고 말았어.

263 광복 후 여론조사, 민족을 이끌 양심적인 지도자는 누구인가?

광복 후 정부가 수립될 때까지 3년간은 매우 혼란스러웠어.
이런 혼란을 보면서 국민들은 어떤 지도자를 원했을까?

우리 손으로 만들려던 첫 국가 조선인민공화국은 실패로 끝났고, 남쪽에 미군, 북쪽에 소련군이 머무르면서 남북이 전혀 다른 분위기로 흘러갔어. 해외에서 들어온 독립운동가들과 국내 지도자들은 어떤 나라를 만들 것이냐를 두고 화합보다는 경쟁과 대결이 심해졌어. 편을 나누어 비난하고 심지어 뜻이 다른 상대편 지도자에게는 테러도 일삼았어. 여운형은 몇 차례나 죽을 고비를 넘겨야 했지.

1945년 10월에 열린 여론조사를 살펴보면 당시 사람들의 마음을 엿볼 수 있어.

"광복 후 조선을 이끌어 갈 가장 양심적인 지도자는 누구인가?"라는 질문에서 1위는 33%의 지지를 받은 여운형이었어. 2위는 이승만(21%), 3위는 김구(18%), 4위는 박헌영(16%), 5위는 김일성(9%), 6위는 김규식(5%)이었어.

1위 여운형   2위 이승만   3위 김구

관심 있다.'고 답했어. 국민 대부분이 사회주의에 관심을 가졌지. 지금은 사회주의와 공산주의가 하나처럼 느껴지지만 그 당시에 사회주의는 자유민주주의와 공산주의의 중간쯤으로 여긴 듯해. 여운형이 1위를 한 것은 여운형의 주장을 사회주의인 것으로 받아들인 결과이기도 해.

지도자의 성향을 나누어 보자면 이승만과 김구는 자유민주주의를 원했고, 박헌영과 김일성은 공산주의를 원했어. 여운형과 김규식은 민족에게 필요하다면 둘의 장점을 합하자 했으니 중간쯤 된다고 할 수 있어. 참 놀랍지? 국민들 역시 어느 하나를 결정한 것이 아니라 다양한 방향에 관심을 가졌던 거야.

또 같은 시기 미군정에서 조사한 바에 따르면 '자본주의 14%, 공산주의 7%, 사회주의 70%에

264 가짜 뉴스, 국민을 둘로 나누다!

〈동아일보〉가 쓴 정반대의 가짜 뉴스! 신탁 통치!

1945년 12월, 모스크바에 미국과 소련, 영국의 외무 장관이 모였어. 훗날 **모스크바 3상 회의**로 일컬어지는 이 자리에서 '적절한 과정을 거쳐 한국을 독립시킨다.'는 약속이 다시 한번 확인되었어. 그런데 '적절한 과정'이라는 표현이 문제였어. UN의 관할 하에 11개 지역 (아프리카 7개, 태평양 일대 4개)을 신탁 통치했는데, **신탁 통치**란 그 지역이 스스로 독립된 나라를 세울 힘을 기를 때까지 미국과 같은 특정 국가가 대신 통치를 하는 제도였어. 모스크바 3상회의는 한국 역시 신탁 통치가 필요한 것인가를 논의하는 자리였던 거야.

이 소식이 알려지자 국내에서는 난리가 났어. 이제 막 광복을 이룬 국민들은 큰 충격에 빠졌어. 일본을 몰아냈더니 미국, 소련과 같은 강대국이 들어와 다시 나라를 빼앗아가는

것이라 여긴 거지. 그런데 문제가 생겼어. 〈동아일보〉가 모스크바 3상회의 소식을 전하면서 잘못된 기사를 쓴 거야. 우리나라 언론 역사상 가장 심각한 오보였지.

"미국이 즉시 독립을 주장한 데 대해 소련이 38도선 이북이라도 점령할 목적으로 신탁 통치를 제안하였다." 〈동아일보 1945.12.27.〉

이 소식을 접한 국민들은 처음에는 한마음으로 신탁 통치를 반대했어. 특히 김구는 임시 정부가 나서서 정부 역할을 하겠다고 했지. 그리고 신탁 통치를 주장한 소련을 미워했어.

그런데 사실 신탁 통치를 먼저 제안한 쪽은 미국이었어. 신탁 통치 기간이 30년 이상 필요하다고 말이지. 소련은 오히려 신탁 통치는 없거나 짧을수록 좋다며 5년을 제안했어. 결국 소련의 주장대로 5년으로 결정됐어. 〈동아일보〉 기사의 내용과는 정반대였지.

뒤늦게 이 사실을 알게 된 사회주의자들은 소련이야말로 우리의 편이라며 신탁 통치를 차라리 받아들이자고 주장했어. 사회주의자들을 미워했던 우파 정치인들은 좌파 사회주의자들을 배신자라며 공격했어. 결국 신탁 통치는 없던 일이 되었지만 우리끼리 편을 나누어 미워하고 싸운 꼴이 되었어. 우파와 좌파는 화해할 틈도 없이 각각 미국과 소련을 등에 업고 서로를 헐뜯기 시작했어. 즐겁고 기대로 가득해야 할 광복이 두렵고 불안한 상태로 변해 갔어.

신탁 통치를 반대하는 시위

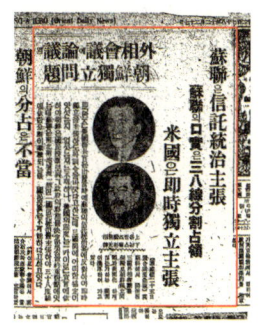
〈동아일보〉 1945년 12월 27일자 기사

265 비극의 전주곡, 제1회 3·1운동 기념식

8·15 광복 후 정부가 수립되는 1948년까지 3년 동안을 **해방공간**이라고 해. 해방공간은 어떤 나라를 만들 것인가를 두고 좌파와 우파로 나뉘어 매일같이 싸우는 혼란스러운

시기였어. 좌파는 소련과 같은 공산주의 국가를 만들어야 한다고 주장했고, 우파는 미국과 같은 자유민주주의 국가가 필요하다고 했어.

반면 김구나 여운형 같은 민족 지도자는 좌우를 화해시켜 민족을 먼저 생각하는 나라를 만들고자 노력했지만 뜻을 이루지 못했어. 오히려 양쪽으로부터 공격을 받았지. 결국 화해의 노력은 실패했고 좌파와 우파는 사사건건 잘잘못을 따지며 서로 싸워 댔어.

광복 후 첫 번째로 맞이하는 3·1절에서도 고스란히 드러났어. 사실 아무리 좌와 우로 나뉘었다 해도 민족 최고의 독립운동이었던 3·1절만큼은 하나로 모여 행사를 치르자는 의견이 많았어. 게다가 첫 번째 3·1절이니 더욱 그랬지. 하지만 여러 차례 의논에도 불구하고 한마음으로 진행하자는 기념식은 실패로 끝나고 말았어. 공식 행사 장소는 종로 보신각이었지만 우파는 서울운동장에서, 좌파는 남산공원에서 따로 기념식을 가졌어.

3·1절의 의미도 각자에게 유리하게 표현했지. 서로 모인 사람이 많다, 함께 하는 단체가 많다며 신경전을 벌였어. 시가 행진도 벌였는데 다행히 서로 길이 달라 큰 충돌은 일어나지 않았어. 하지만 이듬해인 1947년 두 번째 3·1절은 남대문 근처에서 만난 두 시위대 사이에 싸움이 벌어져 많은 사람이 죽고 다치는 비극이 일어났어.

266 최초의 선거, 최초의 헌법, 최초의 대통령

미국과 소련이 3·8선을 기준으로 남쪽과 북쪽에 머무르면서 양쪽은 서로 다른 모습으로 변해 갔어.

소련군이 머문 북쪽은 공산주의를 따르는 사람들이 차지했고, 미군이 머문 남쪽은 자유민주주의를 따르는 사람들이 많아졌어. 남북을 아우르는 정부를 만드는 것은 점점 어려워져만 갔지. UN에서는 결국 선거를 통해 하나의 정부를 만들 것을 결정하고 UN 임시 한국위원단을 파견했어.

하지만 소련은 위원단이 북쪽에 들어오는 것을 거절했어. 위원단은 남쪽에 머물 수밖에 없었지. 소련은 북쪽 인구가 적으니 투표로는 어렵다고 생각한 거야. 북쪽의 지도자 김일성도 소련의 뜻에 찬성했어. 반면 남쪽에서는 북쪽이 안 하면 남쪽만이라도 투표를 통해 먼저 정부를 만들자고 주장했어. 그렇게 주장한 사람은 이승만이 대표적이야. 김구는 반대했어.

5·10 총선거 포스터

반쪽짜리 선거로 정부가 탄생하면 북쪽에서도 정부가 들어설 거고 그러면 틀림없이 전쟁이 일어날 거라고 예상했기 때문이야.

하지만 결국 이승만의 뜻대로 3·8선 남쪽에서만 1948년 5월 10일에 첫 총선거가 진행되었고, 헌법을 만들 제헌 국회가 구성되었어. 7월 17일 우리나라 최초의 헌법이 공포되었고, 7월 20일 제헌 국회에서 대통령을 선출했어.

초대 대통령은 이승만이었어. 그리고 8월 15일 대한민국 정식 정부가 수립되었어. 대한민국 정부 수립일은 광복절과 같은 날로 정했어. 그래서 8월 15일은 광복절인 동시에 대한민국 정부 수립일(1948년)이 되었지.

그럼 북한은 어떻게 되었을까? 남쪽에서 정부가 들어서자 기다렸다는 듯 9월 9일 북한 정권이 들어섰지. 결국 남북이 나뉘어 버린 거야.

267 새로운 나라의 이름을 무엇으로 할까?

첫 선거로 뽑힌 제헌 국회의 국회 의원이 해야 할 중요한 일 중의 하나는 국가의 이름을 결정하는 일이었어. 나라 이름을 두고 헌법 기초 위원회 위원 30명은 고민에 고민을 거듭했어. 마지막까지 오른 나라 이름은 네 개였어. 대한민국, 한국, 조선공화국, 고려공화국이었지.

우파들은 **대한민국**을 주장했어. 대한은 중국을 벗어나 자주 독립국을 이루고자 사용했던 이름이며, 독립운동가들이 모여 만든 임시 정부의 이름이기에 이를 계승하는 의미도 담겨 있다는 것이지. 한편 '대'를 빼야 한다는 주장도 있었어. 대일본제국, 대영제국처럼 제국주의 국가가 사용한 '대' 자는 자기를 과시하고 남을 낮추는 표현이기에 독립을 이룬 우리가 쓰기에는 적절하지 않다는 것이지.

좌파는 **조선공화국**을 주장했어. 조선은 국민들에게 가장 익숙한 말이고 이제 왕이 아닌 '국민들이 주인이 되어 다스리는 나라(공화국)' 이기에 조선공화국으로 해야 한다는 거지.

고려를 지지하는 사람들도 꽤 많았어. 고려는 전 세계가 우리를 부르는 말이며 역사상 완전히 통일을 이루었을 때 썼던 국호였다는 이유였어. 또한 고려라는 말은 조선이나 대한과 달리 오래전에 쓰던 말로 별다른 감정이 들어 있지 않은 것도 장점이라고 했어.

각각의 주장은 모두 일리가 있지만 나라 이름을 여러 개로 쓸 수는 없기에 결국 투표로 정하기로 했어. 결과는 어찌 되었을까? 대한민국 17표, 고려공화국 7표, 조선공화국 2표, 한국 1표. 결국 우리나라의 이름은 대한민국으로 결정되었어.

268 광복 후 최초의 베스트셀러는?

광복이 되자 우리는 우리말과 우리글을 마음껏 읽고 쓸 수 있게 되었어.
우리말로 된 책들은 날개 돋친 듯이 팔려 나갔지.

특히 역사와 한글과 관련된 책의 인기는 대단했어. 최남선의 《조선역사》는 불과 몇 달 만에 10만부가 팔렸고, 《국사대관》, 《국사》, 《중학국사》, 《조선사》 등도 내놓기가 무섭게 다 팔려 버렸어. 1945년에는 8종, 이듬해에는 59종의 한국사 관련 책이 나왔어. 광복을 맞이한 우리 민족은 너나없이 역사책을 사서 보고, 대화를 나누었어.

역사책보다 더 인기가 있었던 것은 한글을 배우는 데 필요한 책이었어. 1930년대 후반 일본은 우리말과 우리글을 아예 쓰지 못하도록 해서 한글을 모르는 사람들이 아주 많았거든. 그들에게 제일 필요한 것은 한글을 쓰고 읽는 일이었지.

한글 교재는 해방공간의 필수품과도 같았어. 우리말사전인 최현배의 《우리말본》은 한글의 등불과 같은 책으로 가격이 쌀 한 가마니, 명태 한 달구지에 달할 만큼 귀한 대접을 받았어.

소설 책 중 최고의 베스트셀러를 꼽는다면 후지와라 데이가 쓴 《내가 넘은 삼팔선》이 있어. 6·25전쟁 직전까지 4만5천 부나 팔린 베스트셀러야. 그런데 왜 일본인이 쓴 책이 인기가 있었을까? 《내가 넘은 삼팔선》은 만주에 살던 후지와라 가족이 일본이 망하자 한반도를 거쳐 일본으로 탈출하면서 겪은 고통스러운 이야기를 담고 있어. 지배자였던 일본인의 처지가 완전히 뒤집혀 분단이 되어 가던 남과 북을 거쳐서 일본으로 돌아가는 이야기가 궁금했던 거야. 하지만 6·25전쟁이 끝나고 난 후에 이 책은 더 이상 팔리지 않았어. 6·25전쟁 때 겪은 우리 민족의 고통에 비하면 후지와라 데이의 고통은 아무것도 아닌 것이었으니 더 이상 관심이 가지 않았던 거야.

이처럼 해방공간에서 독서는 당시 사람들의 마음을 고스란히 나타내는 사회의 거울과도 같았어.

최남선의 《조선역사》 표지,
한국교원대학교박물관 소장

269 해방공간 어린이날 풍경

1946년 5월 5일, 광복 후 첫 번째로 맞이하는 어린이날.
4명의 남녀 어린이가 휘문중학교 교정에 서서 〈소년소녀의 선서문〉을 낭독했어.
어린이날 전국 준비위원회 등 18개 단체 수천 명이 모여 축하했지.

"우리는 왜족에게 짓밟혀 말하는 벙어리요, 집 없는 사람이었습니다. 그러나 이제는 우리 집과 우리글을 찾기로 맹세합니다.

우리는 새 조선 건설의 일꾼이요, 새날의 임자인 것을 스스로 깨닫습니다.

우리는 또다시 집도 빼앗기지 않고 말도 잃지 않기로 굳게 기약합니다.

우리는 왜적으로 해서 다른 나라 어린이보다 너무도 뒤졌습니다. 우리는 배우고 또 배워서 다른 나라 동무들보다 앞서가는 사람이 되겠습니다.

우리는 또다시 조선의 어린이인 것을 잊지 않고 단단하고 끈끈하게 뭉치겠습니다."

3·1절과 달리 어린이날만큼은 좌우가 싸우지 않고 함께 축하했어. 물론 5월 1일로 할 것인가 5월 첫 번째 일요일로 할 것인가를 두고 잠시 다툼이 있었지. 다행히 논의 끝에 첫 번째 일요일로 결정이 되었고, 마침 이 날이 5월 5일이었어. 그래서 앞으로는 요일에 관계없이 5월 5일에 열기로 약속했어. 이로서 어린이날은 5월 5일이 되었지. 이 자리를 축하하러 온 민족 지도자 여운형은 오직 어린이만이 절 받을 자격이 있다고 하면서 그 자리에 모인 어린이들에게 깍듯이 절을 해서 우레와 같은 박수를 받았다고 해.

제2회 어린이날에는 노래도 만들었어. 윤석중 작사, 안기영 작곡의 노래였는데, 안기영이 북한을 택해 월북하는 바람에 제3회 어린이날에는 윤극영이 작곡한 노래로 바뀌어 버렸지. 지금 우리가 부르는 어린이날 노래가 이때 만들어진 거야. 좌우가 아무리 싸워도 어린이날만큼은 꼬박꼬박 챙겼다고 하니 역시 어른들의 다툼을 말릴 수 있는 사람은 어린이뿐인가 봐.

270 끝내 밝히지 못한 민족 지도자들의 죽음

1945년 12월 30일. 고하 송진우, 종로 자택에서 암살되다.
1947년 7월 19일. 몽양 여운형, 혜화동 로타리에서 암살되다.
1949년 6월 26일. 백범 김구, 경교장에서 암살되다.

백범 김구 암살 현장. 총알이 지나간 경교장의 유리창을 통해본 뜰.

고하 송진우 암살 현장. 종로구 원서동 자택.

몽양 여운형 피살 현장. 혜화동 로타리.

광복의 기쁨도 잠시 혼란스러웠던 해방공간에서 민족 지도자들이 2년 간격으로 목숨을 잃었어. 동아일보사 사장이었던 송진우는 신탁통치를 반대하지 않았다는 이유로 죽음을 당했는데, 테러범인 한현우는 자신에게 지시한 사람이 누구인지 끝까지 밝히지 않았어. 여운형을 암살한 한지근 역시 진실을 밝히지 않았는데, 6·25전쟁 때 북한군에 끌려가는 바람에 더 이상 알 수가 없게 되었어. 다만 1974년 암살 사건의 다른 가담자들의 주장을 통해 한지근이 한현우의 집에서 지냈었다는 사실이 밝혀졌지.

해방공간 최대의 암살 사건은 김구의 죽음이었어. 평소 김구와 알고 지냈던 군인 장교 안두희가 전방으로 가기 전에 인사를 드린다며 경교장을 찾아왔어. 그런데 안두희가 2층으로 올라간 뒤 총소리가 들렸고 사람들이 놀라서 올라가 보니 이미 김구는 피를 흘리며 쓰러져 있었어. 결국 숨을 거두었지. 체포된 안두희는 김구를 암살한 뚜렷한 이유를 밝히지 않은 채 자신이 혼자 한 일이라는 말만 되풀이했어.

안두희는 군인 재판에서 종신형을 선고 받았어. 하지만 3개월 후 15년형으로 감형되었고, 반 년 후 6·25전쟁이 일어나자 감옥에서 풀려나 아무 일 없었다는 듯 다시 장교가 되었어. 전쟁이 끝나자 완전히 죄를 면제 받고 군대에 물건을 파는 회사를 만들어 잘살게 되었어. 이런 모습을 보다 못한 사람들이 '김구 선생 살해 진상규명 위원회'를 만들었어. 두려움을 느낀 안두희는 숨어 살았지.

그런데 1987년 김구를 존경한 권중희에게 발견돼 여러 차례 응징을 당했어. 그럼에도 끝내 안두희는 자신의 배후를 밝히지 않았어.. 그러다 1996년 김구를 존경한 또 다른 시민인 박기서에 의해 안두희는 죽음을 당했지. 그 때문에 김구의 죽음 역시 송진우, 여운형과 마찬가지로 미스터리로 남게 되었어.

271 청천벽력 같은 애치슨선언과 3일 만에 빼앗긴 서울

남북한에 정부가 생긴 이후 한반도는 하루도 편할 날이 없었어. 3·8선 부근에서는 총격전이 벌어졌고, 1949년에는 개성 송악산을 뺏겼다가 다시 되찾는 큰 규모의 전투도 벌어졌어. 이런 와중에 남북한은 서로 통일을 이루겠다고 큰소리쳤어. 대한민국 뒤에는 미국이, 북한 뒤에는 소련이 있었기에 가능한 주장이었어.

그러나 사람들은 불안했어. 김구의 걱정대로 전쟁이 일어나는 것은 아닌가 하고 말이야. 그런데 1950년 새해 청천벽력 같은 소식이 전해졌어. 미국 국무장관 애치슨이 미국의 태평양 방어선에서 한반도를 빼 버렸기 때문이야. 일본, 필리핀까지만 미국이 보호한다는 뜻과도 같았지. 북한은 차근차근 전쟁 준비를 마친 반면 대한민국은 무기도 변변치 않고 훈련도 제대로 하지 않은 상태였어. 결국 1950년 6월 25일 새벽 4시, 북한군은 전면적으로 전쟁을 일으켰어.

그럼 남한은 어떻게 북한군을 막았을까? 안타깝지만 최신 무기로 무장하고 훈련이 잘된 북한군을 막아 낼 수는 없었어. 심지어 당시 국군은 전체 3분의 1 이상이 휴가를 가 버린 상태였고 육군 참모 총장을 비롯한 국군의 중요 장군들은 밤새 파티를 여느라 술에 취해 있었지. 국방부 장관은 자느라 뒤늦게 보고를 받았고 말이야. 대통령은 낚시 중에 보고를 받았어. 전쟁이 일어난 지 6시간이 지난 10시 무렵에야 상황이 심각함을 알게 되었어.

탱크를 몰고 내려오는 북한군을 막아 낼 방법이 없었어. 결국 미국과 유엔에 도움을 요청하고 대통령과 지도부는 6월 27일 새벽 서울역을 떠나 대구로 피신을 했어. 곧바로 대전으로 다시 올라가긴 했지만 서울은 북한군에 내주고 말았지. 정확한 상황을 몰랐던 서울 시민들은 피난을 떠나지도 못한 채 북한군을 맞을 수밖에 없었어. 3일 만에 서울을 빼앗긴 뼈아픈 순간이었지!

272 입술이 없으면 이가 시린 법이오!

서울을 빼앗긴 후 불과 한 달여 만에 국군은 낙동강까지 밀렸어. 대구와 부산을 중심으로 한 낙동강 전선은 더 이상 물러설 수 없는 마지막 보루였어. 8월과 9월은 낙동강을 지켜 내느냐 빼앗느냐를 놓고 치열한 전투가 벌어졌지. 학생들도 학도병이 되어 전쟁터에 나섰어.

전진과 후퇴가 거듭되던 9월 15일, 드디어 맥아더 장군이 인천 상륙 작전을 성공으로 이끌어 3개월 만에 전쟁은 역전이 되었어. 9월 28일 서울을 되찾고, 10월 1일 3·8선을 넘어 10월 말에는 압록강까지 진격했어. 드디어 전쟁은 국군과 UN군의 승리로 끝나는 듯했어. 그런데 북쪽 끝까지 진격했음에도 북한의 지도자 김일성을 붙잡지 못했어. 김일성은 어디로 간 것일까? 김일성은 중국으로 가 마오쩌둥을 만나 북한을 도와 달라고 요청했어.

"순망치한(입술이 없으면 이가 시리다!)"

북한이 무너지면 그 다음은 중국이 될 것이라는 김일성의 주장은 중국을 움직였어. 중공군 수십만 명이 10월 말부터 비밀리에 한반도로 들어왔어. 무기는 변변치 않았지만 어마어마한 숫자의 중공군이 산을 타고 뒤로 돌아가 포위 작전을 벌이는 것에는 당해 낼 수 없었어. 게다가 국군과 UN군은 한 번도 겪어 보지 못한 추위로 결국 북쪽 지역을 포기하고 후퇴할 수밖에 없었어. 1951년 1월 4일에는 다시 한번 서울을 내 주고 말았어. 하지만 이때부터는 국군과 북한군 간에 일방적인 전투는 없었어. 치열하게 빼앗고 빼앗기기를 반복했어. 3월에 서울을 다시 되찾았지. 그 뒤론 국군과 UN군, 북한군과 중공군이 3·8선을 두고 끝없는 공방이 펼쳐졌어. 여기에 소련마저 참전하면 제3차 세계 대전으로 일이 커질 수 있음을 알고 UN군과 북한군은 긴 협상을 벌였어.

드디어 1953년 7월 27일, 휴전에 서명이 되었고 한반도는 지금까지 지구상에서 가장 오랜 기간 휴전을 하고 있는 지역이 되었지.

273 열흘간 3초마다 1발씩 폭탄이 떨어진 백마고지 전투

6·25전쟁 동안 가장 치열한 전투의 현장은 어디였을까? 낙동강 전투, 용문산 전투, 가평 전투 등이 모두 유명했지만 백마고지 전투야말로 가장 치열한 전투로 알려져 있어.

철원의 백마고지는 해발 높이가 395미터여서 395고지라 불렸어. 철원 평야에 있는 야트막한 산이지. 당시 국군과 UN군은 철원 평야를 차지하고 있었고, 중공군은 이곳을 노리고 있었어. 중공군 입장에서는 395고지만 차지하면 철원 평야의 반을 차지하는 것과 같았거든. 395고지에 올라서면 철원 평야가 한눈에 들어오기 때문이었지. 국군과 UN군도 무슨 수를 쓰더라도 395고지를 지켜야만 안심하고 철원 평야를 사용할 수 있었지.

1952년 10월 6일, 이 고지에 엄청난 포탄이 떨어지고 중공군이 공격해 왔어. 국군은 세 차례의 공격을 간신히 막아 냈지만 며칠 후 결국 고지를 빼앗겼어. 12일 아침 반격을 통해 고지를 되찾았지만 곧 중공군의 공격으로 다시 빼앗겼어. 10월 6일부터 15일까지 무려 12차례의 쟁탈전이 벌어졌고 일곱 번이나 고지의 주인이 바뀌었지만 끝끝내 국군은 고지를 지켜 냈어. 열흘간 무려 30만여 발의 포탄이 고지에 떨어졌어. 거의 3초에 한 발씩 떨어진 셈이야. 6·25전쟁을 통틀어 가장 많은 포탄이 사용된 전투로 기록되었지. 중공군은 14,000여 명의 사상자를 냈고 국군도 3,400여 명의 사상자가 나온 치열한 전투였어.

그런데 왜 이 전투를 백마고지전투로 부를까? 포탄이 어마어마하게 떨어지면서 산 정상 부근은 나무가 하나도 없을 만큼 다 깎여 나갔어. 이 모습을 멀리서 지켜본 기자들이 산이 마치 백마를 닮았다고 이름 붙이면서 백마고지 전투로 알려지게 되었지.

274 미군 역사상 최악의 패전, 장진호 전투

장진호 전투는 보름 동안 6만5천 명이 죽거나 다친 6·25전쟁 동안 벌어진 최악의 전투였어.

놀랍게도 병사들을 죽음으로 내몬 것은 다름 아닌 추위였어. 인천 상륙 작전이 성공하자 북쪽으로 올라간 유엔군은 중국과의 국경선인 압록강 부근까지 차지했어. 이제 통일이 눈앞에 있는 것 같았지. 하지만 중공군의 참전으로 승리를 눈앞에서 놓쳤어. 그렇다고 바로 물러설 수는 없었어. 국군과 유엔군, 미군이 연합 작전으로 중공군을 막으려 했어.

그러나 안타깝게도 중공군의 인해 전술 앞에 국군과 유엔군이 패배하면서 연합 작전은 실패했어. 개마고원을 지나 장진호 부근까지 올라갔던 미해병대는 중공군 12만 명에게 포위당했어. 미해병대는 남은 유엔군을 모아 탈출을 시도했지. 미군은 이들을 돕기 위해 공군을 보내 폭탄을 떨어뜨리며 길을 열었어. 그런데 문제는 엄청난 추위였어. 장진호 일대는 영하 30도까지 내려가는 우리나라에서 가장 추운 지역 중 하나였거든. 보급품도 끊기고 살을 에는 추위에 병사들은 동상에 걸리고 얼어 죽기 일쑤였어. 물론 이 추위는 중공군도 견디기가 힘들었어. 엎친 데 덮친 격으로 탈출하던 미군 위에 폭탄이 떨어져 많은 병사들이 죽는 일까지 벌어졌어.

우여곡절 끝에 장진호를 벗어나 항구가 있는 흥남까지 탈출에 성공했지만 무려 1만 7천여 명이 죽거나 다쳤고, 실종됐어. 비록 승리했다고는 하나 중공군의 피해는 더욱 컸어. 4만 8천여 명이 죽거나 다쳤거든. 그들 역시 추위를 이기지 못했던 거야.

결국 장진호 전투는 제2차 세계 대전 진주만 습격 이후 미국 역사상 가장 참혹한 사상자가 발생한 최악의 패전으로 기록되었어.

275 기지로 지켜 낸 간송미술관의 국보와 보물

6·25전쟁은 민족 간에 벌어진 거야. 그러다 보니 남과 북에서는 자신에게 필요한 사람과 물자들을 찾아서 데려가는 일이 자주 벌어졌어. 북한군은 남쪽의 많은 문화유산을 계획적으로 가져갔어. 조선왕조실록도 그 중 하나였지. 전쟁 동안 일부 문화유산은 국군이나 미군의 도움을 받아 남쪽이나 미국으로 피난시켰지만 대부분은 버려 둔 채 떠날 수밖에 없었어. 박물관 직원들은 서울로 북한군이 들이닥칠 때까지 전쟁이 났는지도 잘 알 수가 없었거든.

우리나라 최초의 사립박물관인 간송미술관에도 북한군은 어김없이 들이닥쳤어. 물론 북한군은 사전에 교육을 받아 간송미술관에 있는 유물이 얼마나 소중한 것인지 잘 알고 있었지. 그래서 유물을 잘 가져가려면 전문가가 필요하다는 생각에 최순우와 손재형을 불렀어. 최순우는

국립중앙박물관 직원이고, 손재형은 문화재 수집가였어. 두 사람은 비밀리에 힘을 합쳐 문화유산을 지켜 내기로 했어. 이에 두 사람은 온갖 이유를 대며 문화재 포장 시간을 끌었어.

"수장품 목록을 다시 작성해야겠습니다. 중요한 것과 덜 중요한 것들을 구분해야 해요."

"포장 상자가 더 튼튼해야 합니다. 그러지 않으면 운반 도중 분명 부서질 거요."

그리고 틈틈이 창고에 있는 좋은 술을 꺼내다가 인부들과 감독관에게 주었어. 결국 이리저리 시간을 끌다가 인천 상륙 작전으로 전세가 역전되자 북한군은 모든 것을 내버려둔 채 떠나고 말았어. 그 후에 돌아온 간송 전형필 선생은 문화유산을 지켜 준 고마움에 두 사람에게 큰절을 올렸다고 해.

276 팔만대장경을 지킨 김영환 대령

한국의 3대 사찰로 불리는 해인사에는 세계 기록 유산인 팔만대장경과 그것을 보관하는 건물인 세계 문화유산 장경판전이 있어.

이 두 가지는 무엇과도 바꿀 수 없는 불교의 보물이자 우리 민족 문화의 정수라 할 수 있어. 팔만대장경은 고려 시대에 만들어진 이래 일본의 집요한 요청이나 임진왜란과 수차례의 화재에도 기적처럼 지켜 온 문화유산이었어. 그런데 6·25전쟁으로 큰 위기에 처하게 되었어.

인천 상륙 작전 후 오갈 곳이 없어진 북한군은 산으로 숨어 생활을 했어. 해인사가 있는 가야산에도 북한군이 숨어들었지. 낮에는 산을 내려와 국군을 공격하고 밤이 되면 산으로 다시 숨었어. 그들은 절에 머물며 생활을 했는데, 이 사실을 알게 된 정부에서는 해인사를 폭격해 북한군을 소탕하라는 명령을 내렸어.

하지만 해인사에 있는 팔만대장경의 가치를 알고 있었던 김영환 대령은 고심 끝에 명령을 어겼어. 부하에게 "절대 자신의 명령 없이 폭탄을 떨어뜨리지 말라."고 했지. 상부에서는 또 지시를 내렸지만 김 대령은 해인사 뒤쪽 산자락에다만 폭탄을 떨어뜨리고 돌아왔어. 그 뒤 미국 군사 고문단 및 한국군 작전 참모 앞에 끌려간 김영환 대령은 이렇게 말했어.

"영국인들은 차라리 인도를 잃을지언정 셰익스피어와는 바꾸지 않겠다고 했습니다. 마찬가지로 우리 민족에게 팔만대장경은 무엇과도 바꿀 수 없는 세계적 보물입니다. 그런데 어찌 북한군 몇 백 명을 소탕하기 위하여 팔만대장경을 잿더미로 만들 수 있겠습니까?"

김영환 대령 덕에 팔만대장경과 해인사는 지킬 수 있었지. 해인사는 이 이야기가 담긴 기념비를 만들어 고마움을 표하고 있어. 해인사에 가면 꼭 이 비를 찾아보면 좋겠어.

277 6·25 전쟁 최대의 비극, 휴전을 앞둔 마지막 12시간

6·25전쟁을 다룬 영화 중 〈고지전〉은 특별한 시간을 주목해 전쟁의 비극을 가장 잘 드러냈다고 찬사를 받았어. 그 시간은 1953년 7월 27일 휴전이 되던 날이야.

1951년부터 2년을 끌어 오던 휴전 협상이 드디어 이날 오전 10시에 이루어졌어. 협정문에 서명을 했으니 전쟁은 끝난 거지. 이 소식이 알려지자마자 각 전선의 병사들은 환호성을 지르고 눈물을 쏟았어. 살아서 집으로 돌아 갈 수 있게 된 것이니까.

그런데 문제가 생겼어. 서명은 오전 10시에 이뤄졌지만 협정 실행 시간은 저녁 10시였지. 즉, 저녁 10시가 돼야 법적으로 전쟁이 끝나서 각자가 차지한 땅이 대한민국과 북한의 영토가 된다는 뜻이야. 물론 전쟁이 끝난 것과 다름없으니 12시간 동안 조용히 있어도 되었지.

하지만 한 치의 땅이라도 더 차지하고자 누구든 전투를 벌인다면 다른 한쪽도 가만히 있을 수 없는 상황이었어. 안타깝게도 방아쇠는 당겨졌고, 12시간 동안 역사상 가장 처절한 전투가 다시 시작되었어. 12시간이라는 짧은 시간 동안 뺏고 뺏기는 일이 벌어졌고 무수한 병사들이 죽어 갔어. 마지막이라고 생각했던 지휘관들은 무섭게 전투를 밀어붙였지. 전쟁 마지막 날 정말 많은 사람들이 또 목숨을 잃은 비극이 일어난 거야.

밤 10시 드디어 전쟁은 끝났어. 누구의 승리도 아닌 아픔만을 남긴 채 휴전이 되어 버렸지. 전쟁 전 대한민국의 땅이었던 개성은 북한 땅이 되었고, 북한 땅이었던 철원과 설악산은 대한민국 땅이 되면서 말이야.

278 전쟁으로 사라진 도시, 철원

6·25전쟁의 흔적은 전국 어디에서나 찾아볼 수 있지만 철원은 거의 폐허가 되었어.

전투가 일어났던 가평, 춘천, 양평, 칠곡 등에서는 전투와 관련된 비석과 전적지를 찾을 수 있고, 인천에는 인천 상륙 작전의 성공을 기념하는 기념관도 있어. 대구나 부산은 피난 때의 모습이 아직도 골목과 산등성이마다 남아 있어. 강화, 파주, 연천, 화천, 양구, 인제, 고성 등 휴전선 근처 도시들은 북한을 향한 전망대나 땅굴, 전쟁 관련 박물관이 조성돼 있어.

철원 제일감리교회 터

철원 제2금융조합지

철원 노동당사 건물 유적

하지만 어느 도시보다도 6·25전쟁을 잘 느낄 수 있는 곳이 있어. 강원도 철원군이야. 철원은 6·25전쟁 이전만 하더라도 북한이 다스리던 지역이었어. 일제 강점기 철원은 원산과 금강산으로 가는 열차가 서는 곳이자 강원도에서 가장 발전한 도시였어. 철원이 품은 넓은 평야는 강원도 전체 쌀 수확량의 20% 이상을 담당할 만큼 풍족했고 철도가 생기며 상업도 크게 발달했었어.

그러나 전쟁으로 철원은 완전히 망가졌어. 철원역은 터만 남았고, 월정리역은 폭격으로 부서진 열차의 잔해만 남았지. 학교와 상점 등 즐비했던 건물들 역시 폭격으로 다 사라져 버렸어. 6·25전쟁으로 철원의 중심 시가지는 더 이상 사람이 살 수 없는 땅이 되었지. 다만 노동당사와 제2금융조합, 제일감리교회, 얼음창고, 농산물검사소 등의 건물만 남아서 화려한 시절이 있었음을 짐작하게 해. 이곳을 지금은 구철원이라고 해.

지금 철원의 행정 중심지는 구철원의 남쪽에 새롭게 만들어진 신철원이야. 6·25전쟁이 철원의 운명을 완전히 바꿔 버렸지.

279 한국의 부활은 쓰레기통에서 장미꽃이 피길 기다리는 것과 같다

6·25전쟁이 끝난 후 입은 피해는 건물이나 도로 등 환경뿐만이 아니었어.

천만의 이산가족이 생기고 죽고 다친 사람의 수는 셀 수 없을 정도였어. 부모를 잃어 고아가 된 수십만 명의 아이들은 오갈 곳이 없었지. UN에서는 이러한 한국을 다시 되살리기 위해 국제 연합 한국 재건단을 설립했어. 그런데 한국의 상황이 너무나 심각해서 과연 이 나라가 전쟁을 딛고 일어설 수 있을까 하고 의문을 갖는 사람들이 많았어.

재건단에 참여했던 인도의 메논 의원은 "한국에서 경제 재건을 기대하는 것은 쓰레기통에서 장미가 피기를 바라는 것과 같다."고 했어. 맥아더 장군도 "전쟁으로 폐허가 된 이 나라가 원래 모습을 되찾으려면 100년은 걸릴 것이다."며 안타까워했어. 여러 나라의 외신들 역시 마찬가지 반응이었어. 한마디로 한국의 부활은 불가능하다는 말이었지.

35년간의 일제 식민 지배와 제2차 세계 대전 이후 최대의 전쟁이었던 3년간의 6·25전쟁을 겪은 한국은 누가 보더라도 영원히 후진국으로 살아가리라 예상되었어. 실제 전쟁 직후 우리의 1인당 국민소득은 76달러(약 10만원)에 불과했어. 세계에서 꼴찌 수준이었지.

하지만 우리는 모두의 예상을 넘어 기적을 만들어 냈어. 3만 달러를 넘어 4만 달러를 향해 나가고 있으니 지난 70여 년간 500배 가까운 성장을 이뤄 낸 거지. 쓰레기통에서 멋지게 장미꽃 다발을 피워 냈다고 할 수 있지 않을까.

280 세계가 주목한 남북의 자존심 대결? 새마을운동 대 천리마 운동

6·25전쟁 후 폐허가 된 나라를 재건하는 것은 남북한 모두의 공통된 숙제였어.

먼저 움직인 것은 북한이야. 1954년부터 1956년까지 전후 복구 3개년 계획을 세워 전쟁으로 파괴된 시설을 복구했어. 그리고 1957년부터 5개년 경제 계획을 시작했어. 그런데 소련과 동유럽의 공산권 국가들로부터 돈을 빌리려 했던 계획에 문제가 생기면서 경제가 어려워졌어. 이에 북한은 **천리마운동**을 시작했어. 하루에 천리를 달리는 천리마처럼 쉼 없이 열심히 일하자는 마음가짐을 강조한 거야.

북한은 모든 사람과 물자를 총동원해서 공장, 농장, 학교 등에서 큰 성과를 보았어. 모든 부분이 계획한 것보다 1년 빨리 달성되거나 초과 달성되었어. 북한의 경제는 빠르게 성장했어. 천리마운동은 북한을 대표하는 경제 발전 모델이 되었지.

새마을운동을 벌이는 농촌의 모습

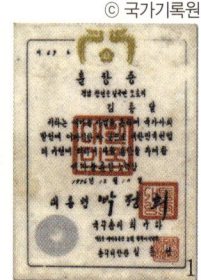

새마을운동 훈장증

대한민국은 어땠을까? 대한민국도 1950년대에는 미국과 UN의 원조를 받아 가며 파괴된 시설을 되살리느라 겨를이 없었어. 1960년대가 되자 북한의 빠른 경제 발전에 자극을 받아 우리도 경제 개발 5개년 계획을 세워 일을 추진했어. 모든 것을 국가가 주도해 이뤄 나갔지. 도시를 중심으로 북한보다 더욱 빠르게 경제 발전을 이뤄 나갔어.

하지만 그 사이 농촌은 어려워졌어. 이에 1970년대 농촌의 삶을 개선하자는 **새마을 운동**이 일어났어. 비록 한옥이 사라지고 전통이 약해졌지만 길이 생기고 공동 시설이 많아지는 등 농촌에서의 삶도 점차 좋아졌어.

남북이 경쟁하듯 경제 발전과 삶의 개선을 위해 자존심 대결을 벌인 거야. 전 세계는 놀라운 눈으로 이 광경을 지켜보았지. 지금도 천리마운동과 새마을운동은 가난한 나라들의 모범으로 손꼽히고 있을 정도야.

281 "박정희 모가지 따로 왔수다"

남북한의 대결이 극에 달했던 1968년 1월 21일, 북한 정찰국 소속 공작원 31명이 휴전선을 넘어와 청와대를 습격하는 사건이 일어났어.

김신조를 비롯한 북한 공작원들은 1월 16일 밤 10시 북한을 출발해 18일 휴전선을 넘고, 19일 꽁꽁 얼어 있던 임진강을 걸어서 건넌 다음 고양시 삼봉산에서 하루를 묵었어. 20일 산을 타고 서울로 들어와 21일 밤에는 청와대 뒷산까지 접근했어. 이때까지도 우리는 북한 공작원의 정체를 전혀 모르고 있었어.

이들의 정체가 드러난 것은 21일 저녁 9시 50분이었어. 청와대 바로 뒤 자하문 초소를 지키던 두 명의 경찰이 이들을 발견하고 세운 거야. 북한 공작원은 자신이 특수 임무를 수행 중인 국군이라 했지만 이를 수상히 여겨 무전을 했고 종로경찰서 경찰들이 출동했어. 때마침 시내버스가 도로를 따라 올라왔는데 북한 공작원은 이를 지원군으로 착각해 수류탄을

던지고 총을 쏘았지. 그 바람에 무고한 시민들이 죽고 다쳤어.

경찰과 충격전 끝에 북한 공작원은 도주했고 경찰과 국군이 끝까지 쫓았어. 추격 끝에 29명은 사살했고 1명(김신조)은 생포했지만 결국 1명은 놓치고 말았어.

이 사건으로 군인과 경찰, 시민 등 30명 이상이 목숨을 잃었고 50명 넘게 부상을 당했어.

1·21사태는 우리 사회를 충격에 빠뜨렸고 여러 가지 변화가 생기는 계기가 되었어. 대표적으로 자신의 고장을 지키는 향토 예비군과 전투 경찰이 만들어지고 주민등록증 제도가 탄생했어. 학생들은 군사 훈련 과목인 교련을 배워야 했어. 그리고 청와대 뒷산인 북악산 주변은 40년 가까이 일반인들은 갈 수 없는 곳이 되기도 했었어. 1·21사태는 분단국가에 살고 있음을 뼈저리게 느끼게 해 준 역사적 사건이야.

282 복수로 시작해 비극으로 끝난 실미도 부대

청와대를 습격하려 한 1·21사태로 전 국민은 북한에 분노했어.

특히 중앙정보부와 국군은 가만히 있을 수 없었어. 그들은 복수(김일성 암살)를 다짐하고 특수 부대를 만들었어. 1·21사태가 일어난 지 3개월 후인 1968년 4월, 684부대가 탄생했어. 이에는 이, 눈에는 눈처럼 북한과 똑같이 31명으로 구성된 684부대는 중앙정보부에서 직접 만들고 공군에 훈련과 관리를 맡겼어. 공군은 비밀리에 인천의 작은 무인도인 실미도에 훈련장을 만들었어.

8월, 북한 침투를 목표로 지옥 같은 훈련이 시작됐어. 김신조 부대보다 1초라도 빨라야 한다며 매일같이 산속을 뛰어 다녔지. 실전 같은 전투 훈련에 대원 7명이 견디지 못하고 목숨을 잃기도 했어. 하지만 그들의 사기는 하늘을 찌를 듯했지.

그런데 문제가 생겼어. 훈련이 모두 끝났음에도 출동 명령이 떨어지지 않는 거야. 무려 3년이 지났지만 감감무소식이었어. 게다가 보급품은 잘 지급되지 않았고 그들의 존재를 부담스러워 하는 눈치마저 보였어. 부대원들은 몰랐지만 사실 남북 간에 화해 분위기가 서서히 무르익고 있었던 거야.

화가 난 부대원들은 결국 실미도를 탈출했어. 그 과정에서 실미도를 지키던 공군 대원 18명이 죽음을 당했어. 배와 버스를 탈취해 서울로 향하는 과정에도 여러 차례 총격전이 벌어졌고 민간인과 경찰 8명이 목숨을 잃었어. 탈출한 부대원들은 결국 영등포에 있는 유한양행 건물 앞에서 군경과 마지막으로 맞섰고 수류탄이 터지는 바람에 대부분이 목숨을 잃으면서 탈출극은 끝나고 말았지. 부대원 20명이 죽고 살아남은 4명은 사형을 당했어.

이 사건은 정부에 의해 감춰진 채 잊힌 일이 되었지만 훗날 영화 〈실미도〉로 만들어져서 전 국민에게 알려졌어.

283 세계 기록 유산이 된 최장 기간의 생방송

KBS 특별 생방송, 이산가족을 찾습니다. <누가 이 사람을 아시나요?>

1983년 6월 30일 밤 10시 15분, KBS에서 한 생방송 프로그램이 시작되었어. 휴전협정 30주년을 기념해 기획한 <누가 이 사람을 아시나요?>였어. 이산가족을 찾아 주기 위해 만든 것이었지. 원래 3시간 정도를 생각하고 준비했는데 끝없이 몰려든 이산가족의 행렬에 3시간이 지난 후에도 방송을 그만둘 수 없었어. TV를 통해 실제 이산가족이 만나는 모습을 본 사람들은 저마다 가족을 찾겠다고 방송국으로 몰려들었거든.

이산 가족 기록물

가족을 찾는 사연을 읽고 있는 이산 가족

KBS는 고민 끝에 모든 정규 방송을 취소하고 5일 동안 '이산가족 찾기'를 진행했어. 방송국이 있는 여의도로 몰려든 사람만 5만 명이 넘었어. 1천만에 이르는 전국의 이산가족은 함께 눈물을 흘리며 방송을 시청했어. 당시 시청률이 무려 78%였으니 거의 모든 한국인이 이 프로그램을 보고 있었던 셈이지. 안타까운 사연과 기적 같은 만남이 연이어 방송을 타면서 전 세계도 '이산가족 찾기'에 관심을 가졌어.

방송은 5일이 지난 후에도 계속했어. 마침내

1983년 11월 14일까지 453시간 45분간 이어졌어. 세계 방송 역사상 유례가 없는 일이었지. 방송을 통해 무려 1만 건이 넘는 이산가족 간의 만남이 이루어졌어. 이는 1985년 9월, 남북간의 이산가족이 처음 만나게 되는 계기가 되었어.

유네스코는 2015년 이 프로그램의 비디오 녹화 원본 테이프 463개와 담당 프로듀서 업무수첩, 이산가족이 직접 작성한 신청서, 일일 방송 진행표, 큐시트, 기념 음반, 사진 등 20,522건의 기록물을 세계 기록 유산으로 등재해 인류가 영원히 기억하고 보존할 수 있게 했어.

284 근로기준법을 지켜라! 노동자는 기계가 아니다!

서울 청계천 평화시장 앞에는 허름한 옷을 입은 한 청년의 동상이 서 있어.
동상이 되어 영원히 평화시장을 지키고 있는 전태일, 그는 누구일까?

전태일은 한국 노동자를 상징하는 인물로, 평화시장에서 일하던 재단사였어. 대구에서 태어난 전태일은 가난으로 가족들이 흩어지고 초등학교 4학년 때 학교를 그만두어야 했어. 이곳저곳을 다니며 일을 해서 살아가던 전태일은 열일곱 살에 동대문 평화시장에 재단사 보조로 취직했어. 다행히 손재주가 뛰어나 1년 만에 재단사가 되어 어느 정도 대우를 받으며 생활을 할 수 있게 됐지. 뿔뿔이 흩어졌던 가족들도 이때 함께할 수 있었어.

1960년대에는 사장과 재단사 등 높은 지위에 있는 사람들은 돈에만 눈이 멀어 노동자들을 함부로 대하는 경우가 많았어. 노동자들이 일을 하다가 다치거나 병에 걸리면 월급은커녕 약값도 받지 못한 채 쫓겨나기가 일쑤였지.

전태일은 자신이 재단사였지만 이런 잘못된 점은 바뀌어야 한다고 생각했어. 자기보다 어린 여성 노동자들이 햇빛도 들지 않는 좁고 어두컴컴한 다락방에서 다닥다닥 앉아서 일을 하다가 병에 걸리는 환경을 참을 수가 없었어. 처음에는 사장을 설득해 보기도 하고 항의도 했지만 소용없었지.

그러던 어느 날, 근로기준법이라는 것을 알게 되고 깜짝 놀랐어. 우리나라는 이미 법적으로는 노동자들을 보호하게 되어 있었거든. 다만 지켜지지 않았고 노동자들은 자신들의 권리인 근로기준법을 전혀 모르고 있었던 거야. 이때 전태일은 결심했어. 자신의 목숨을 바쳐서라도 근로기준법을 세상에 알리고 노동자들의 권리를 되찾겠다고.

청계천에 서 있는 전태일 동상

1970년 11월 13일, 전태일은 평화시장 앞에서 '근로기준법 화형식'을 벌여 법은 있으나 지켜지지 않는 현실을 고발하려 했어. 하지만 경찰의 방해로 시위가 열리지 못하게 되자 자신의 몸에 불을 붙이고 "근로기준법을 지켜라. 노동자는 기계가 아니다!"는 말을 외치고 숨을 거두고 말았어.

마침내 전태일의 죽음은 널리 알려졌고 노동자들의 권리를 되찾을 수 있는 계기가 되었어.

285 탁 하고 치니 억 하고 죽었다?

1987년, 새해가 밝자 사람들은 기대 반 걱정 반으로 정말 전두환이 약속대로 대통령 자리에서 물러날 것인가 하고 서로 이야기했어.

국군 보안사령관이었던 전두환은 박정희 대통령 사망 후 군대를 이용해 권력을 잡았던 인물이야. 1981년, 자신을 따르는 사람들을 선거인단으로 임명해 대통령 선거를 치러 당선되었지. 전두환은 이승만이나 박정희 대통령과 자신은 다르다며 대통령은 7년간 한 번만 하고 물러날 거라고 했지. 사람들은 믿을 수 없었지만 대통령 선거가 열리는 1987년이 되자 혹시나 하는 마음을 갖게 되었어.

그러나 전두환 정권은 권력을 넘길 생각이 없었어. 이에 대학생들이 중심이 되어 대통령 직접선거를 요구하자 전두환 정권은 말을 듣지 않는 대학생들을 잡아가기 시작했어. 1987년 1월 16일, 서울대학교 학생 박종철의 하숙집에 경찰이 들이닥쳤어. 경찰은 선배인 박종운에 대해 물어볼 것이 있다며 박종철을 데려갔어. 남영동 대공분실로 끌려간 박종철은 물고문과 전기고문 끝에 다음 날 목숨을 잃었지. 경찰은 언론에 박종철의 죽음을 이렇게 발표했어.

"탁 하고 (책상을) 치니 억 하고 (갑자기) 쓰러졌다."

분노한 시민들은 전두환 정권에 거세게 저항을 했고 직접 박종철의 장례를 치러 주었어. 그런데 전두환 정권은 4월 13일 오히려 현재의 헌법대로 간접선거를 진행하겠다고 발표했어.

하지만 5월 18일 명동성당 미사에서 김승훈 신부가 박종철 죽음의 전말을 밝혔어. 이를 알게 된 시민들은 더욱 분노했어. 전국의 재야 단체 및 시민 지도자들이 모여 〈박종철 고문살인 은폐 조작 규탄 범국민 대회 준비위원회〉, 〈민주헌법 쟁취 국민본부〉를 만들었고, 6월 10일 전두환 정권을 규탄하는 대회를 열었어. 전두환 정권을 굴복시키고 대통령 직선제를 되찾아 민주주의 역사의 쾌거로 기록된 6월 항쟁이 시작된 순간이었지.

286 나라가 망할 수도 있나요? 1997년 외환 위기

'노숙자'는 가족도 일터도 없이 말 그대로 길거리에서 잠을 자고 생활하는 사람을 일컫는 말이야.

다는 아니더라도 이들 중 대다수는 본래 어엿한 가장이고 직장인들이었어. 하지만 1997년 외환 위기 때 직장과 희망을 잃고 거리에서 지내다가 노숙자가 되었지. 도대체 외환 위기가 무엇이길래 많은 사람들이 직장을 잃고, 또 어떤 사람들은 노숙자가 되었을까?

6·25전쟁이 끝나고 1954년부터 1997년까지 대한민국은 한 해도 쉬지 않고 눈부신 경제 발전을 이루었어. 이를 **한강의 기적**이라고 해. 1995년 국민소득 1만 달러 시대를 열었고, 1996년에는 선진국 클럽이라고 할 수 있는 경제 개발 협력 기구(OECD)에 가입했어.

끝없는 경제 성장에 모두 들떠 있었지만 사실 우리 경제는 곪아 가고 있었어. 투자하는 것마다 돈을 벌다 보니 은행은 기업 상태가 어떤지, 일이 잘될지, 문제가 있는지를 묻지도 않고 돈을 빌려 주었어. 은행 돈이 부족하면 외국에서도 빌려왔지. 외국인들도 앞다퉈 우리나라에 투자했어. 우리는 더 많이 투자를 받기 위해 외국인들이 쉽게 돈을 넣고 찾을 수 있게 해 두었어.

그런데 동남아시아의 몇몇 나라에서 경제 위기가 생기자 외국인들은 너도나도 투자한 돈을 빼내 갔어. 다른 나라와 달리 우리나라는 외국인이 갑자기 돈을 가져갈 때 막을 법을 마련해 두지 않아서 모두 내줄 수밖에 없었어. 문제는 그 돈으로 이미 공장을 짓고 직원을 고용하고 재료를 샀기에 기업이 가진 돈이 없었다는 거야. 평소 같으면 물건을 만들어 팔고 받은 돈으로 천천히 갚으면 될 일인데 외국인들이 갑자기 가져가니 돈이 부족해졌어.

결국 멀쩡한 공장을 팔고 직원을 해고하고 재료는 쓸모없게 됐지. 기업이 망하고, 기업에 돈을 빌려 준 은행이 망하고, 결국 우리나라의 경제도 망해 버렸어. 온 국민이 충격을 받았고 살림이 어려워지면서 노숙자도 생겨난 거야. 외환(외국돈인 달러)이 부족해지면서 생긴 1997년의 경제 위기를 **외환 위기**라고 해.

287 꿈은 이루어진다, 다시 일어선 대한민국

선진국 진입을 눈앞에 두고 무너진 우리나라는 뼈아픈 시간을 보내야 했어. 기술도 있고 능력도 있는데 갑작스럽게 달러가 빠져나가면서 생긴 문제였기에 우리는 포기할 수 없었어. 금 모으기 운동을 펼쳐 그것으로 달러를 샀어. 위기에 빠진 나라를 살리고자 국민들이 앞장서서 자신의 금을 내놓는 일은 전 세계적으로도 찾아보기 힘든 일이라 **금 모으기 운동**은 세계적으로 화제가 됐지.

그런데 왜 달러를 사느냐고? 경제가 망한 나라의 돈은 가치가 없어. 외환위기 전에 700원으로 1달러로 바꿔 주었다면 외환 위기 때는 2천 원을 줘야 1달러로 바꿔 주었지. 가치가 3분의 1로 떨어진 거야. 외국인들은 헐값에 우리나라 기업과 건물을 사 버렸어. 달러가 필요했던 우리는 결국 국제 통화 기금(IMF, 경제 위기로 달러가 부족한 국가에 돈을 빌려주는 국제 기구)에 도움을 요청했어.

IMF에서 달러를 빌린 대한민국은 온 국민이 합심해서 불과 2년 만에 빌린 돈을 모두 갚았어. 가장 단기간에 경제 위기를 탈출한 거지. 세계적으로도 유례없는 일이었어. 그리고 5년 만에 국민소득 2만 달러 시대를 열어 세계를 또 한 번 놀라게 했어. 대한민국은 외환 위기를 극복하며 더욱 단단하고 발전된 나라가 되었어.

그러면 IMF에게 고마워해야 할까? IMF는 돈을 결코 그냥 빌려주지 않아. 빌려주는 대가로 우리나라 경제를 심하게 간섭했어. 그 때문에 기업은 직원을 쉽게 해고할 수 있게 되었고, 똑같은 일을 하고도 월급을 적게 받는 비정규직 일자리가 많이 생겼어. 또한 빈부격차가 이전보다 훨씬 커졌고 꿈과 희망을 잃어버린 사람이 더욱 많아졌어. 이 같은 문제를 해결해야만 진정으로 경제 위기를 극복했다고 할 수 있지 않을까?

288 동북아 역사 전쟁, 고구려를 지켜라!

2002년 월드컵을 앞둔 우리에게 황당한 소식이 전해졌어. 중국에서 발해와 고구려, 나아가 단군의 고조선까지 모두 중국의 역사라고 주장한 거야.

일본이 독도를 다께시마라 한 것은 어제오늘의 일이 아니었지만 중국마저 역사를 왜곡하리라 생각지 못한 것이지. 중국은 현재의 중국 영토를 기준으로 과거에 있었던 모든 나라들의 역사를 자신의 역사로 가져가려는 거대한 프로젝트를 시작했어.

그런데 다른 지역은 비교적 문제가 없었지만 우리나라와 관련된 동북공정 프로젝트만은 크게 마찰을 빚었어. 이유는 단 하나, 다른 민족들은 대부분 나라를 이루지 못한 채 중국에 합쳐졌지만 고구려의 후손인 우리는 한반도에서 독립된 국가로 살아왔기 때문이야.

그럼 지금껏 가만히 있던 중국이 왜 갑자기 고구려 역사를 자신의 것이라 우길까? 중국은 한족이 대부분이지만 각 지역에는 한족과는 다른 문화를 가진 소수 민족이 50개가 넘게 있어. 그중 조선족은 모국을 가지고 있어. 그래서 다른 소수 민족보다 민족의식이 매우 강하고 교육 수준이 높아. 게다가 경제적으로 발전한 모국인 한국을 오가며 생활하는 사람이 많았어.

한반도가 통일된다면 조선족이 중국에서 벗어나 통일된 한반도를 선택할 것이고, 그럼 국경선 문제부터 여러 문제들이 생길 것이라고 중국은 판단했어. 동북공정은 이런 일을 미리 막기 위한 중국의 고민 때문에 벌어지고 있는 거야. 그렇지만 고구려나 발해, 고조선이 한국의 역사인 것은 지난 수천 년간 중국도 인정해 왔던 터라 우리의 항의에 크게 반발하지는 않았어. 오히려 연구는 연구일 뿐이라며 중국 정부가 나서서 고구려의 역사를 중국 것이라 주장하지는 않겠다고 했어.

하지만 그렇다고 두 손 놓고 있을 수만은 없지. 우리는 주변국의 역사 왜곡에 대응하기 위해 동북아 역사 재단을 만들었어. 수많은 학자들이 중국과 일본의 역사 왜곡에 대응하기 위한 연구를 계속하고 있지.

289 세계로 날아간 평화의 소녀상

매주 수요일에는 일본대사관 앞에서 과거를 반성하지 않는 일본에 항의하기 위한 집회가 열려.

매번 이번이 마지막이 되길 바랐지만 일본의 사과는 없었고 벌써 1,500회가 넘게 계속되고 있지. 이 집회는 일본군 위안부였던 김학순 할머니의 용기로부터 시작되었어. 위안부 할머니들은 90살이 넘은 나이에도 항상 자리를 지키고 있어. 그런데 연세가 많아서 안타깝게도 매년 몇 분씩 세상을 떠나고 이제 열 분 남짓만 남았어. 어쩌면 일본은 위안부 할머니들이 모두 돌아가실 날만 기다리고 있는지도 몰라.

그런데 2011년 12월 14일, 수요집회 1,000회를 맞아 김서경 김운성 작가가 평화의 소녀상을 만들었어. 소녀상은 위안부 피해자의 어릴 적 모습을 본떠 만들었지. 마구 잘린 듯한 단발머리는 부모와 고향으로부터 강제로 이별한 것을 뜻하고, 어깨 위의 새는 이미 세상을 떠난 할머니들과 현재를 이어 주는 역할을 해. 발꿈치가 들린 맨발은 전쟁이 지난 지금도 정착하지 못하고 방황하는 할머니의 삶을, 소녀상 옆에 놓인 빈 의자는 세상을 떠났거나

세상에 드러나지 않은 모든 피해자를 위한 자리야. 물론 빈 의자에는 언제든지 누구나 앉아서 아픔을 함께 느끼고 해결을 위한 의지를 다질 수 있어.

소녀상의 탄생은 수요집회의 새로운 분기점이 되었어. 연로해서 움직임이 불편한 할머니를 대신해 전 세계 곳곳에 서서 치유되어야 할 역사를 증언하고 있어. 일본은 당황해서 평화의 소녀상을 없애려 했지. 그럴수록 더 많은 사람들의 공감 속에 지금도 세계 곳곳에 평화의 소녀상이 들어서고 있어. 우리나라에서도 지방 자치 단체라면 어디에서든 찾아볼 수 있으니 내가 사는 고장의 소녀상을 꼭 찾아가 보면 좋겠어. 만약 없다면 친구들과 함께 힘을 모아 만들어 보는 것도 좋을 것이고 말이야.

290 세계 유산 강국으로 거듭난 대한민국, 세계에 한류를 전하다

식민 지배와 전쟁을 겪고도 한강의 기적을 일으켰고, 외환 위기를 가장 빨리 극복하며 오히려 세계 10대 무역 대국으로 발전한 한국의 힘은 도대체 어디서 나오는 것일까? 경제뿐만 아니라 제2차 세계 대전 후 독립을 이룬 나라 중 가장 빨리, 그리고 가장 완벽하게 민주주의를 이룬 저력은 무엇에서 비롯된 것일까?

우리 역사를 되짚어 보면 지난 100년의 시간이 가장 힘든 시기였을 뿐 우리는 늘 세계와 어깨를 나란히 하는 문화를 지닌 나라야. 중국과 더불어 세계에서 가장 먼저 도자기를 만들어 냈고, 세계 최초의 금속활자를 만들어 냈지. 또한 어떤 나라보다도 더 많고 꼼꼼한 기록물을 남기고, 거대한 중국 옆에서도 고유한 색채를 지닌 문화를 수도 없이 피워 낸 걸 생각해 봐. 우린 자긍심을 갖고 누구에게나 자랑할 수 있는 문화 강국이라고 할 수 있지 않을까.

유네스코가 선정하는 세계 유산만 보더라도 객관적으로 우리의 문화 저력을 알 수 있어. 2021년을 기준으로 보면 우리가 가진

문화유산은 불국사와 석굴암, 수원화성, 창덕궁, 조선왕릉, 고인돌지구 등 15점에 달해. 세계 평균의 두 배가 넘어. 세계 기록유산은 훈민정음, 조선왕조실록, 난중일기, 5·18 민주화운동 기록물 등 16점으로 세계 평균의 5배에 달하고 말이야. 인류 무형 문화유산은

특별한 역사책 267

더욱 대단해. 세계 평균이 3건인 데 비해 우리는 21건으로 거의 일곱 배 수준이야. 인류 무형 문화유산은 판소리, 강릉단오제, 씨름, 태껸, 김장문화 등이 있어. 물론 같은 역사와 문화를 지닌 북한의 등재 목록은 빼고 말이야.

한류가 단순히 노래를 잘하고 춤을 잘 추어서 인정받는 게 아니야. 오랫동안 면면히 이어온 우리 문화가 21세기에 꽃피운 셈이지. 그러니 앞으로 더욱 뻗어갈 우리의 문화, 한류를 더 기쁜 마음으로 지켜보아도 좋을 거야.

291 통일 한국은 세계에서 2등 국가가 될 것이다?

2007년 세계적인 금융회사인 골드만삭스에서 2050년 세계 국가들의 국민소득 예상 보고서를 내놓았어. 놀랍게도 보고서에 따르면 한국은 미국에 이어 세계 2등을 할 것이라고 했어. 1인당 국민소득 9만 달러, 현재의 3배 수준이야.

물론 여기에는 한 가지 단서가 있어. 통일 한국이 돼야 한다는 거야. 통일 한국은 40년 내에 프랑스는 물론 독일과 일본을 모두 제치는 국민소득을 가진 부자나라가 된다고 해. 경제 규모로도 세계 여덟 번째이고 말이야. 첫 번째 이유로는 한국의 자본과 기술력, 북한의 인력과 기술력이 합쳐진다는 점이야. 두 번째로는 한반도에서 러시아를 통해 유럽, 중국을 통해 서아시아와 아프리카, 일본을 넘어 태평양으로 연결되는 무역로가 완성된다는 점이지.

지금은 분단되었다는 점 때문에 한국은 아시아 끝에 자리한 섬처럼 되어 있어. 이것이 해결된다면 무역의 기회가 훨씬 더 많이 주어질 거야. 또한 북한의 지하자원은 개발 가치가 큰 것만 해도 40종이 넘어 한국의 자원 부족을 한 번에 해결해 줄 수 있어. 게다가 서로 언어의 장벽도 없고 값싼 임금에 비해 북한 사람들의 손재주가 뛰어나 품질 높은 제품을 빠르게 생산해 낼 수 있다고 해. 게다가 지구상에 남은 마지막 분단이 해결되면 총길이 248km, 면적 907km²(서울의 1.5배)의 DMZ가 세계 어디에도 없는 특별하고도 거대한 공원으로 재탄생할 것이기에 엄청난 관광객을 모을 수가 있어.

비록 골드만삭스의 예상처럼 2013년에 통일을 시작하지는 못했지만 통일의 완성 시점인 2027년까지는 아직 시간이 많이 남아 있어. 남과 북이 더욱 빠르게 서로를 이해하면서 화합을 이룬다면 세계 2등의 기적을 이루는 것이 꿈만은 아닐 거야. 우린 이미 여러 기적을 이룬 역사가 있으니까.

292 김일성, 숙청으로 세계 역사상 유례없는 독재 국가를 만들다

북한은 김일성, 김정일에 이어 김정은이 권력을 차지하면서 3대를 이어 온 독재 국가야.
도대체 이런 일이 어떻게 가능했을까?

시작은 김일성이었어. 김일성은 유명한 독립운동가였어. 백두산과 만주 일대에서 항일유격대를 이끌었지. 중국 공산당과 함께 일본에 맞서 싸웠고 공산주의를 받아들여 소련의 공산주의자들과도 친분이 깊었어. 이를 이용해 해방 후 소련군이 머문 한반도 북쪽에서 쉽게 자리를 잡을 수 있었어. 그 뒤 항일유격대 동지들과 북조선 공산당, 북조선 인민위원회를 만들며 차근차근 권력을 잡았어.

사실 북쪽에는 조만식, 박헌영, 김원봉, 김두봉, 무정, 허가이 등 김일성보다 더 이름난 지도자들이 많았어. 그러나 김일성의 추진력을 아무도 당해 낼 수 없었어. 결국 조선 민주주의 인민 공화국의 내각 수상은 김일성이 되었어. 하지만 이때만 해도 북한은 항일유격대 출신인 김일성, 국내파 공산주의자 박헌영, 중국 연안파 무정 장군과 김두봉, 소련파 허가이와 박창옥, 민족 지도자 조만식, 의열단장 출신 김원봉 등 여러 정치 세력이 함께 이끌어 갔지.

하지만 6·25전쟁을 일으킨 후 김일성은 정치적인 반대파를 하나둘씩 숙청했어.

6·25전쟁 중에 조만식 선생은 의문의 죽음을 당했고, 전쟁이 끝나자 전쟁 패배의 책임을 물어 무정 장군을 제거했어. 가장 큰 정치적 경쟁자인 조선 공산당 대표 박헌영은 간첩으로 몰아 숙청했어. 그리고 중국과 가까웠던 김두봉과 그를 따르던 연안파를 제거했어. 의열단 단장인 김원봉도 숙청당했어. 마지막으로 소련과 가까웠던 소련파 허가이, 박창옥 등도 권력에서 쫓겨나면서 김일성은 북한의 유일한 권력자가 되었어. 그리고 자신을 우상화해서 마치 왕처럼 만들었지.

그 뒤 아들과 손자에게 권력을 전해 지금에 이르렀어. 북한은 공산주의 국가라기보다는 독재 국가, 왕조 국가인 셈이지.

293 사교육 1번지 대치동은 어떻게 생겨났을까?

대한민국 대표 학원가 대치동. 사교육 1번지로 불리는 이곳은 언제부터 생긴 것일까?

원래 대표적인 입시 학원이 가장 많았던 곳은 광화문과 종로2가 일대였어. 이 일대에는 역사가 오래된 고등학교가 모여 있었거든. 경기고, 휘문고, 서울고, 중동고, 보성고, 배재고, 경복고, 중앙고, 경기여고, 숙명여고, 진성여고, 정신여고, 풍문여고, 덕성여고, 이화여고 등 학교 수십 개가 모여 있어서 종로 학원가는 대한민국 제1의 명성을 자랑했어. 더불어 광화문 서쪽 10분 거리인 새문안 동네에는 소규모로 모여 공부하는 과외방이 셀 수 없을 만큼 많았다고 해. 과외금지령이 내려진 1980년 7월까지 새문안 동네는 과외 소굴로 불렸을 정도야. 다닥다닥 붙은 작은 한옥마다 학생들이 삼삼오오 모여 과외를 했지.

입시의 나라 한국에서 종로 학원가는 영원할 것 같았어. 그런데 서울 강남 지역이 개발되고 1976년부터 학교들이 강남으로 하나둘 이전하면서 종로의 학원들도 사라지기 시작했어. 10개가 넘는 명문고등학교를 따라 학원들도 강남으로 가 자리를 잡기 시작했어. 특히

경기고, 휘문고와 숙명여고, 경기여고가 옮긴 대치동 일대 학원가가 유명해졌어.

강남이 개발됨에 따라 대규모 아파트 단지가 들어서고 인구가 늘고 땅값이 올랐어. 강남은 부유한 동네로 변했고 부유한 만큼 많은 돈을 자녀 교육비로 쓰면서 학원들은 더욱 몰려들었지. 대치동을 비롯한 강남 일대 학원은 수천 곳에 달하게 되었고, 대한민국 사교육 1번지라는 수식어가 따라 붙었어.

294 대한민국의 역사 바로세우기, 해체된 조선 총독부 앞에 눈물짓는 일본인

1993년 8월 9일, 김영삼 대통령은 일제 강점기의 상징인 조선 총독부를 철거하기로 결정했어.

"우리 민족의 자존심과 민족 정기의 회복을 위해서는 조선 총독부 건물을 가능한 한 조속히 해체하는 것이 바람직하다."

식민 지배의 상징과도 같은 조선 총독부가 광복 후 50여 년이 지나도록 철거되지 않고 시내 한복판에 남아 있는 상황도 놀라운 것이지만 의외로 철거에 대한 반대도 꽤 많았어.

"치욕의 역사도 역사다. 후세에게 가르쳐야

할 교훈이다. 역사의 영광은 나누고 치욕은 되풀이하지 않는 것이 바로 후세가 발휘해야 할 지혜다. 부끄럽다고 해서 지워 버린다고 그 역사가 생략되지 않는다."

철거해서 없애기보다는 남겨서 교훈으로 삼자는 주장이었지. 하지만 김영삼 대통령은 철거를 밀어붙였어. 광복 50주년을 맞는 1995년 3·1절에 구 조선 총독부 건물 앞 광장에서 건물 철거를 시작한다고 다시 한번 밝혔어.

드디어 8월 15일 정부 요인 및 시민 5만 명이 모여 총독부의 상징과도 같았던 중앙동의 첨탑 해체를 지켜보았어. 저녁 8시까지 이어진 해체 작업 끝에 조선총독부 건물은 역사 속으로 사라져 버렸지.

조선 총독부 건물 잔해

조선 총독부 건물 철거를 기념하는 공연

건물이 해체되자 70년간 가려져 있던 경복궁 모습이 드러났어. 사람들은 감격해서 눈물을 흘렸어. 그런데 해체를 지켜보던 사람들 중에는 일본인들도 많았어. 그들 중에도 눈물을 흘리는 사람들이 있었지. 과연 일본인들의 눈물은 어떤 의미였을까?

295 적산 가옥, 식민 잔재인가? 근대 유물인가?

35년간 한반도를 지배했던 일본은 제2차 세계 대전에서 지면서 모두 물러갔어. 그런데 그들이 남기고 간 건물들은 그대로 남게 되었지. 이처럼 일본인들이 남기고 간 건물들을 **적산 가옥**이라고 해.

적산 가옥을 활용한 동래 별장

익산 군포리의 호소카와 농장 건물

일본인 중 일부는 일본이 망한다는 소식을 미리 알고 싼 값에 건물을 팔고 나갔지만 그렇지 못한 일본인들은 버리고 일본으로 가 버렸어. 졸지에 빈집이 된 건물들은 몇몇 사람들의 차지가 되거나 화가 난 한국인들에 의해 부서지고 불타기도 했어. 문제는 적산 가옥 중

특히 일본식 주택은 식민지의 기억을 떠올리게 하니 반가울 리가 없지. 조선 총독부 건물 철거 후 각 지방 자치 단체들은 앞다투어 역사를 바로 세운다는 이유로 적산 가옥을 철거하고 그 자리에 건물을 새로 지었어. 그 과정에서도 살아남은 적산 가옥이 아직도 많이 남아 있어.

최근 들어 이런 적산 가옥을 바라보는 시선이 달라지고 있어. 적산 가옥이라고 해서 모두 없애야 할 나쁜 기억만 있는 것은 아니기 때문이지. 적산 가옥 중 일부는 잠시 일본인이 살았을 뿐 독립운동가나 한국인들이 많이 살았고, 근대 건축물 중 많은 수가 우리 손으로 만든 우리 역사 속 건축물이니 말이야. 게다가 서울, 부산, 광주, 대전, 대구 같은 대도시의 도심과 인천, 군산, 목포, 포항 같은 도시의 항구는 근대 건축물과 적산 가옥이 뒤섞여 근대 유적이 되어 버렸어. 이제 관광지로 개발되어 많은 이들이 찾고 있지. 그래서 근대 국가를 이루기 원했던 대한 제국의 꿈과 일제 강점기의 아픔을 동시에 느낄 수 있는 역사 공간으로 만드는 게 더 낫다는 의견이 많아.

광복이 된 지 70년도 넘었지만 여전히 전국 각지에 남은 적산 가옥. 어떻게 하는 것이 진정 좋은 일일까?

296 대한민국, 끊어지고 무너지고…

1994년 10월 21일 오전 7시 출근길에 뉴스를 듣던 시민들은 깜짝 놀랐어.

"속보입니다. 오늘 오전 7시 38분 서울 한강을 잇는 성수대교가 붕괴하였습니다. 이 사고로 출근길 차량과 버스가 한강으로 추락하는 일이 발생했습니다. …"

성수대교는 강북 성수동과 강남 압구정동을 연결하는 한강 다리였어. 다리 상판 중 10번과 11번 사이에 상판 약 50미터가 갑자기 무너져 버린 거야. 이 사고로 등교하던 학생과 출근하던 시민 32명이 죽고 17명이 다쳤어. 1979년에 세운 성수대교는 만들 때부터 부실 공사로 불안한 상태였어. 게다가 다리가 견딜 수 있는 무게를 초과하는 차량이 지나 다니고, 교통량이 늘어났음에도 서울시는 아무런 감독도 조사도 하지 않았지. 결국 시민들이 희생되고 나서야 한강 다리 전체에 대한 조사와 보강을 진행했어.

그 뒤 전체를 철거하고 새로 지었어. 서울시장은 책임을 물어 자리에서 물러났지.

그런데 이듬해 또 한 번의 대형 사고가 일어났어. 이번에는 백화점이었어. 1995년 6월 29일 오후 5시 52분 강남에 있던 삼풍백화점이 20초 만에 완전히 무너져 내렸어. 하필 이시간은 인근 주민들이 장을 보던 시간이라 희생 규모가

상판이 무너져 내린 성수대교

건물 한쪽이 완전히 붕괴된 삼풍백화점

매우 컸어. 500여 명이 죽고 1,000여 명이 다쳤지. 6·25전쟁 후 가장 큰 인명 피해였어. 이 사고 역시 인재였어. 붕괴 사고가 일어나기 수개월 전부터 벽에 금이 가고 벽이 흔들리고 건물이 기울었음에도 아무런 조치를 취하지 않았던 거야. 심지어 불법으로 건물을 확장하고 공간을 넓히는 공사가 계속되었지. 그럼에도 관련 관청은 백화점과 한통속이 되어 이 사실을 모른 척 내버려두었어.

결국 이 두 사건으로 대한민국은 부정부패, 부실 공화국 오명을 쓰게 되었어. 짧은 시간 동안 이뤄진 빠른 성장이 낳은 비극이라고 할 수 있어.

297 대한민국 부자를 탄생시킨 남강의 솥바위

경남 의령에는 부자 길이 있어. 이름 그대로 대한민국을 대표하는 부자들이 탄생한 마을을 지나는 길이야.

그런데 이 길을 따라 가다 보면 뜻밖의 인물들을 만날 수 있어. 먼저 삼성그룹을 창업한 이병철 회장, LG그룹을 창업한 구인회 회장, 그리고 효성그룹을 창업한 조홍제 회장이 그 주인공이야. 그럼 대한민국을 대표하는 기업의 회장이 같은 마을 출신이라고? 아니야. 정확히 이야기하면 의령을 감싸고 흐르는 남강의 솥바위(정암)를 기준으로 각기 세 방향에 흩어져 있어.

그런데 솥바위에는 예로부터 재미난 전설이 내려왔어. 솥은 밥을 짓는 도구이다 보니 솥 모양의 바위는 곡식, 재물을 가져다주는 영험한 능력이 있다고 전해져. 그래서 솥바위를 받치고 있는 세 기둥은 세 명의 인물을 뜻하고 기둥으로부터 20리 이내에 각기 큰 부자가 난다고 했어. 그런데 놀랍게도 전설은 진짜가 되었어. 삼성, 엘지, 효성은 대한민국 나아가 세계 속에 우뚝 선 기업들이 되었으니 정말 큰 부자가 난 셈이야.

그런데 더욱 놀라운 것은 의령에는 이들 말고도 또 다른 부자들이 있다는 거야. 한 명은 백산상회를 만들어 번 돈을 모두 대한민국 임시 정부의 독립운동 자금으로 썼던 백산 안희제 선생이야. 진정한 부자라 할 수 있지. 또 한 명은 우리나라 최대의 장학재단을 설립한 이종환 회장이야. 전 재산을 쏟아서 만든 교육재단은 서울대학교에 도서관을 지어 주었고, 1만 명이 넘는 학생들을 지원해 주었어. 후에 노벨상 수상자가 나올 수 있도록 도움을 주는 것이 목표라고 해. 대한민국의 독립과 경제 성장, 미래 인재를 이끄는 부자들이 솥바위 주변에서 나왔다니 우연일까?

298 사랑이 이루어질 수 없다고? 방송 안 돼!

한때는 방송에서 함부로 노래를 부를 수 없는 금지곡이 있었어.

놀랍게도 금지곡이 있었던 시간은 꽤 길었어. 광복 후 40년 간 금지곡이 존재했거든. 1996년이 되어서야 사라지게 되었지. 왜 노래를 금지시켰을까? 금지곡이란 공공장소나 방송에서 부를 수 없도록 법으로 규정된 노래를 말해. 대부분 노랫말을 문제 삼아 노래를 만든 사람이나 가수를 조사하고 벌을 주기도 했어.

그럼 누가 금지곡을 정했을까? 한국 방송 윤리위원회였어. 처음에는 일본 노래나 월북한 사람들의 노래를 금지시켰는데 점차 정권에 불리한 듯한 노래들까지 금지시켰어. 그러다 보니 지금 보면 웃지 못할 일도 많았어. 너무 슬프거나 괴로운 내용의 노래들은 명랑한 사회 분위기를 해친다고 금지시켰어. 제목과 가사, 심지어는 노래 분위기를 꼬투리 삼기도 했어.

이미자의 〈동백아가씨〉는 분위기가 일본 노래 같다며 금지시켰어. 김민기의 〈아침이슬〉,

송창식의 〈고래사냥〉은 민주화 운동 시위에서 대학생들이 자주 불렀다고 금지시켰어. 〈왜 불러〉라는 노래는 영화 속 배경 음악으로 쓰였는데, 청년들이 경찰을 피해 달아나는 장면에서 쓰였다는 이유로 금지됐지. 양희은의 〈이루어질 수 없는 사랑〉은 사랑은 이루어야 하는 데 왜 이루어질 수 없냐며 금지시켰다고 해. 정말 우스운 일이지? 이런 저런 이유로 1975년에만 무려 225곡이 금지되었어.

그럼 금지곡은 정말 부르지 않았을까? 아니야. 다만 방송에만 나가지 못할 뿐 사람들은 오히려 더욱 금지곡을 많이 불렀어. 금지한 이유를 도저히 이해할 수 없기도 했지만 예술과 감정을 국가에서 통제하는 것을 받아들일 수 없었던 거지. 결국 민주주의가 발전할수록 금지곡도 하나둘 풀려났고 이제는 자유로운 창작이 더욱 주목 받는 시대가 되었어.

299 해외여행을 가려면 50살이 넘어야 한다고?

광복 이후 1980년대 초반까지는 개인이 마음대로 해외여행을 갈 수가 없었어.

외교관과 무역을 하는 기업인, 유학생, 해외 공연을 하는 예술가를 빼면 일반 시민들은 아무리 돈이 많아도 해외여행을 할 수 없었어. 경제 발전을 위해 한 푼이라도 더 돈이 필요한데 외국에 나가 관광으로 돈을 쓰게 할 수 없다는 것이 정부의 입장이었거든.

하지만 1980년대 들어 경제가 발전하고 아시안 게임과 올림픽을 유치하면서 한국을 세계에 알리는 게 중요하다고 판단해 해외여행을 허락했어. 1983년 1월 1일부터 50세 이상 한국인은 해외여행이 가능해졌어. 그것도 보증금으로 200만 원(현재 가치 약 2천만 원)을 1년간 넣어 두어야 1년에 한 번 갈 수 있었지.

그 후 해마다 해외여행을 갈 수 있는 나이를 조금씩 낮추었고 88서울올림픽이 끝나고 1989년 드디어 해외여행이 전면적으로 가능해졌어. 올림픽을 성공적으로 치른 자신감과 고속 경제 성장으로 생활 수준이 높아졌기 때문이야. 신혼여행, 효도 관광 등이 생겼고, 특히 대학생들의 배낭여행이 인기를 끌었어. 자유화가 되자마자 무려 100만 명 넘는 사람들이 해외로 나갔으니 우리 국민들의 욕구가 얼마나 컸는지 짐작하고도 남아.

그렇다고 바로 외국으로 여행갈 수 있는 건 아니었어. 우리나라는 분단국가인데, 혹시라도 해외에 갔다가 북한 공작원의 꼬임에 북한으로 넘어갈 위험이 있다고 생각했거든. 그래서 해외에 나가기 전에 반드시 반공교육, 안보 교육을 받아야 했어. 3천 원을 내고 하루 동안 교육을 받아야 여권이 나왔어. 지금이라면 상상하기 어려운 일이지만 해외에 나간다는데 그쯤은 아무것도 아니었어. 해외 관광 인구가 급격히 늘어나자 안보 교육은 1992년 폐지되었어.

그로부터 30년이 지난 지금은 해외 관광객 수가 3천만 명으로 늘었고 매년 증가 추세야. 당연한 듯 보이는 여행에도 우리나라 역사의 여러 장면이 겹쳐 있음을 알 수 있어.

300 한국인이 밥보다 사랑하는 라면

라면을 싫어하는 친구들이 있을까? 하긴 요즘은 건강을 중요하게 여기는 시대라 인스턴트 라면의 인기는 예전만 한 것 같지는 않아.

그럼에도 여전히 라면은 한 끼를 책임지는 값싸고 맛있는 식사로 대접받고 있어. 우리나라 국민들은 1년에 라면을 얼마나 먹을까? 한국의 라면 소비량은 전 세계 1위야. 1인당 1년에 76봉지를 먹는데, 전 국민이 5일에 한 번은 라면을 먹는 셈이지. 어때 대단하지 않아?

인스턴트 라면이 시작된 곳은 일본이었어. 1958년 닛산식품에서 국수를 튀겨 만든 최초의 라면을 선보였어. 식품계의 혁명으로 불릴 정도로 엄청나게 팔렸어. 라면은 5년 뒤 우리나라에서도 등장했어. 삼양라면이었지. 하지만 처음에는 의외로 라면은 인기가 없었다고 해. 튀긴 면을 물에 끓이는 방식이 너무 생소했거든. 게다가 '라면'이라는 이름이 낯설어 처음에는 옷이나 실, 플라스틱으로 오해한 사람들도 많았다고 해.

그러나 라면은 몇 년 안 가 곧 전 국민의 식품이 되었어. 삼양라면이 성공하자 롯데(현재 농심), 오뚜기, 빙그레, 한국야쿠르트(현재 팔도) 등이 라면 사업에 뛰어 들었어. 하지만 어떤 라면도 삼양라면의 인기를 넘지 못했어. 삼양라면은 라면계의 영원한 1위일 것 같았지.

1980년대에는 상황이 바뀌었어. 1982년 너구리, 1983년 안성탕면, 1984년 짜파게티에 이어 1986년 처음으로 매운 국물의 신라면 등이 등장했어. 지금까지도 사랑받는 라면이 모두 1980년대에 등장했지. 특히 신라면은 전 국민의 사랑을 받으며 한국 라면의 황제 자리에 올랐어. 한국인은 매운 것을 좋아한다는 이미지를 전 세계에 알린 것도 신라면일 거야.

이후 모든 라면은 신라면을 꺾기 위해 나왔다고 해도 과언이 아니야. 진라면이 대표적이지. 둘의 격차가 매년 줄어드는 것을 보면 영원한 1위는 없는 건지도 몰라. 2000년대 들어 다양해진 소비자의 입맛에 따라 하얀 국물 라면, 매운 볶음면 등이 등장했고, 건면, 야채면 등 재료를 고급화한 라면이 등장했어. 한국인이 밥보다 사랑하는 라면의 역사는 앞으로 어떻게 될까? 흥미진진하게 지켜보자고.

301 "이봐, 해 봤어?" 폐유 조선으로 바다를 막은 정주영의 신화

"회장님, 이번 일은 여러 가지 사정으로 어려울 것 같습니다."
"이봐 해 봤어? 해 보지도 않고 그런 말을 해!"

대한민국의 경제 발전을 대표하는 현대의 정주영 회장은 항상 말끝마다 "이봐, 해 봤어?"를 붙이는 것으로 유명했어. 가난한 농민의 아들로 태어나 국내 최고 기업을 이루기까지 어떤 어려움도 포기하지 않고 끝끝내 해내고야 말았으니 해 보지도 않고 포기하는 것은 참을 수 없었던 거야.

정주영은 늘 도전했어. 계란으로 바위치기라고 했던 1976년 사우디아라비아 주베일 산업항의 공사를 따내는 데 성공했지. 공사비로 받는 9억 달러는 당시 우리나라 예산의 3분의 1에 달하는 엄청난 금액이었지. 이후의 도전은 더욱 놀라워. 공사비를 아끼기 위해 누구도 상상하지 못한 일을 벌였거든. 모든 자재는 한국에서 만들어서 싣고 간다는 것이었지.

우리나라에서 사우디아라비아까지는 1만 2천 킬로미터야. 게다가 태풍과 폭풍우가 잦은 항로를 지나야 하니 한 번이라도 배가 침몰하면 모든 게 끝이었어. 모두 말렸지만 정주영은 치밀한 연구 끝에 공사를 강행했어. 배로 이동하면 35일이나 걸리는데도 열아홉 번을 옮긴 끝에 약속 시간보다 수개월 앞서 공사를 끝내 버렸지. 전 세계 건설 역사에도 남을 일을 해낸 거야.

1984년에는 서산 간척사업을 성공으로 이끌며 우리나라 지도를 바꿨지. 서해의 조수간만 차가 너무 커서 거센 물살에 물막이용 바위가 계속 떠내려가 실패를 거듭했어. 공사를 하는 회사도 정부도 실패를 인정하고 포기하려 할 때 정주영은 누구도 생각지 못한 방법을 썼어. 커다란 폐유 조선을 가지고 와서 바다에 가라앉혀 물살의 속도를 줄인 거야. 그리고 열흘간 공사를 해서 방조제를 완성시켰지. 45개월 예상한 공사를 단숨에 36개월로 줄인 획기적인 아이디어였어. 이 일은 '정주영 공법'이라는 이름으로 세계에 알려졌지. 정주영은 말했어.

"무슨 일이든 할 수 있다고 생각하는 사람이 해내는 법이다. 의심하면 의심하는 만큼밖에 못하고, 할 수 없다고 생각하면 할 수 없다!"

302 지하철을 건설하면 나라가 망합니다!

6·25 한국전쟁이 끝난 후 사람들은 일자리를 찾아 서울로 서울로 몰려들었어.
1960년대까지 매년 수십만 명이 말이지.

사람들이 몰리는 통에 집은커녕 상수도, 하수도, 도로 등 모든 것이 부족했어. 이 문제를 어떻게 해결할 것이냐는 질문에 당시 서울시장인 윤치영은 이렇게 대답했지.

"서울을 좋은 도시로 만들지 말아야 농촌 인구가 몰려오지 않는다."

기가 막힌 일이지만 정말 국정 감사장에서 있었던 일이야. 곧 윤치영은 해임되고 1966년 불도저 시장으로 불린 김현옥 시장이 취임했어.

김현옥 시장은 취임하자마자 서울 전역을 공사장으로 만들었어. 세종로를 비롯해 중요 도로를 확장하고 지하도와 육교를 여기저기에 만들었어. 세운상가, 낙원상가 등 서울 중심의 상가를 새롭게 만들고 남산터널을 뚫고, 외곽 순환 도로도 만들었어. 제3한강교(한남대교)를 세우고 강남 개발을 준비했다. 또한 서민들의 집 문제를 해결하겠다며 판자촌을 허물고 시민아파트를 짓기 시작했어. 하지만 겉으로 보이는 모습에 치중한 나머지 부실 공사로 지은 지 4개월도 되지 않은 와우아파트가 무너지며 33명이 목숨을 잃는 사고가 발생했어. 김현옥 시장은 이를 책임지고 물러났어.

후임 양택식 시장은 날이 갈수록 혼잡해지는 교통 문제에 골머리를 앓았어. 시내버스를 아무리 늘려도 해결되지 않자 지하철을 건설하자고 했지. 그런데 지하철 건설은 서울시 혼자 할 수 있는 게 아니었어. 엄청난 돈이 들다 보니 국가에서 나서야 했거든. 당시 경제부총리 김학렬은 "지하철을 건설하면 나라가 망한다."며 앞장서서 반대했어. 지하철을 만드는 데 드는 돈이면 다른 급한 일을 먼저 할 수 있고 지하철이 생기면 서울로 사람들이 더욱 몰려들어 교통 문제를 해결할 수 없다는 것이었지. 박정희 대통령은 고민 끝에 일본의 사정을 참고해 지하철을 건설하기로 했어.

드디어 1974년 8월 15일, 우리나라 최초의 지하철 1호선이 개통되었어. 그럼 양택식 시장은 칭찬을 받았을까? 하필 그날 오전 서울시 주관 8·15광복절 기념식에서 영부인 육영수 여사가 저격당해 목숨을 잃는 일이 벌어졌어. 이 사건으로 양택식 시장은 책임을 지고 물러났지.

303 최초의 아파트 단지, 마포아파트

광복 이후 우리나라에서 최초로 지은 아파트는 종암아파트야. 1958년에 서울 성북구 종암동에 세운 이 아파트는 4층짜리 4동으로, 152가구가 살았어. 1950년대 후반에는 그 외에도 한두 동짜리 아파트형 건물들이 몇몇 세워졌어. 본격적인 아파트 단지는 몇 년 후에 생겨났지. 1962년 대한주택공사가 설립된 후 드디어 최초의 아파트 단지인 마포아파트가 완성됐어. 마포아파트 공사는 단순한 주거 시설이 아니라 제1차 경제 개발 5개년 사업의 상징이기도 했어. 아파트를 짓는 목표까지 발표했는데 지금 보면 참 재미있는 내용이 많아.

"한국의 건설 능력을 국내외에 자랑하고 서울을 아름답게 만들고 근대 문명의 혜택을 누리게 해서 북한에 우리가 잘사는 것을 과시해야 한다."

처음에는 10층에 중앙 난방, 엘리베이터, 수세식 화장실 등을 계획했지만 하나도 이루어지지 않았어. 건축 자재를 빌려 주는 미국 측의 고층아파트 건설에 대한 반대 의견이 많았거든. 게다가 전기 사정이 좋지 않은데 무슨

우리나라 최초의 아파트 단지, 마포아파트

엘리베이터고, 석유도 부족한데 중앙 난방은 사치라고 했어. 결국 6층짜리 건물에 가구별로 보일러를 설치하는 것으로 마무리하고, 6개 동 450세대의 아파트 단지가 완성되었지.

처음에는 인기가 너무 없어서 입주자가 10분의 1도 안 됐어. 게다가 겨울을 앞두고는 연탄가스 중독을 걱정하여 동물 실험에 인체 실험까지 하는 웃지 못할 일도 벌어졌지. 하지만 1년을 살아 본 사람들이 편리하다고 하자 입소문을 타고 관심이 커졌어. 영화나 드라마에 마포아파트가 자주 등장한 영향도 있었지. 또한 연예인이나 작가, 화가 같은 사람들이 입주하면서 인기를 끌어 다음 해에는 아파트에 빈 집이 하나도 없었다고 해.

304 서울에 살면 시민증, 지방에 살면 도민증

대한민국 국민은 만 17세 이상이 되면 모두 주민등록증을 만들어야 해. 조선 시대로 보자면 호패 제도와 같은 의미의 신분증이지. 그런데 주민등록증 제도는 대한민국 정부 수립 후부터 바로 이뤄진 것은 아니야. 앞서 살펴본 김신조 등

북한 공작원이 청와대를 습격한 1·21사태 이후 만들었지.

그럼 그 전에는 신분증이 따로 없었을까? 그렇지 않아. 도민증과 시민증이라는 것이 있었어.

6·25 전쟁이 일어나고 여러 지역 출신 피난민들이 뒤섞이게 되자 서울시에서는 시민증을, 나머지 도에서는 도민증을 발급했어. 군인, 공무원, 만 13세 미만의 어린이 외에는 누구나 발급받아야 했어. 시민증과 도민증을 발급하는 가장 큰 이유는 신원 파악을 통해 북한의 첩자를 찾아내기 위함이었어. 사람들은 반드시 신분증을 가지고 다녀야 했지. 혹시라도 경찰의 검문에 시민증이나 도민증을 내놓지 못하면 바로 붙잡혀 가거나 곤욕을 치렀어.

전쟁이 끝난 다음에도 이런 일은 계속되었어. 시민증이 없는 지방 출신 사람들은 서울 시민 대접을 받지 못했어. 그래서 이사를 가거나 신분증을 잃어버리면 지체 없이 관공서에 가서 신고하고 새로운 신분증을 재발급 받았어. 당시 도민증은 발급 날짜가 단기로 표시되었던 것도 특징이야. 그런데 시민증과 도민증으로 나뉘고 도민증의 형태가 지방마다 조금씩 다르다 보니 신분증이 진짜인지 위조된 것인지 쉽게 구분하기 힘들었어. 그래서 김신조 사건 직후인 1962년 전국 도민증과 서울 시민증을 하나로 통합해서 지금의 주민등록 제도를 만들었지.

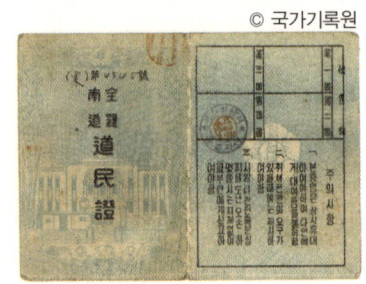
전라남도 도민증

305 전국 방방곡곡 대한민국은 박물관 나라!

선조가 남긴 유물을 보관·전시하고 연구하며 교육하는 공간인 박물관은 나라와 민족의 문화 거울이라고 해. 우리나라는 2016년에 박물관이 1천 곳이 넘어서며 세계적으로 자랑할 만한 수준에 올랐어. 불과 40년 전인 1970년대 중반만 해도 50여 곳에 불과했지만 40년 만에 20배 넘게 성장한 셈이야.

박물관을 만드는 곳은 국가 기관과 지방 자치 단체도 있지만 기업이나 단체, 개인이 만든 사립이 제일 많아. 장보고기념관, 의병박물관, 실학박물관처럼 역사 인물이나 사건을 기념하는 박물관이 있는가 하면 나전칠기·옛돌·옛 가구·꼭두 같은 하나의 주제와 관련된 유물을 모아 만든 박물관도 있어. 바다에서 건져 올리거나 어촌 생활과 관련이 깊은 유물을 만날 수 있는 해양박물관, 유물전시관도 여럿 있어.

국립중앙박물관을 비롯한 지방의 국립박물관, 국립고궁박물관, 국립민속박물관,

국립한글박물관, 국립국악원박물관 등 국가에서 직접 만들고 관리하는 국립박물관도 다른 나라에 비해 꽤 많은 편이야. 서울역사박물관, 울산박물관, 인천시립박물관 등 지방 자치 단체에서 만드는 박물관도 매년 수십 개씩 새로 만들어지고 있어. 또한 법에 따라 각 대학도 반드시 박물관을 두어야 했어. 유교 문화유산이 많은 성균관대, 지도가 많은 고려대, 조선 시대 옷이 유명한 단국대 등 대학마다 독특한 주제를 자랑하는 박물관이 있지. 박물관은 이처럼 많지만 모두 하나의 공통점이 생겼어. 바로 모든 박물관이 어린이를 위한 프로그램과 체험 활동, 휴식 공간을 중요하게 여기고 있다는 거야. 어린이가 역사를 바로 알고 문화를 사랑해야 나라와 민족의 미래가 밝기 때문이지.

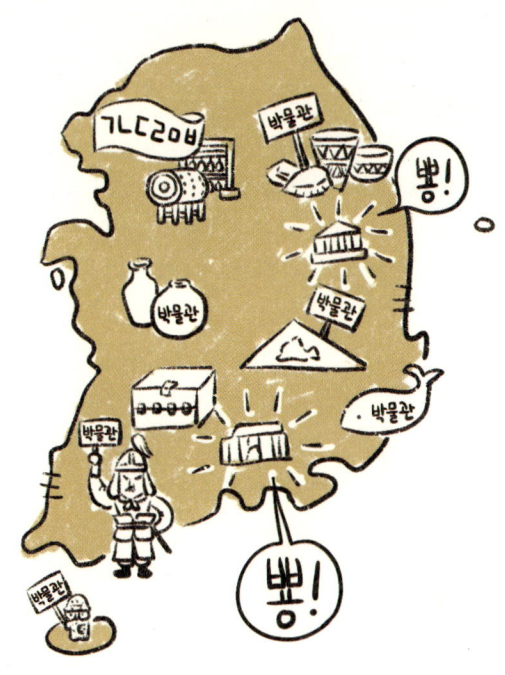

306 대한민국에서 가장 많이 팔린 책은 무엇일까?

교과서와 문제집을 뺀다면 4천만 부를 판매한 《WHY》시리즈가 단연 1등이야. 학습 만화의 원조인 《먼나라 이웃나라》와 손오공과 한자를 접목한 학습 만화 《마법천자문》도 2천만 부 넘게 팔렸어. 또 이문열의 《삼국지》가 2천만 부 기록을 세웠어. 이 외에도 밀리언셀러로 불리는 100만 부 이상 판매된 책은 수백 종에 달하지만 시대별로 국민들에게 사랑받은 책은 따로 있었어.

6·25전쟁이 끝난 1950년대에는 인물의 감정을 숨김없이 드러내 큰 인기를 얻은 《자유부인》이 최초의 베스트셀러가 되었어. 1960년대에는 한·일회담의 영향으로 《이순신》, 《임진왜란》 같은 역사책이 주목받았고, 미국과 일본 등 해외 문학 작품이 많이 소개 되었어. 산업 성장이 시작되었던 1970년대는 《전태일 평전》, 《난장이가 쏘아올린 작은 공》 등 노동자, 서민들의 생활을 보여주는 책이 많이 읽혔어.

1980년대에는 교보문고가 생겼고, 컴퓨터가 나와서 처음으로 베스트셀러를 집계하기 시작했어. 이때는 김홍신의 《인간시장》, 황석영의 《장길산》, 이문열의 《삼국지》 등 영웅이 주인공인 책이 많이 팔렸고 100만 권 이상 팔리는 책이 여럿 나왔어.

1990년대가 되면서 신경숙, 공지영, 은희경 등 여성 작가들이 주목 받았지. 그리고 자기 계발을 위한 책들이 많이 나왔어. 《성공하는 사람들의

7가지 습관》,《나의 문화유산 답사기》 등이 이때 나온 책이야. 2000년대에는 전자책을 비롯해 더 많은 종류의 책이 나왔지만 동시에 스마트폰이 등장하면서 책을 읽는 사람들이 점차 줄어들었어. 어린이 책은 수천만 권씩 팔리는 반면 어른들은 더욱 책을 보지 않는 상황이 되었어.

앞으로 대한민국 독서의 역사는 어떻게 될까? 새로운 시대를 열어 가는 독서 문화 탄생에 함께 힘을 모아 보는 것은 어떨까?

307 대한민국 영화, 100년을 거치며 세계에 우뚝 서다!

2020년 제92회 미국 아카데미 시상식에서 봉준호 감독의 〈기생충〉이 작품상, 감독상, 각본상, 외국어영화상 등 4관왕을 일구어 냈어.

한국 영화 역사상 최초의 기록이었지. 〈기생충〉은 아카데미상 외에도 2019년부터 칸영화제 황금종려상을 비롯해 세자르 영화제, 토론토 국제영화제, 산타바바라 국제영화제 등 전 세계 수십 개 영화제의 상을 휩쓸다시피 했어. 2019년과 2020년은 말 그대로 한국 영화가 세계인의 선택을 받은 해야. 한국 영화사에 길이 남는 해지. 하지만 〈기생충〉이라는 영화만이 가진 힘이라고만 하면 곤란해. 한국은 이미 세계 영화제에 늘 초청 받는 영화 강국으로 거듭나고 있는 중이었기 때문이야. 마침 〈기생충〉이 개봉한 2019년은 정확히 한국 영화의 역사가 100년이 되는 해다 보니 그 기쁨은 더 했지.

그럼 우리나라 최초의 영화는 무엇일까? 1919년 단성사에서 개봉된 김도산 감독의 〈의리적 구토〉라고 할 수 있어. 물론 이때의 영화는 연극과 영화를 합한 형태로 연쇄 활동 사진극이라 불렸어. 완전한 형태의 필름 영화는 1923년 윤백남 감독의 〈월하의 맹서〉였어.

그러나 영화인들은 진정한 첫 영화로 1926년 나운규 감독의 〈아리랑〉을 손꼽고 있어. 〈월하의 맹서〉가 조선 총독부의 정책을 홍보하는 데 반해 〈아리랑〉은 독립 만세를 부르다 고문을 당하고 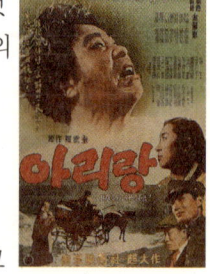 정신 이상이 된 주인공을 다룬 영화였거든. 〈아리랑〉은 가장 한국적이고 진정한 영화 정신이 무엇인지 보여준 작품으로 평가 받아.

광복 후에는 <안중근 사기> 같은 항일영화가, 6·25전쟁 후에는 <춘향전>이나 <논개> 같은 사극 영화가 인기를 끌었어. 한국 영화의 황금기는 1960년대였어. 한국 영화가 모든 면에서 본격적으로 발전했던 시기지. <맨발의 청춘>, <사랑방 손님과 어머니> 등이 대표적이야.

1970년대는 10대가 주인공인 하이틴 영화 <여고졸업반>와 <고교얄개>가, 1980년대에는 <영구와 땡칠이>와 <우뢰매> 같은 어린이 영화가 큰 인기를 얻었어. 1993년에는 임권택 감독의 <서편제>가 한국 영화 사상 최초로 100만 관객을 돌파했고, 2003년 12월 개봉된 <실미도>를 시작으로 <태극기 휘날리며>(2004), <왕의 남자>(2005), <괴물>(2006) 등이 천만 관객을 넘었어. 우리나라 역사상 최고 관객을 모은 영화는 1761만 명의 기록을 세운 <명량>이야. 한국 영화는 날로 성장해 드디어 <기생충>이 100년 역사의 도장을 찍었지.

308 향토 음식, 웰빙 시대의 주인공이 되다!

육체적 정신적 건강의 조화를 통해 행복하고 아름다운 삶을 추구하는 것을 **웰빙**이라고 해. 물질은 풍부해졌지만 정신적으로는 스트레스 등 괴로움이 더 많아진 것을 반성하고 진정한 행복을 찾고자 미국에서 시작된 운동이었지.

그런데 이 웰빙이라는 말이 우리나라에 전해지면서 좀 이상하게 변했어. 웰빙은 곧 건강이 되면서 운동, 건강, 여행에 웰빙 바람이 불었어. 특히 웰빙은 음식에 가장 많은 영향을 주어서 웰빙하면 곧 건강 음식을 뜻하는 말이 되었거든. 2003년 우리나라를 휩쓴 웰빙 열풍으로 잊혀 가던 향토 음식이 되살아나고 새롭게 개발되었어. 황태 요리, 대나무통밥, 곤드레나물, 막국수 등이 대표적이야.

특히 강원도의 향토 음식이 주목을 많이 받았어. 강원도 오지에서 먹을 것이 귀하던 시대에 먹던 음식이 최고의 건강 음식으로 알려지면서 연일 방송을 탔어. 메밀전, 메밀전병, 올챙이국수 등이 인기를 끌었지. 그러나 진정한 웰빙 시대의 주인공은 곤드레나물이었어.

산마다 널려 있고 매일 먹어도 탈이 나지 않아 보릿고개를 넘기기 위해 먹었던 구황 음식이었는데, 공해와 스트레스로 찌든 현대인들을 구해 줄 명약처럼 대접 받았어. 지금도 곤드레나물밥은 어디서든 쉽게 찾아볼 수 있어.

각 방송국은 지방 구석구석을 찾아다니며 향토 음식을 소개했어. 앞서 말한 인제 용대리의 황태요리, 강원도의 막국수, 담양의 대통밥 외에도 두부 콩요리, 약초밥, 사찰 음식, 전라도 밥상 등이 대중적으로 알려졌고 직접 찾아가서 먹는 여행이 크게 늘었어.

이제 웰빙이라는 말은 잘 쓰지 않지만 건강 식단은 여전히 많은 이들의 지지를 받고 있어.

309 세종 대왕, 21세기에 도시로 태어나다!

서울특별시, 부산광역시, 경기도 등 우리나라에는 17개의 광역 자치 단체가 있어. 그 중 2012년 7월, 열일곱 번째로 탄생한 곳이 세종특별자치시야.

세종시는 2002년 노무현 대통령의 공약으로 시작됐어. 수도권에 집중된 기능을 지방으로 분산해 국토의 균형 발전을 이루겠다며 수도를 충청권으로 이전한다는 공약이었지. 서울은 뉴욕처럼 경제 중심 도시로 남기고, 세종시는 워싱턴과 같이 수도이자 정치 행정의 중심 도시로 만들겠다는 뜻이었어.

그러나 서울 시민의 강력한 반대에 부딪혀 세종시는 수도가 아닌 행정 복합 도시로 태어나게 됐어. 30여 개의 중앙 행정 부처와 국책 연구기관이 입주했고 대통령기록관 등 10여 개의 박물관이 차례로 들어서고 있어. 세종시라는 이름은 국민 공모를 통해 결정됐지. 새로 생기는 동의 이름도 어진동, 도담동, 한솔동, 보람동 등 한글로 붙이고, 학교 이름도 한글로 지었어.

세종시 아파트 단지를 걷다 보면 백제와 관련된 유적 공원을 쉽게 만날 수 있어. 옛 백제의 중심지에 세워진 세종시가 세종 대왕과 관련이 있는 건 아니지만 흥미로운 것은 세종 대왕의 사랑을 받았던 신하들의 묘와 유적이 이곳에 있다는 점이야. 6진을 만들어 북방 영토를 개척한 김종서 장군의 무덤이 있고, 세종의 뜻을 끝까지 받들었던 사육신 중 두 명인 성삼문과 박팽년 관련 이야기를 세종시에서 만날 수 있지. 새롭게 태어난 도시지만 위대한 성군 세종 대왕의 이름에 부끄럽지 않은 도시로 발전할 것인지 기대를 갖고 지켜보길 바라.

310 고기는 쌈에 싸 먹는 것이 아니었다고? 고기와 현대사 이야기

"아니 왜 고기를 상추에 싸 먹습니까?"

북한 이탈 주민들이 한국에 와서 가장 신기해하는 일 중 하나가 고기를 쌈에 싸서 먹는 거라고 해. 우리에겐 너무 익숙해서 마치 먼 옛날부터 언제나 이렇게 먹었던 게 아닌가 싶을 정도로 친숙한데 말이야. 그러나 상추에 고기를 싸서 먹는 것은 그리 오래된 일이 아니야. 정확히 말하면 상추쌈 문화는 조선 시대에 인기를 끌었다가 일제 강점기를 지나며 사라졌고 현대에 들어 다시 나타났어.

북한은 경제 사정이 어렵다 보니 고기를 먹을 일이 자주 없어서 아예 고기 쌈 문화가 사라졌다고 해. 귀한 고기를 그냥 먹지 않고 쌈에 싸서 먹으니 신기했던 것이지. 이처럼 음식 문화는 사정에 따라 사라지기도 하고 나타나기도 해. 그리고 당연해 보이는 것들이 의외로 오래되지 않은 경우도 많아.

직장인 회식 1위 음식은 단연 삼겹살이야. 삼겹살은 전 세계에서 한국인이 가장 많이 먹는 대표적인 음식이기도 해. 그런데 삼겹살이 국민 음식이 된 것은 1997년 IMF 경제 위기 이후였다고 해. 직장을 잃은 가장이 소주에 삼겹살을 먹는 장면이 TV에 자주 나왔고 당시 시청자들은 모두 같은 마음을 느꼈다고 해. 그 후 일이 끝나면 삼겹살을 먹는 것이 유행처럼 되었고 삼겹살 1위 소비 국가가 되었지.

족발은 원래 황해도의 토속 음식인 돼지족조림에서 유래했다고 해. 6·25전쟁 때 피난 왔던 이 지역 사람들이 서울 장충동에 식당을 내면서 현재의 족발로 음식 형태가 바뀌었어. 현재 족발의 원조라 할 수 있지. 그런데 장충동족발이 전국적으로 유명해진 데는 다른 이유도 있어. 바로 장충체육관 덕분이야. 1980년대 올림픽경기장이 생기기 전까지 우리나라를 대표하는 경기장은 장충체육관이었어. 1960~70년대 이곳에서 스포츠 경기가 많이 열렸지. 경기가 끝나면 사람들은 족발집으로 향했고, 이 장면이 TV에 자주 소개되면서 장충동족발이 가장 유명한 족발이 되었지.